Bucher/Holzweißig/Schwarzer
Künstliche Intelligenz und wissenschaftliches Arbeiten

Künstliche Intelligenz und wissenschaftliches Arbeiten

ChatGPT & Co.: Der Turbo für ein erfolgreiches Studium

von

Prof. Dr. Ulrich Bucher

Prof. Dr. Kai Holzweißig

Prof. Dr. Markus Schwarzer, LL.M.

Verlag Franz Vahlen München

Prof. Dr. Ulrich Bucher ist Dozent für ABWL und Marketing an der Dualen Hochschule Baden-Württemberg Stuttgart.

Prof. Dr. Kai Holzweißig leitet den Studiengang „Wirtschaftsinformatik – Data Science" an der Dualen Hochschule Baden-Württemberg Stuttgart.

Prof. Dr. Markus Schwarzer, LL.M. ist Dozent für Kommunikation und Recht, insbesondere Urheber- und Medienrecht an der Dualen Hochschule Baden-Württemberg Stuttgart.

ISBN Print: 978 3 8006 7322 3
ISBN ePDF: 978 3 8006 7323 0
ISBN ePub: 978 3 8006 7324 7

Wilhelmstr. 9, 80801 München
Druck und Bindung: Beltz Grafische Betriebe GmbH
Am Fliegerhorst 8, 99947 Bad Langensalza

Satz: Fotosatz Buck
Zweikirchener Str. 7, 84036 Kumhausen
Produktion: Sieveking Agentur, München
Umschlag: Ralph Zimmermann – Bureau Parapluie
Bildnachweis: © phonlamai – depositphotos.com

vahlen.de/nachhaltig

Gedruckt aus säurefreiem, alterungsbeständigem Papier
(hergestellt aus chlorfrei gebleichtem Zellstoff)

Vorwort

Die Künstliche Intelligenz bietet große Potentiale für die Nutzung im Rahmen einer wissenschaftlichen Arbeit. Sie verspricht, die Effizienz wesentlich zu steigern und sie ermöglicht, Ergebnisse zu erzeugen, die bislang ein ganzes Team von Spezialisten erforderten. Gleichzeitig hat die Einführung und Verbreitung der generativen KI wie ChatGPT sowohl auf Seite der Studierenden als auch der Dozierenden zu einer starken Verunsicherung geführt, was deren Einsatz im Rahmen einer wissenschaftlichen Arbeit im Speziellen und von Prüfungsleistungen im Allgemeinen betrifft. Dieses Buch adressiert die Potentiale wie die Unsicherheit gleichermaßen. Es gibt eine Orientierung, in welcher Form eine Unterstützungsleistung durch generative KI-Tools stattfinden kann. Insbesondere zeigt es auf, wo und wie deren Integration in das wissenschaftliche Arbeiten erfolgen kann und welche Limitationen und Schwächen große Sprachmodelle derzeit besitzen. Zudem geht das Buch auf rechtliche Aspekte der Nutzung ein.

Neben der generativen KI sind zahlreiche weitere KI-Tools entstanden, die eine erhebliche Steigerung der Produktivität bei der Erstellung einer wissenschaftlichen Arbeit versprechen. Wenngleich der Schwerpunkt des Buches auf der generativen KI liegt (was dem Umstand Rechnung trägt, dass diese den derzeitigen Nutzungsschwerpunkt durch die Studierenden bildet), geht es über die generative KI hinaus. Das Buch gibt einen Überblick über die aktuellen KI-Tools und zeigt auf, wie diese in den einzelnen Arbeitsphasen eingesetzt werden können.

Mit der Nutzung der KI ändert sich der Prozess und die Vorgehensweise bei der Erstellung einer wissenschaftlichen Arbeit und von Prüfungsleistungen wesentlich. Die KI liefert Impulse und Puzzleteile, die dann in ein gesamthaftes Werk integriert werden müssen. Dadurch stellen sich neue Anforderungen, wie insbesondere die Beurteilung einzelner Bausteine sowie die kritische Reflexion. Das Buch stellt diese Änderungen dar und entwickelt Empfehlungen zum Umgang mit diesen.

Bei der Erstellung des Buches haben zahlreiche Personen einen Beitrag geleistet, denen unser Dank gilt. Ein herzliches Dankeschön möchten wir an dieser Stelle insbesondere an Ilva Kellermann, Prof. Dr. Nicole Klein, Prof. Dr. Dirk Hartel, Björn Stütz, Stefan-Lukas Gazdag, Jonas Michel, Julian Kramer, Jonas Strehler sowie an Marla Bucher und an Frau Rechtsanwältin Stefanie Assmann richten. Ihre konstruktiven und kritischen Anmerkungen waren wichtige Impulse, die in das Buch eingeflossen sind und die wesentlich zu dessen Gelingen beigetragen haben.

Stuttgart, im November 2023

Ulrich Bucher,
Kai Holzweißig,
Markus Schwarzer

Wichtige Hinweise

Dafür, dass Sie von KI-Tools keinen Gebrauch machen, gibt es mindestens drei mögliche Gründe:

1. Die Prüfungsordnung Ihrer Bildungseinrichtung verbietet die Verwendung der KI bzw. ist diese kein zugelassenes Hilfsmittel für eine Prüfung.
2. Rechtliche und ethische Aspekte: Es stellt sich die Frage, ob eine Nutzung der generativen KI in rechtlicher Hinsicht überhaupt möglich und in ethischer Hinsicht vertretbar ist.
3. Vorgaben Ihres Arbeitgebers: Bei einem Dualen Studium müssen Sie die Vorgaben Ihres Dualen Partnerunternehmen bzgl. der Verwendung von KI-Tools berücksichtigen.

Bedenken Sie bei der Nutzung von KI-Tools immer auch die möglichen Konsequenzen. So können durch die Nutzung beispielsweise Unternehmensgeheimnisse nach außen gelangen. Gleiches gilt für persönliche Daten (Paul et al. 2023).

Da bzgl. der Nutzung von KI-Tools zum Zeitpunkt des Verfassens dieses Buches zahlreiche rechtliche Fragen offen sind und sich zudem Änderungen an der Prüfungsordnung Ihrer Bildungseinrichtung ergeben können, ist es notwendig, dass Sie sich vor der Verwendung eines Tools mit den aktuellen rechtlichen Vorgaben sowie der aktuell geltenden Prüfungsordnung vertraut machen. Zudem müssen Sie im Vorfeld jeder Lehrveranstaltung / Prüfung klären, ob das KI-Tool, das Sie nutzen möchten, als Hilfsmittel zugelassen ist.

Die Prüfungsordnung, die Gesetze sowie die Rechtsprechung sind zwingend zu respektieren. Sollten sich in diesem Buch Aussagen vorfinden, die in der aktuellen Fassung der Prüfungsordnung anders festgelegt werden, dann haben Sie sich zwingend an die Prüfungsordnung zu halten. Gleiches gilt für entsprechende aktuelle Urteile.

Beachten Sie auch, dass die generative KI mitunter halluziniert, sie Fehler reproduziert und Verzerrungen beinhaltet. Daher bedingt die Nutzung derartiger Tools ein gesteigertes Maß an kritischem Denken.

Statt das Denken zu ersetzen, zielt der Einsatz von KI-Tools auf die Verbindung von künstlicher und menschlicher Intelligenz im Sinne einer Augmented Intelligence ab. Die Tools können dabei die Effizienz steigern, sie können aber keine Verantwortung abnehmen.

Disclaimer

Das vorliegende Buch beinhaltet Aussagen, die angesichts der schnellen Entwicklung des Themengebiets sowie der Diskussion der Verwendung mindestens in Teilen schnell veraltet sein werden. So sind zahlreiche Entwicklungen bereits absehbar, mit denen die derzeitigen Schwächen und Limitationen von generativen KI-Tools adressiert werden sollen. Dazu zählen beispielsweise die Verknüpfung von großen Sprachmodellen mit weiteren Systemen (wie z.B. von Wissensspeichern und Systemen zur Durchführungen von Berechnungen) oder die Entwicklung von Modellen, die wesentlich energieeffizienter arbeiten (Albrecht 2023). Daher sollten Sie sich mit den aktuellen Veränderungen vertraut machen und die Aussagen in diesem Buch kritisch reflektieren.

Da bei diesem Thema aktuell noch vieles im Fluss ist, ist dieses Buch an verschiedenen Stellen sicherlich unvollständig. Die Diskussion über den Einsatz der KI in der Bildung ist noch in vollem Gang. Da die KI in immer mehr Bereichen Aufgaben übernehmen kann, die bisher dem Menschen vorbehalten waren, werden bisherige Arbeitsweisen, Kompetenzen und Richtlinien in Frage gestellt. Die KI stellt einen Paradigmenwechsel im Bereich des wissenschaftlichen Arbeitens dar, was mit ethischen Bedenken und einer Diskussion dessen einhergeht, was man unter wissenschaftlichen Arbeiten versteht.

Nutzung von ChatGPT zur Erstellung dieses Buches

Im Rahmen der Erstellung dieses Buches fand eine Nutzung von ChatGPT statt. ChatGPT wurde im Kontext der Erstellung dieses Buches umfangreich getestet. Diese Tests sollten dazu beitragen, die Leistungsfähigkeit des Dienstes zu bestimmen und die Eignung der verschiedenen Prompts, die in empirischen Studien genutzt wurden oder im Internet empfohlen werden, zu überprüfen bzw. zu optimieren.[1]

[1] Der Begriff Prompt steht für den Input eines Nutzers, den dieser der generativen KI zur Verfügung stellt.

Auf die Nutzung von Texten, die durch ChatGPT generiert wurden, wurde in diesem Buch weitestgehend verzichtet. Alle Texte, die aus ChatGPT übernommen wurden, sind entsprechend gekennzeichnet.

Es wurde eine Verifikation der Quellen durchgeführt, die ChatGPT als Referenzen in den Outputs angeführt hat. Dies erfolgt mittels einer Suche via Google Scholar sowie ScienceDirect.

Inhaltsverzeichnis

1 Wissenschaftliches Arbeiten und Künstliche Intelligenz

1.1 Wie die Künstliche Intelligenz das wissenschaftliche Arbeiten verändert

Auf James Graham Ballard geht der Spruch zurück, dass die Zukunft ein besserer Schlüssel zur Gegenwart ist als die Vergangenheit (Karp et al. 2023).

Werfen wir daher einmal einen Blick aus der Zukunft in die Gegenwart und die Vergangenheit. Wir schreiben das Jahr 2050. Prof. P. befindet sich im wohlverdienten Ruhestand und möchte sich nun an der Küste Norwegens, das klimatisch dem heutigen Südfrankreich entspricht, ein Haus am Meer bauen. In der App eines Baukonzerns betrachtet er zunächst einmal verschiedene Villen. Nachdem er sich für ein Design entschieden hat – einer organischen Architektur mit viel Glas, die sich wunderbar in die Natur des umliegenden Fjordes einfügt und einen atemberaubenden Blick auf diesen bietet – legt er einige zentrale Module für das Bauvorhaben fest. So einen 25 Meter langen Pool sowie einen Landeplatz für sein autonomes Flugauto. Er wählt ebenso aus Standardvorlagen für die Küche, Schlafzimmer, Heizung und Co. aus und passt diese seinen individuellen Vorstellungen entsprechend an. Nach einem halben Tag ist alles durchgeplant. Im Hintergrund hat eine KI laufend geprüft, ob die Planung Sinn ergibt und zu einer hohen Zufriedenheit des Kunden führen wird. An verschiedenen Stellen hat die KI daher Verbesserungsvorschläge gemacht (nicht allen Vorschlägen ist Prof. P. gefolgt, was er später noch bereuen wird). Nachdem Prof. P. noch eine Nacht über die Sache geschlafen hat, beauftragt er am nächsten Tag den Baukonzern. Dieser schickt einige seiner Roboter vor Ort, die mit Hilfe eines 3D-Druckers innerhalb eines Monats den Auftrag umsetzen. Als Prof. P. das Gebäude sieht, ist er überwältigt. Er erinnert sich an die ganzen Bauwerke, an denen er in seiner Kindheit mitgearbeitet hat wie den Schafstall in dem großelterlichen Garten, dem Neubau eines Kindergartens oder dem Haus seines Bruders. Staunen überkommt ihn. Denn eine derartige Architektur, wie er sie vor sich hat, wäre in seiner Kindheit gar nicht möglich gewesen. Die ganzen Wölbungen und Rundungen, die er sieht, hätte man damals nicht realisieren können. Zudem ist das Gebäude in einem Bruchteil der Zeit erstellt worden und das zu einem sensationellen Preis. Zufrieden lässt sich Prof. P. mit einem veganen Protein-Zink-Geroprotektoren-Shake in seinen Schaukelstuhl sinken, den Blick über den 600 Meter tiefen Fjord auf die untergehende Sonne gerichtet.

Diese Fiktion macht uns einige Veränderungen deutlich, die gegenwärtig ablaufen. In früheren Jahrzehnten war das Ergebnis der Arbeit in praktisch allen Lebensbereichen von Schweiß, Kompetenz und Entbehrung geprägt. Der Bau eines Gebäudes war harte körperliche Arbeit. Er erforderte Verstand, weil kein Computer irgendwelche Pläne automatisch generierte, und er bedingte viel Verzicht, was in dem Sprichwort zum Ausdruck kommt, „man habe sich etwas vom Mund abgespart".

Dies galt auch für eine wissenschaftliche Arbeit. Wer viel geistige Eigenleistung in die Arbeit gesteckt hat, ein gutes Thema erwischte und das wissenschaftliche Arbeiten verstanden hatte, konnte mit deren Ergebnis in aller Regel zufrieden sein. Wir können das in eine Formel packen, die dann in etwa so aussieht:

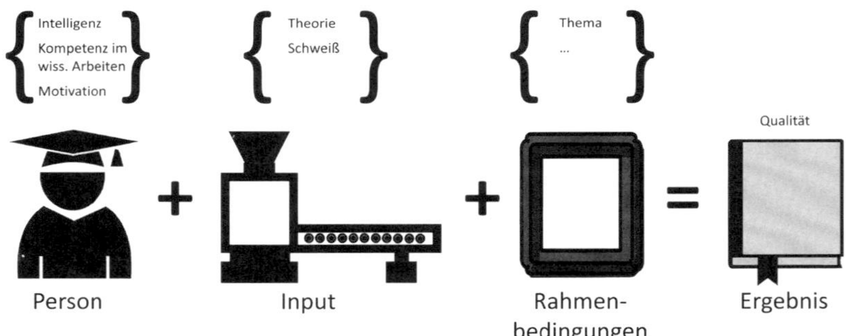

Abbildung 1: Einflussgrößen auf die Qualität einer wissenschaftlichen Arbeit vor dem KI-Zeitalter[2]

Mit der KI kommt in dieser Gleichung eine weitere Variable hinzu. So kann die KI Aufgaben übernehmen, die bislang dem Menschen vorbehalten waren, wie beispielsweise Muster in den Daten zu suchen. KI-Tools können vielfältige Unterstützungsleistungen anbieten, unter anderem bei der Literaturrecherche oder bei der Identifizierung der einschlägigen wissenschaftlichen Literatur. Da in die generative KI in umfangreichen Maße wissenschaftliche Texte eingeflossen sind, kann die KI auch den Zugang und die produktive Nutzung der Theorie erleichtern. Selbst auf die Rahmenbedingungen kann die KI einen positiven Einfluss nehmen, indem diese bei der Wahl des Themas hilft. Damit hat sich unsere Formel nun wie folgt verändert:

2 Erstellt mit Dall-E (Prompt 1: "icon of a student", Prompt 2: "icon of a frame", Prompt 3: "icon of a book") und Powerpoint; Neuschöpfung mit Gimp.

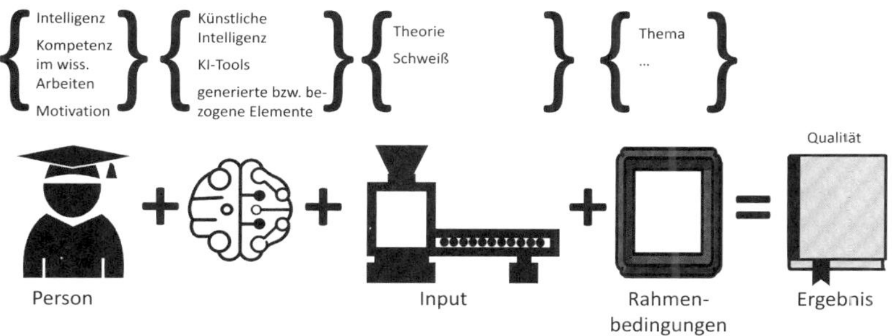

Abbildung 2: Einflussgrößen auf die Qualität einer wissenschaftlichen Arbeit im KI-Zeitalter[3]

Als Konsequenz davon sind heute im Rahmen einer wissenschaftlichen Arbeit Leistungen möglich, die früher undenkbar waren. Beispiel gefällig? Vor kurzem unterstützte einer der Autoren eine Masterarbeit, in deren Rahmen ein dialogorientiertes Empfehlungssystem für Bier entwickelt und evaluiert wurde. Im Wesentlichen ist das nichts Anderes als ein Chatbot, in den die User ihre Präferenzen eingeben – woraufhin das System einige Biere empfiehlt. Für ein derartiges Projekt hätte man ein Jahrzehnt zuvor ein ganzes Team von Spezialisten benötigt (Sprachwissenschaftler, Softwareprogrammierer, Datenbankspezialisten, Data Scientists, Marketingforscher & Co.), das über Monate hinweg an der Konzeption, Entwicklung und Implementierung arbeitet und selbst dann wäre fraglich gewesen, ob das System überhaupt erfolgreich ist und durch die Zielgruppe angenommen wird. Heute kann ein einziger Studierender im Alleingang ein solches System auf die Beine stellen und nicht nur das. Das System funktioniert auch noch ausgesprochen gut. Insbesondere ist es in der Lage, aus dem breiten Angebot an Bieren diejenigen zu identifizieren, die zu den Präferenzen eines Users passen.

Wie die KI das wissenschaftliche Arbeiten unterstützt

Jetzt werden Sie sich vielleicht fragen, wie ein „einfacher" Student etwas so Gewaltiges in so kurzer Zeit schaffen kann und das ohne ein nennenswertes Budget. Die Antwort ist nichts anderes als die schlaue Nutzung der KI. Wer heute ein Empfehlungssystem entwickeln möchte, kann auf den Schultern vieler Vorgänger und Vorgängerinnen aufbauen. Alles andere macht auch keinen Sinn mehr. Die wissenschaftliche Forschung ist auf den allermeisten Gebieten viel zu weit fortgeschritten. Wer bei Null beginnt, bleibt trotz hohem Engagements

[3] Erstellt mit Dall-E (Prompt 1: "icon of a student", Prompt 2: "icon artificial intelligence", Prompt 3: "icon of a frame", Prompt 4: "icon of a book") und Powerpoint; Neuschöpfung mit Gimp.

am Ende dennoch hinter dem aktuellen Forschungsstand zurück. Die KI stellt dagegen Bausteine für die wissenschaftliche Arbeit zur Verfügung. Auch wenn diese noch roh und unbehauen sind, beginnt man nicht bei Null und kommt durch deren Anpassung schneller voran. Zudem musste der Student bei seiner Masterarbeit dem System nicht mit einem umfangreichen Regelsystem beibringen, wie es die Nutzereingaben auswertet. Er ließ einfach die KI lernen, wodurch sich diese die Zusammenhänge zwischen den Präferenzäußerungen und den bevorzugten Bieren im Laufe der Zeit selbst aneignet. Gefordert ist also eine kluge Kombination aus menschlicher und künstlicher Intelligenz.

Die Aufnahme eines zusätzlichen Faktors in die Erfolgsformel einer wissenschaftlichen Arbeit täuscht jedoch über die damit verbundenen Veränderungen hinweg. Auf den ersten Blick könnte man annehmen, dass man, wie bei einem Rezept, mehr von dem einen und weniger von einem anderen Faktor nimmt oder einfach auch von allem mehr in die Arbeit kippt, um einen noch größeren Kuchen zu backen. Dies führt jedoch in eine gedanklich falsche Richtung. Dies wird deutlich, wenn man die Unterstützungsleistung der KI genauer betrachtet.

Im Kontext einer wissenschaftlichen Arbeit werden in der Literatur KI-Tools wie ChatGPT vielfach als Forschungsassistenten bezeichnet, die verschiedene Unterstützungsleistungen anbieten (Xames und Shefa 2023). Dieses Bild eines Assistenten macht einige wesentliche Aspekte deutlich. Während ein Tool weder zu eigenständigen Handlungen fähig ist und in aller Regel auch keine Intelligenz besitzt, beinhaltet dies die Supportleistung des Forschungsassistenten. Der Forschungsassistent befindet sich dabei in der Junior-Rolle. Ohne Ihre Anweisungen sitzt er einfach nur in der Ecke und macht gar nichts.

Mit welchen Konsequenzen der Einsatz der KI einhergeht

Damit verbunden ist ein Rollenwechsel. Gratulation! Sie sind nun (ungefragt) in eine Managementposition aufgerückt und übernehmen die typischen Aufgaben einer Führungskraft. Sie legen die Ziele fest, weisen innerhalb des Teams von Forschungsassistenten die Aufgaben zu (so soll beispielsweise das KI-Tool Elicit Sie bei der Literaturrecherche unterstützen, GitHub-Copilot bei der Erstellung von Code, …), Sie instruieren die Forschungsassistenten (siehe Kapitel 5 Prompts), Sie evaluieren die Qualität der Ergebnisse und fordern gegebenenfalls zu Nachbesserungen auf. Dabei sind Sie sich der Fähigkeiten und Limitationen ihrer Forschungsassistenten durchaus bewusst, was im Normalfall bedeutet, dass diese lediglich einen ersten „Geht-so"-Entwurf erarbeiten, den Sie in einem nachfolgenden Schritt überarbeiten und in die Arbeite integrieren.

Die Aneignung dieser Führungskompetenzen verspricht bedeutende Effizienzgewinne. So erhöhte sich beispielsweise in einer Studie von

Peng et al. die Produktivität von Programmierern bei der Nutzung von Gibthub Copilot um 55 % (Peng et al. 2023) bzw. konnten die Probanden eine Schreibaufgabe in einem von Noy und Zang durchgeführten Online-Experiment um 0,8 Standardabweichungen schneller abschließen (Noy und Zhang 2023). Ein anderes Beispiel ist die Transkription von Audiomitschnitten. Während in früheren Jahrzehnten diese Aufgabe nicht selten mehrere Tage in Anspruch genommen hat, verwandeln heute KI-Dienste wie Otter.ai oder Whisper Audiodaten in wenigen Minuten in Texte. Auch wenn das Ergebnis nicht perfekt sein mag und die Qualitätskontrolle bzw. Überarbeitung der generierten Texte eine Nacharbeit erfordert, verringert sich der Zeitaufwand der Transkription von Tagen in Stunden.

Der Begriff des Forschungsassistenten macht zudem deutlich, dass die Verantwortung für das Projekt nach wie vor bei Ihnen verbleibt. Für Fehler, Plagiate, Copyright-Verletzungen & Co. wird man nicht die KI, sondern Sie verantwortlich machen (Aydın und Karaarslan 2022). Zumal die KI schon so schlau ist, in deren Nutzungsbedingungen zu schreiben, dass diese für gar nichts verantwortlich ist. Die KI wird Ihnen weder Verantwortung abnehmen noch wird diese das gesamte Projekt übernehmen. Daher ist eine genaue Kenntnis dessen notwendig, worin die Unterstützungsleistung der Assistenten bestehen kann, wo deren Schwächen und Limitationen liegen, wie Sie die Assistenten beauftragen und deren Ergebnisse prüfen und bewerten.

Augmented Intelligence – Die Kombination von menschlicher und künstlicher Intelligenz

Wie jede Analogie trägt auch die Betrachtung der KI als Forschungsassistenten nur bedingt weit. Ein besserer Ansatz mag das Konzept der Augmented Intelligence sein, bei dem es darum geht, die künstliche Intelligenz als Erweiterung und Ergänzung der menschlichen Intelligenz zu nutzen. Diese Betrachtungsweise hat den Vorteil, die künstliche Intelligenz nicht zu vermenschlichen, wie das mit dem Begriff des Forschungsassistenten erfolgt.

Denn die künstliche Intelligenz unterscheidet sich fundamental von der menschlichen Intelligenz. Die heutige künstliche Intelligenz ist sehr spezifisch. Die KI Tools können einzelne Aufgaben lösen. Die meisten KI-Apps sind auf einen einzigen Zweck hin ausgerichtet (Hurlburt 2023). Das ist einer der Unterschiede zwischen der künstlichen und der menschlichen Intelligenz. Wer als Mensch die tausendste Stelle der Kreiszahl Pi im Kopf berechnen kann, wird vermutlich auch die kognitiven Fähigkeiten besitzen, seine Schuhe zu binden. Für die KI gilt dies nicht. Man spricht bei der derzeitigen KI daher auch von einer „narrow artificial intelligence“ bzw. „weak artificial intelligence“. Die Entwicklung der KI zielt darauf ab, eine „strong AI“ bzw.

„general AI“ zu entwickeln, die verschiedene Aufgaben auf einem menschlichen Niveau löst, gefolgt von einer „Superintelligence“, deren intellektuelle Fähigkeiten den Menschen in jeder Hinsicht in den Schatten stellt (Thaichon und Quach 2023).

Entsprechend gibt es derzeit nicht ein einziges KI-Tool für die wissenschaftliche Arbeit. Vielmehr existieren zahlreiche KI-Tools und einzelne Bauelemente, die wir nutzen können. Die Kunst besteht darin, diese verschiedenen Tools richtig zu kombinieren.

Fähigkeit der KI zu einem selbständigen Lernen

Die Kombination von menschlicher und künstlicher Intelligenz im Sinne einer Augmented Intelligence beschränkt sich nicht nur darauf, die Künstliche Intelligenz als Unterstützungsleistung bei der Durchführung der verschiedenen Teilaufgaben einer wissenschaftlichen Arbeit zu nutzen. Weitere Möglichkeiten ergeben sich aus einer zentralen Eigenschaft der Künstlichen Intelligenz, die in deren Fähigkeit zu einem selbständigen Lernen besteht. Diese Fähigkeit ist auch der Grund dafür, warum in dem einführenden Beispiel Prof. P. bereut, den Empfehlungen der KI nicht gefolgt zu sein. Denn eine KI kann Zusammenhänge eigenständig lernen wie sie beispielsweise zwischen den Eigenschaften eines Produktes (wie im Beispielfall dem Haus) und der Zufriedenheit eines Kunden bestehen. Dabei stellt sie bisweilen Muster fest, die uns selbst nicht bewusst sind.

Die Fähigkeit zu einem selbständigen Lernen klingt zunächst einmal wenig spektakulär, diese hat jedoch erhebliche Konsequenzen. So wird die KI in die Lage versetzt, autonom Aufgaben zu bearbeiten wie das beispielsweise bei der Übersetzung von Texten oder dem autonomen Fahren der Fall ist. Zudem führt der Lernprozess der KI dazu, dass wir wiederum von dieser lernen können (Selz 2020). Damit verbunden ist ein Paradigmenwechsel im Bereich des wissenschaftlichen Arbeitens.

Im Zentrum der naturwissenschaftlichen Methode steht seit Jahrhunderten die Person des Forschenden. Diese leitet entweder aus bestehenden Theorien Hypothesen ab, um diese dann empirisch zu überprüfen (deduktive Vorgehensweise) oder sie sammelt zu einem Phänomen Beobachtungen, um auf Basis der Einzelfälle eine Theorie aufzustellen (induktive Vorgehensweise). Eine eigenständig lernende KI kann aus den Beispielen, mit denen diese konfrontiert wird, ebenfalls Theorien in Form von Modellen entwickeln. Ein einfaches Beispiel dafür ist die Entwicklung eines Decision Trees durch die KI. Decision Trees sind Entscheidungsbäume, durch die Regeln definiert werden, mit denen dann beispielsweise im Marketing die Interessenten verschiedenen Kategorien zugeordnet werden können. Letztlich ist ein Decision Tree nichts anderes als ein Modell das beschreibt, welche Eigenschaften eines Interessenten in welcher Reihenfolge und in welcher Form berücksichtigt werden müssen, um einen Interessenten einer Kategorie zuzuordnen. Derartige Resultate des Lernprozesses der KI können dann der Ausgangspunkt für die Frage sein, was wir daraus lernen können.

Zusammenarbeit zwischen Mensch und KI

Noch sind wir von einer KI, die völlig autonom wissenschaftliche Erkenntnisse generiert, entfernt. Dies hat zum einen technische Gründe, da es keine KI gibt, die sämtliche Arbeitsschritte einer wissenschaftlichen Arbeit bewerkstelligen könnte (Krakowski et al. 2023). Zum anderen gibt es Limitationen bzgl. der Leistungsfähigkeit der KI bei einzelnen Arbeitsschritten. Darüber hinaus spielen auch rechtliche und ethische Aspekte eine wichtige Rolle. Daher sind wir aktuell in einer Situation, die eine Kombination von menschlicher und künstlicher Intelligenz notwendig macht. Wenn KI und Mensch zukünftig als Team arbeiten, dann gilt es die Rollen- und die Aufgabenverteilung zu klären.

Um darauf eine Antwort zu entwickeln, kann man die optimale Nutzung der unterschiedlichen Ressourcen der Beteiligten als Ausgangspunkt wählen. Anders ausgedrückt sollten die Stärken der Beteiligten optimal ausgespielt werden und die Schwächen eines Teammitglieds durch das andere Teammitglied kompensiert werden. Die Stärken der KI liegen insbesondere in der Verarbeitung von umfangreichen Datenmengen und dem Erkennen von Mustern in diesen (Krakowski et al. 2023). Diese Muster lassen sich dann anwenden, um beispielsweise Texte und Bilder zu generieren. Die KI stößt jedoch dann an ihre Grenzen, wenn nur wenige Daten vorliegen. Der Mensch ist dagegen in der Lage, von einem einzigen Beispiel zu generalisieren. Wer ein einziges Mal im Leben auf eine heiße Herdplatte gelangt hat weiß, dass dies keine gute Idee ist.

In der Folge steht die KI in einem substitutiven wie auch komplementären Verhältnis zum Menschen (Krakowski et al. 2023). Aufgabenfelder, in denen die KI menschliche Fähigkeiten erlangt hat, werden tendenziell durch diese automatisiert. Da der Mensch Informationen jedoch anders verarbeitet bzw. über andere Ressourcen verfügt als die KI, ergänzen sich Mensch und KI (Krakowski et al. 2023). Gemeinsam bilden Mensch und KI daher ein unschlagbares Team. Dafür finden sich zahlreiche Beispiele. So mag die KI bei einem Hautkrebs-Screening zwar eine bessere Diagnose als ein Arzt erstellen können, ein Gespräch über den Befund werden Sie am Ende jedoch immer noch mit ihrem Arzt führen möchten (Krakowski et al. 2023). Ein anderes Beispiel ist Schach. Zwar unterliegt der Mensch seit vielen Jahren dem Computer. Wenn zwei KI-Systeme gegeneinander antreten, dann sind es immer noch die Menschen, die diese entwickelt haben und sind es Menschen, die das Finetuning, die Parameter-Einstellung und Co. bestimmen (Krakowski et al. 2023). Was vordergründig als Kampf zwischen zwei Maschinen erscheint, ist in Wirklichkeit auch eine menschliche Leistung. Selbst KI-Systeme wie AlphaZero, die sich anhand der Spielregeln selbst Schach beibringen, mussten ja zunächst entwickelt werden (Krakowski et al. 2023).

Die Ausführungen haben hoffentlich deutlich gemacht, dass die Unterstützungsleistung der KI nicht nur in der Umsetzung einzelner Teilaufgaben der wissenschaftlichen Arbeit besteht. Die KI bietet darüber hinaus ganz neue Kombinationsmöglichkeiten von menschlicher und künstlicher Intelligenz. Eine dieser Möglichkeit besteht darin, den gesamten Prozess darauf auszurichten von der KI zu lernen, wodurch diese eine ganz andere Bedeutung erhält.

Die Verwendung der KI wirft Fragen auf

Durch die Verwendung der KI werden jedoch zahlreiche Fragen aufgeworfen. Dies gilt insbesondere für die Grenzen dessen, was als noch erlaubt betrachtet wird. Darf die KI beispielsweise genutzt werden, um einen Titel zu formulieren? Ist das Verfassen eines Gliederungsentwurfes zulässig? Wie sieht es mit einem durch die KI erstellten Fragebogen aus?

Die Frage, wie die Nutzung der KI im Rahmen einer wissenschaftlichen Studie erfolgen sollte und wo die Grenzen des Erlaubten liegen, ist nicht einfach zu beantworten. Stark vereinfacht und sicherlich auch überspitzt dargestellt treffen beim Thema KI zwei Welten aufeinander. Auf der einen Seite stehen die Dozierenden, die befürchten, dass die Lehre ins Leere läuft, die Studierenden sich durch die Prüfungen mogeln und diese aus ihrem Studium nicht das nötige Rüstzeug für das Berufsleben mitnehmen. Im Kontext einer wissenschaftlichen Arbeit bedeutet dies nichts anderes, als dass in der obigen Gleichung Eigenleistungen durch die KI ersetzt werden und gleichzeitig die Dozierenden nicht in der Lage sind, eine Zuordnung zu treffen, ob eine Leistung selbst oder durch die KI erbracht wurde.

Auf der anderen Seite hören Sie als Studierende von Ihren Dozierenden vielfach, dass KI-Dienste wie ChatGPT sich im Rahmen des Verfassens einer wissenschaftlichen Arbeit allenfalls bedingt eignen würden. Mitunter sprechen die Dozierenden auch Verbote von KI-Diensten aus. Aus Sicht vieler Studierender wäre das ja in Ordnung, wenn dafür entsprechende Gründe vorgebracht werden.[4] Die Sache ist nur, dass diese Gründe kaum benannt und noch seltener erläutert werden. Natürlich gibt es durchaus positive Ausnahmen von Dozie-

[4] Die dargestellte Sichtweise der Studierenden basiert auf einer Gruppendiskussion mit Studierenden zur AI Literacy am 25. Mai 2023.

renden, die beispielsweise darauf hinweisen, dass ChatGPT keine Intelligenz besitzt, sondern vereinfacht ausgedrückt lediglich bestimmt, was das beste nächste Wort in einem zu generierenden Text ist, bis ein Stop-Kriterium erreicht wird. Aus studentischer Sicht findet eine Auseinandersetzung mit der Verwendung der KI für das Studium bislang aber noch viel zu selten statt. Das wäre jedoch notwendig, schließlich wird man im Berufs- und Privatleben zunehmend mit der KI konfrontiert und muss diese nutzen können. Daran führt kein Weg vorbei. Daher ist eine Aneignung von Kompetenzen im Rahmen des Studiums erforderlich, um auf das Berufsleben vorbereitet zu sein.

Die oben skizzierten Veränderungen machen die Notwendigkeit einer Auseinandersetzung mit dem angemessenen und effizienten Einsatz der KI deutlich. Denn mit der Nutzung der KI sind zahlreiche Herausforderungen verbunden:

- Ist die Verwendung zulässig (in rechtlicher Hinsicht sowie aus Sicht der Prüfungsordnung)?
- In welchem Umfang wird die Verwendung toleriert?
- Ist die Verwendung ethisch vertretbar?
- Für welche Aufgaben kann der Einsatz erfolgen und für welche nicht?
- Wie kombiniert man die künstliche und die menschliche Intelligenz optimal?
- Wie muss die Eingabe gestaltet werden, um einen möglichst nutzbringenden Output zu erzeugen?
- Wie erkennt man falsche, verzerrte, einseitige und diskriminierende Aussagen?
- Wie vermeidet man Copyright-Verletzungen sowie Plagiate?
- Wie geht man mit weiteren Gefahren um, die mit der Nutzung der generativen KI verbunden sind (z. B. Abhängigkeitsverhältnisse, Kompetenzentwicklung, …)
- Welche Kompetenzen sollte man zur Nutzung der generativen KI entwickeln?
- Wie dokumentiert man die Nutzung der generativen KI?

Dieses Buch gibt Ihnen eine Orientierung zur Bewältigung dieser Herausforderungen. Das nachfolgende Kapitel beschäftigt sich mit dem derzeitigen Angebot an KI Tools und deren Einsatz entlang der Phasen einer wissenschaftlichen Arbeit. Der Schwerpunkt der Betrachtung wird im Anschluss daran auf der generativen KI und hierbei auf ChatGPT liegen, da dieser Dienst das derzeit populärste KI-Tool unter Studierenden in Deutschland ist. Dabei werden Nutzungsmöglichkeiten aufgezeigt und Leitplanken erstellt, wie Sie von diesen Nutzungsmöglichkeiten Gebrauch machen.

1.2 KI Tools entlang der Phasen einer wissenschaftlichen Arbeit

Die Unterteilung einer wissenschaftlichen Arbeit in verschiedene Phasen erscheint so selbstverständlich, dass diese in vielen Lehrbüchern zum wissenschaftlichen Arbeiten gar nicht diskutiert werden. Warum sollte man das auch diskutieren? Schließlich ist eine wissenschaftliche Arbeit ein viel zu großes Projekt, das daher eine Strukturierung erfordert. Dazu gibt es verschiedene Ansätze. So unterscheidet beispielsweise Heesen in seinem Buch zum wissenschaftlichen Arbeiten drei Phasen: Themenwahl, Konzeption, Schreiben (Heesen 2014). Vergleichen Sie das mal mit dem nachfolgenden Phasenmodell:

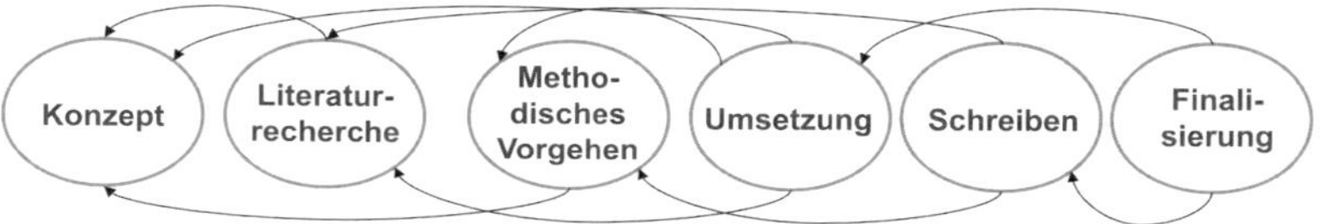

Abbildung 3: Phasen einer wissenschaftlichen Arbeit (Quelle: Eigene Darstellung)

Welches Modell ist besser?

Das führt uns wieder zur Eingangsfrage zurück. Wenn Sie ein Projekt in Phasen unterteilen, dann tun Sie sich selbst einen Gefallen, wenn Sie in jeder Phase ein einziges Ziel vor Augen haben. Das macht es Ihnen einfacher, Ihre Energie auf die Erreichung des Ziels zu richten. Schauen wir uns die sechs oben genannten Phasen diesbezüglich einmal genauer an. Die erste Phase besteht in der **Entwicklung eines (Grund-) Konzeptes**. Ein Konzept ist nichts anderes als ein Plan zur Lösung eines Problems. Mit diesem (Grund-)Konzept wollen Sie zunächst vor allem eins: Sie wollen sicherstellen, dass Ihre wissenschaftliche Arbeit nicht scheitert. Das ist auch der Grund, warum Sie ein (Grund-)Konzept erstellen. Schließlich werden Sie nicht losrennen wollen, um nach vier Wochen Arbeit festzustellen, dass Sie auf dem eingeschlagenen Weg die Zielsetzung Ihrer Arbeit niemals erreichen werden, weil Sie eine falsche Richtung gewählt haben.

Das Ziel der **Literaturrecherche** besteht darin, die Arbeit theoretisch zu fundieren. Dieses Ziel wird durch viele Studierende falsch verstanden. Das Ziel dieser Phase ist nicht, lehrbuchartig die Literatur im Kontext der Forschungsfrage widerzugeben, um diese dann im praktischen Teil der Arbeit zu ignorieren. Vielmehr geht es darum, die Literatur produktiv zur Beantwortung der Forschungsfrage zu nutzen. Was genau damit gemeint ist und wie das geht, finden Sie in Kapitel 1.2.2.

Mit dem **methodischen Vorgehen** legen Sie anschließend fest, wie Sie bei der Beantwortung der Forschungsfrage vorgehen wollen. Die **Umsetzung** des methodischen Vorgehens findet dann in der vierten Phase statt. In dieser entwickeln Sie die Antworten auf die Forschungsfrage. Diese Antworten gilt es dann zu dokumentieren (= Phase des **Schreibens**). Mit der **Finalisierung** wollen Sie anschließend sicherstellen, dass die Qualität Ihrer Arbeit stimmt.

Jede der oben genannten Phasen verfolgt damit ein eigenes Ziel. Wie Sie die KI bei der Erreichung Ihrer Ziele in den einzelnen Phasen unterstützen kann, wollen wir im Folgenden genauer betrachten.

1.2.1 Entwicklung eines (Grund-)Konzeptes

Das Ziel der ersten Phase besteht darin, zumindest ein grobes Konzept zu entwickeln, um an diesem zu prüfen, ob dieses trägt und sich realisieren lässt. Da verschiedene Konzepte unterschiedliche Erfolgsaussichten haben und das Ergebnis der Arbeit unmittelbar von der Qualität des Konzeptes abhängt bietet es sich an, verschiedene Konzepte zu erarbeiten und das beste Konzept daraus auszuwählen, das dann detaillierter herausgearbeitet wird.

Ein Konzept für eine wissenschaftliche Arbeit wird im Wesentlichen durch drei Elemente gebildet: einem Problem, der Forschungsfrage und dem methodischen Vorgehen. Das Problem gibt der wissenschaftlichen Arbeit deren Relevanz. Die Relevanz ist im englischsprachigen Raum eines der beiden zentralen Bewertungskriterien – das andere ist „Rigor", was für die methodische Strenge und Exaktheit steht. In aller Regel sind die Probleme, mit denen wir uns in einer wissenschaftlichen Arbeit beschäftigen viel zu groß, als dass wir diese mit der Arbeit vollständig lösen könnten. Mit der Forschungsfrage legen wir daher fest, welchen Beitrag wir zur Lösung des Problems leisten wollen. Das methodische Vorgehen beschreibt dann, auf welchem Weg diese Lösung zustande kommen soll.

Wie gelangen Sie nun zu einem Konzept? Eine Möglichkeit ist die Orientierung an anderen Arbeiten, die eine ähnliche Forschungsfrage behandelt haben. An dieser Stelle stoßen Sie jedoch auf ein Problem. Zu Beginn der Arbeit sind Ihre Ideen bzgl. der Forschungsfrage gewöhnlich nur sehr grob. Sie haben nur eine lose Vorstellung, in welche Richtung die Arbeit gehen könnte, ob Ihre Idee in der wissenschaftlichen Forschung behandelt wurde, welche Theorien dazu vorliegen könnten und welche Begriffe man in eine wissenschaftliche Datenbank eingeben soll. Wenn Sie dann eine kursorische Literaturrecherche in den wissenschaftlichen Datenbanken durchführen, dann finden Sie … nichts. Jedenfalls nichts, was Sie gebrauchen könnten. Denn die wissenschaftlichen Datenbanken ordnen den Inhalten entsprechende Schlagworte (Keywords) zu. Kennen Sie diese nicht, dann können Sie lange suchen.

An dieser Stelle können generative KI-Tools (wie ChatGPT, Google Bard, Rytr [rytr.me], Jasper [jasper.ai], CopyAI [copy.ai], Chatsonic [writesonic.com] oder Article Forge [articleforge.com]) wesentliche Hilfe leisten. Denn diese liefern Ihnen nicht nur Ideen für die Forschungsfrage (Prompt: „Brainstorme Ideen für eine Forschungsfrage zu …"). Sie können die KI auch auffordern, für eine bestimmte Forschungsfrage auszugeben, mit Hilfe welcher Modelle / Theorien diese bearbeitet werden kann.

Wenn Sie die Ideen der generativen KI sehen, dann kommt vermutlich ein Glücksgefühl bei Ihnen auf. Eine große Euphorie macht sich breit. Denn zumindest einzelne Ideen klingen vielversprechend. Zudem werden Ihre Vorstellungen, in welche Richtung die Arbeit gehen könnte, dadurch konkreter.

Jetzt gilt es, diese Ideen auf deren Umsetzbarkeit hin zu überprüfen. Dazu müssen Sie eine möglichst klare Vorstellung entwickeln, wie die Umsetzung aussehen kann, welche Anforderungen diese mit sich bringt und ob Sie diese leisten können. Ideal ist an dieser Stelle, wenn Sie eine Studie vor sich haben, die genau die Elemente Ihres Grundkonzeptes beinhaltet. Nun könnten Sie die generative KI nach einer entsprechenden Studie fragen. Das kann Sie durchaus weiterbringen. Das wird jedoch nicht immer der Fall sein, da es sich bei der generativen KI nicht um eine wissenschaftliche Suchmaschine handelt.

Vielfach werden Sie mit Suchassistenten wie Elicit (elicit.org) oder Consensus (consensus.app) bessere Ergebnisse erzielen. Diese bieten Ihnen den Vorzug, dass die Eingabe in natürlicher Sprache erfolgt, ohne dass dabei ein perfektes Matching der verwendeten Begriffe mit den Keywords in den wissenschaftlichen Datenbanken vorliegen muss. Wenn Sie in diese die durch die generative KI erzeugten Ideen eingeben, dann haben Sie gute Chancen, erste Quellen zu Ihrer Forschungsfrage identifizieren zu können. Die Suchassistenten vereinfachen den Zugang zur wissenschaftlichen Literatur damit erheblich.

Das macht das nachfolgende Beispiel deutlich. Obwohl die Suchanfrage nach möglichen Konzepten zum Aufbau eines schlanken und effizienten Startups sehr allgemein gehalten ist, findet Elicit dennoch verschiedene Ansätze, wie dieses Ziel erreicht werden kann. So beispielsweise durch das Eingehen von Kooperationen oder dem Performance-Marketing.

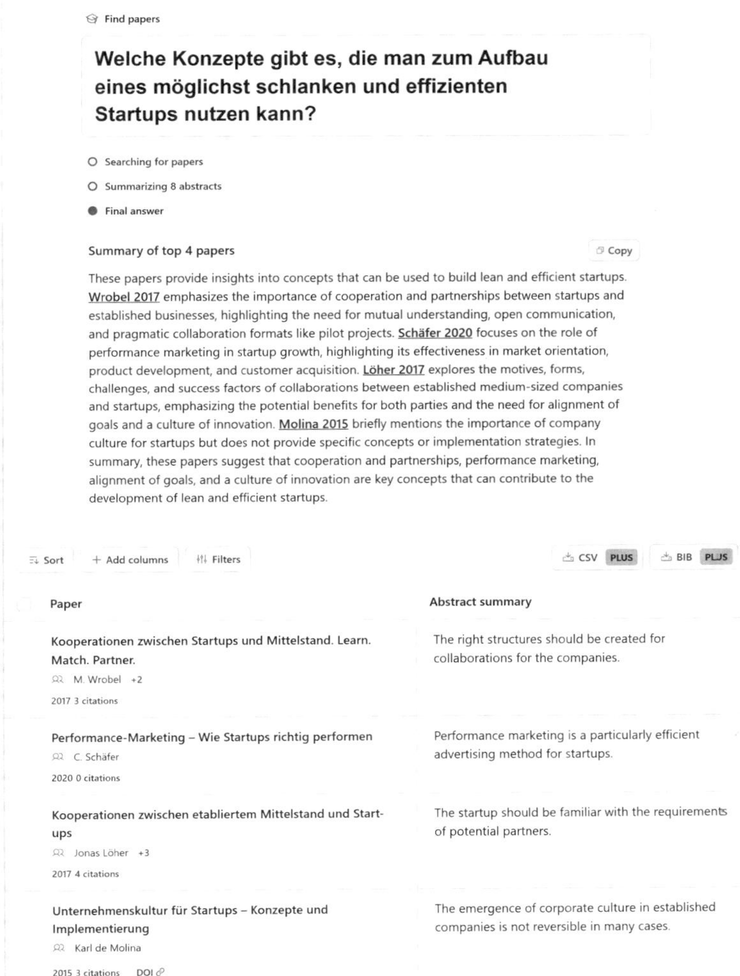

Abbildung 4: Beispiel Suchanfrage Elicit (Quelle: Screenshot Elicit)[5]

Wenn Sie dieselbe Frage in eine wissenschaftliche Datenbank wie ScienceDirect eingeben, dann erhalten Sie dort keine Treffer. Selbst wenn man die Suchanfrage bei ScienceDirect auf „Schlankes Startup" verkürzt, werden lediglich zwei Resultate ausgegeben.

Hinweis: Auf Basis der GPT-Modelle, auf denen auch ChatGPT basiert, sind zahlreiche weitere Dienste entstanden. So bietet beispielsweise

---

[5] Prompt: Welche Konzepte gibt es, die man zum Aufbau eines möglichst schlanken und effizienten Startups nutzen kann?

Writesonic mit Chatsonic einen Chatbot an, der bei den kostenpflichtigen Abos auch das Generieren von faktualen Texten umfasst. Faktuale Texte beanspruchen eine Konformität mit der Wirklichkeit, was halluzinierte Texte, wie sie ChatGPT bisweilen formuliert, ausschließt. Laufend kommen neue Anbieter hinzu, die ihre Existenzberechtigung meist dadurch beziehen, dass sie die Schwächen und Limitationen von ChatGPT aufgreifen (wie beispielsweise die Angabe von wissenschaftlichen Quellen) bzw. sich an spezifische Zielgruppen wenden und deren Anforderungen adressieren. Einen interessanten Ansatz bietet Poe (poe.com), bei dem eine Wahl des verwendeten Sprachmodells möglich ist. Das erlaubt einen schnellen Vergleich der Ausgaben verschiedener Sprachmodelle. Ein Sprachmodell versucht, die statistischen Gesetzmäßigkeiten bei der Verwendung von Sprache abzubilden. Beginnt ein Satz beispielsweise mit „Das tut mir jetzt aber herzlich", dann modelliert das Sprachmodell welche Elemente in Abhängigkeit dieser vorausgegangenen Sequenz welche Wahrscheinlichkeit haben.

1.2.2 Literaturrecherche

Nachdem Ihr Grundkonzept steht, gilt es, die theoretische Basis für die wissenschaftliche Arbeit zu legen. Letztlich ist dies nichts anderes, als die Theorie für die Beantwortung der Forschungsfrage produktiv zu nutzen. Dies setzt eine umfangreiche Literaturrecherche und -auswertung voraus.

Viele Gutachterinnen und Gutachter bemängeln an den eingereichten wissenschaftlichen Arbeiten, dass nicht hinreichend klar ist, welche Literatur aus welchem Grund in die Arbeit eingeflossen ist. Nicht selten haben diese das Gefühl, dass die Literaturauswahl unstrukturiert erfolgt ist und etwas Erratisches an sich hat. Dies ist insofern problematisch, als eine wissenschaftliche Arbeit reproduzierbar sein sollte. Zwei Arbeiten, die getrennt voneinander dieselbe Forschungsfrage im selben Kontext behandeln, sollten auch eine hohe Übereinstimmung bzgl. der verwendeten Literatur aufweisen.

Dies wird nur dann erreicht, wenn Sie bei der Literaturrecherche systematisch vorgehen. Systematisch bedeutet, dass Sie eine Vorgehensweise für die Literaturrecherche entwickeln, der Sie dann folgen. In der Vorgehensweise halten Sie fest, in welchen Datenbanken Sie welche Suchstrings (Verbindung aus Suchbegriffen und Operatoren) verwendet haben. Zudem müssen Sie Kriterien festlegen, anhand derer die Auswahl der Literatur erfolgt. In einer wissenschaftlichen Arbeit wird dies gerne in Form eines Flussdiagramms berichtet. Dies macht das nachfolgende Flussdiagramm schematisch deutlich. In der Arbeit lässt sich anhand eines solchen Flussdiagramms die Vorgehensweise bei der Literaturrecherche in ansprechender Form aufzeigen, was deren Nachvollziehbarkeit wesentlich verbessert.

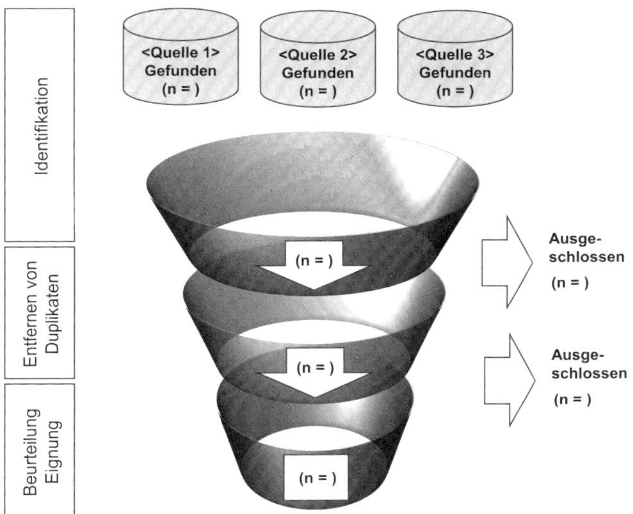

Abbildung 5: Flussdiagramm zu einer systematischen Literaturrecherche (Quelle: In Anlehnung an Ziegler et al. 2011)

Wollen Sie also mit einer systematischen Recherche beeindrucken, dann benötigen Sie einen Suchstring für die Recherche in den wissenschaftlichen Datenbanken. Die klassische Vorgehensweise nimmt die Quellen als Ausgangspunkt, die in der Phase der Erstellung des (Grund-)Konzeptes identifiziert werden konnten. Anhand dieser macht man sich mit deren Keywords vertraut. In wissenschaftlichen Artikeln finden sich die Keywords gewöhnlich direkt im Anschluss an das Abstract.

Ausgehend von diesen Keywords kann man dann eine Literaturrecherche starten und sich so sukzessive mit dem in einem Themengebiet verwendeten Vokabular vertraut machen. Ist man mit dem Vokabular vertraut, dann kann man aus diesem einen Suchstring zusammensetzen.

Ein zweiter Ansatzpunkt ist, die generative KI mit der Entwicklung eines Suchstrings zu beauftragen. So haben beispielsweise Wang et al. 2023 den nachfolgenden Prompt zur Generierung eines Suchstrings entwickelt (Wang et al. 2023): "You are an information specialist who develops Boolean queries[6] for systematic reviews. You have extensive

[6] Eine Boolsche Suche bedeutet, dass jedes Dokument in einer wissenschaftlichen Datenbank einer von zwei Kategorien zugeordnet wird. Entweder erfüllt ein Dokument bestimmte Kriterien oder es erfüllt diese nicht. Die Boolsche Suche erlaubt die Verwendung von Boolschen Operatoren wie „und", „oder", „+", „-", „not" sowie „()".

experience developing highly effective queries for searching the medical literature. Your specialty is developing queries that retrieve as few irrelevant documents as possible and retrieve all relevant documents for your information need. Now you have your information need to conduct research on {review_title}. Please construct a highly effective systematic review Boolean query that can best serve your information need".

Für Ihre systematische Übersichtsarbeit zur Identifizierung von KI-Tools für Studierende im wissenschaftlichen Arbeiten könnte eine Boolesche Abfrage wie folgt aussehen:

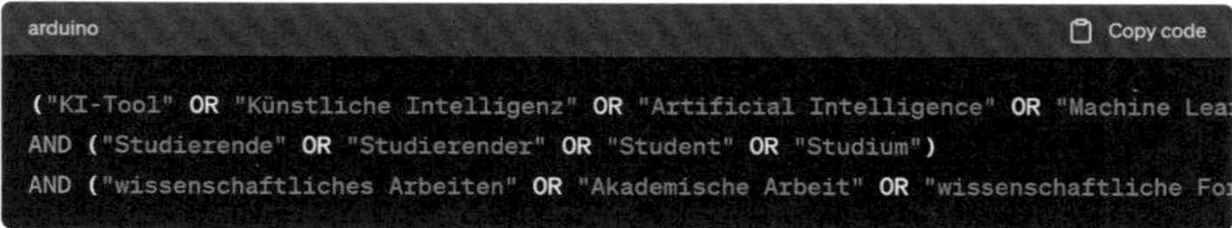

Diese Abfrage kombiniert verschiedene Synonyme für Künstliche Intelligenz, Studierende und wissenschaftliches Arbeiten, um eine breite Palette relevanter Dokumente abzudecken. Sie können diese Abfrage in geeigneten wissenschaftlichen Datenbanken und Suchmaschinen verwenden, um Ihre Recherche durchzuführen. Denken Sie daran, die Abfrage entsprechend den Anforderungen der jeweiligen Datenbank anzupassen.

Abbildung 6: Ausschnitt Output von ChatGPT zum Prompt: „Sie sind ein Informationsspezialist, der Boolesche Abfragen für systematische Reviews entwickelt. Sie haben umfangreiche Erfahrung in der Entwicklung hocheffektiver Abfragen für die Suche in der wissenschaftlichen Literatur. Ihre Spezialität ist es, Abfragen zu entwickeln, die so wenig irrelevante Dokumente wie möglich und alle relevanten Dokumente für Ihren Informationsbedarf abrufen. Nun haben Sie Ihren Informationsbedarf, um eine Recherche zu KI-Tools für Studierende für das wissenschaftliche Arbeiten durchzuführen. Bitte konstruieren Sie eine hocheffektive boolesche Abfrage für eine systematische Übersichtsarbeit, die Ihrem Informationsbedarf am besten entspricht." (Quelle: Screenshot ChatGPT)

Achten Sie bei der Erzeugung eines Suchstrings mit der generativen KI darauf, dass Sie diesen anhand der Keywords in den gefundenen Artikeln überprüfen und ggfs. noch anpassen. Ansonsten missachten Sie im schlimmsten Fall große Teile der Literatur, die für Ihre Arbeit bedeutsam sind.

Der zweite Entscheidungsbereich einer systematischen Suche besteht darin, welche Datenbanken genutzt werden sollen. In aller Regel orientiert sich die Antwort auf diese Frage daran, für welche wissenschaftlichen Datenbanken Ihre Bildungseinrichtung eine entsprechende Lizenz hat. Daneben kommen frei zugängliche Suchmaschinen für wissenschaftliche Publikationen wie Google Scholar (scholar.google.com) und Semantic Scholar (semanticscholar.org) ins Spiel.

Die Suchmaschine Semantic Scholar hat derzeit über 200 Millionen wissenschaftliche Artikel indiziert. Im Gegensatz zu Google Scholar beschränkt sich die Suchmaschine auf offene Ressourcen. Die Suchmaschine bietet eine Reihe von Besonderheiten, wie beispielsweise, dass die Inhalte der Publikationen in ganz knapper Form (meist nur ein einziger Satz) auf den Ergebnisseiten vorgestellt werden. Auf diese Weise können Sie schnell entscheiden, ob sich der Abruf eines Artikels lohnt oder nicht.

Der dritte Entscheidungsbereich ist die Festlegung von Ausschlusskriterien. Die Ausschlusskriterien beschreiben die Merkmale, die eine Publikation zwingend erfüllen muss. Häufig gewählte Ausschlusskriterien sind das Alter der Publikation, die Sprache (z. B. nur englisch- und deutschsprachige Publikationen), Anforderung an den Begutachtungsprozess des Journals („Peer Review") oder der Studientyp (z. B. quantitative empirische Studie).

Die Festlegung des Suchstrings, der Datenbanken sowie der Ausschlusskriterien bilden die Basis für die Durchführung der systematischen Literaturrecherche. Nachdem Sie die Recherche entsprechend des obigen Flussdiagramms durchgeführt haben, sollten Sie sicherstellen, dass Sie die einschlägige wissenschaftliche Literatur berücksichtigt haben. Einschlägig bedeutet, dass manche Arbeiten so bedeutende Beiträge zu einem Forschungsgebiet geleistet haben, dass diese immer wieder durch andere Arbeiten zitiert werden. Die einschlägige Literatur gehört zum Standard eines Themengebietes. Ihre Gutachterin / Ihr Gutachter kennt diese auch und wird anhand der einschlägigen Literatur prüfen, ob Sie bei Ihrer Literaturrecherche sorgfältig vorgegangen sind.

Um die einschlägige wissenschaftliche Literatur zu identifizieren, helfen Ihnen Tools wie Connected Papers (connectedpapers.com), ResearchRabbit (researchrabbit.ai), Litmaps (litmaps.com) und Inciteful (inciteful.xyz) weiter. Diese Tools visualisieren die Literatur auf Basis der Referenzen in Form eines Graphen (Netzwerk) und erlauben eine Suche über den Graphen.

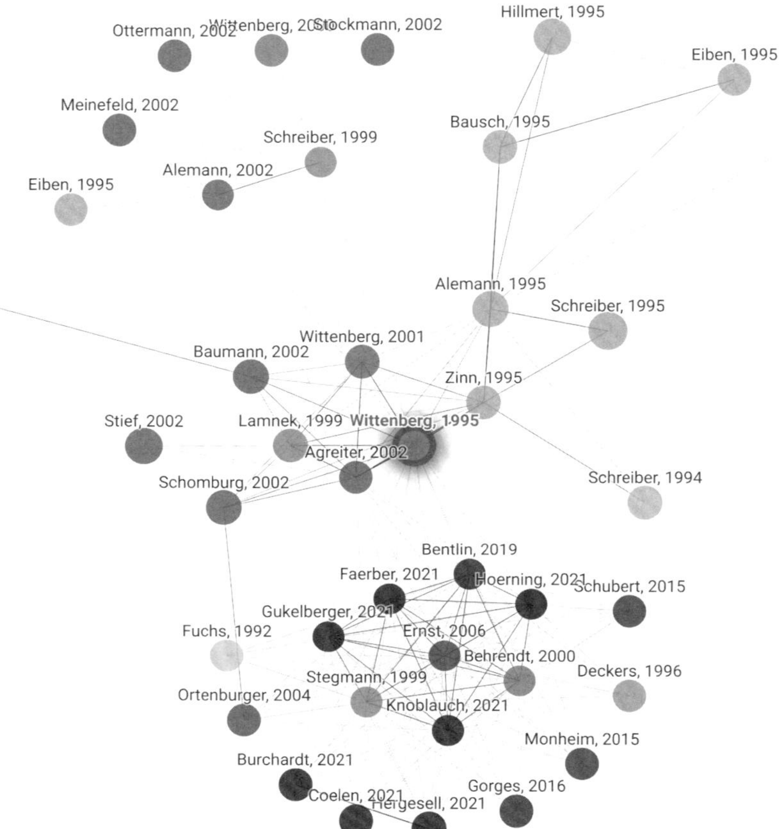

Abbildung 7: Visualisierung der Literatur in Form eines Graphen (Quelle: Screenshot Connected Papers)

Neben der einfacheren Identifikation der einschlägigen Literatur hat dies eine Reihe von Vorteilen:

- Sie können sich einen guten Überblick über ein Forschungsgebiet verschaffen.
- Weitere Quellen lassen sich effizient finden.
- Manche Tools wie beispielsweise ResearchRabbit verbinden die Visualisierung darüber hinaus mit einem Empfehlungssystem (weshalb diese auch in die Kategorie der KI-Tools fallen). So können Sie sich zu einer bestehenden Literatursammlung weitere Artikel vorschlagen lassen.

Gegenüber der klassischen Literaturrecherche in den wissenschaftlichen Datenbanken hält die KI darüber hinaus einen weiteren Trumpf in den Händen. So können die Zitationsindexe um zusätzliche Informationen angereichert werden, was neue Möglichkeiten bei der Suche über die angereicherten Graphen erzeugt. Was das bringt, wollen wir uns an einem Beispiel deutlich machen: Die Wissenschaft ist von einem Diskurs geprägt. Ergebnisse werden hinterfragt, wichtige Studien repliziert, Standpunkte mit anderen Standpunkten konfrontiert und Ideen weitergedacht. Dieses kontinuierliche Infragestellen führt zu einem tieferen Verständnis und neuen wissenschaftlichen Erkenntnissen. Daher kann man von einer Auseinandersetzung mit diesem Diskurs wesentlich profitieren. Das KI Tool Scite (scite.ai) hat einen Zitationsindex entwickelt, der um eine inhaltliche Kategorisierung erweitert wurde (Nicholson et al. 2021). Das macht es möglich, Studien zu finden, die zu gegensätzlichen Ergebnissen gelangt sind (Nicholson et al. 2021). Dadurch wird es sehr viel einfacher, die Diskurse in einem Themenfeld aufzugreifen und durch eine Auseinandersetzung mit diesen zu einem tieferen Verständnis der Materie zu gelangen. Auch der umgekehrte Fall ist denkbar: In manchen Fällen möchten Sie gezielt Studien identifizieren, die sich mit den Ergebnissen einer Studie decken (z. B. Ihrer eigenen Studie). Eine derartige Suche ist durch Scite ebenfalls möglich.

Ein KI-Tool, das darauf abzielt, die Literaturrecherche mit dem Verfassen der Arbeit eng zu verbinden ist wisio.app. Dieses Tool verbindet einen Texteditor mit personalisierten Empfehlungen. So kann man sich zu einem Text Literaturempfehlungen ausgeben lassen. Das hat insbesondere dann Vorteile, wenn man beim Schreiben feststellt, dass man eine Aussage mit einer Quelle belegen muss. Vermutlich kennen Sie das auch: Sie haben sich umfangreich in die Thematik Ihrer wissenschaftlichen Arbeit eingelesen. Beim Verfassen Ihrer Arbeit können Sie sich beim besten Willen jedoch nicht mehr daran erinnern, auf welche Quelle eine Aussage zurückgeht. Zu einer bestimmten Aussage eine Quelle zu finden, war bislang mit einem enormen Aufwand verbunden und scheiterte vielfach. In der Wisio.app können Sie sich gezielt zu einzelnen Sätzen bzw. Abschnitten Literaturempfehlungen ausgeben lassen, was das Belegen von Aussagen erheblich vereinfachen kann.

Im Zentrum der Literaturrecherche und -analyse stehen bei einer wissenschaftlichen Arbeit Fachbücher und Studien, die als Artikel publiziert wurden. In der heutigen Zeit ist die Medienvielfalt auch im wissenschaftlichen Bereich deutlich gewachsen. So werden beispielsweise von Tagungen und Kongressen Videos aufgezeichnet, die Informationen enthalten, an die man sonst nicht gelangen kann. Ein Beispiel, das in diesem Buch genutzt wurde, ist das Video eines Vortrages von Schulman (einem der Gründer von OpenAI), bei dem er auf die Ursachen eingeht, warum ChatGPT bisweilen halluziniert. Videos auszuwerten, ist in aller Regel jedoch sehr zeitintensiv. Eine Hilfe sind daher Tools, die den Inhalt eines Videos zusammenfassen. Zu dieser Kategorie von KI-Tools gehört SolidPoint.ai[7]. Dieses Tool liefert auf Knopfdruck eine Zusammenfassung der wichtigsten Inhalte eines Videos in Textform.

Im Fokus der Literaturrecherche stehen gewöhnlich die wissenschaftlichen Datenbanken. Bei bestimmten Informationen ist die Aussicht jedoch nur gering, diese in den wissenschaftlichen Datenbanken zu finden. Dies gilt beispielsweise für viele statistische Daten, wie sie beispielsweise durch das Statistische Bundesamt bereitgestellt werden. Dies macht eine Internetsuche erforderlich. Auch vor den Suchmaschinen hat die KI nicht haltgemacht. In der Zwischenzeit gibt es eine ganze Reihe von Suchmaschinen, die so stark auf die KI setzen, dass man diese als KI-Tools betrachten kann. Durch die Nutzung der KI ergeben sich dabei neue Möglichkeiten für die Eingabe der Suchanfragen. Egal ob es sich um you.com, Microsoft Bing oder Google Bard[8] handelt, lassen diese Anfragen in Form ganzer Sätze zu. Die Nutzung der KI beschränkt sich bei den KI-Suchmaschinen jedoch nicht nur auf die Eingabe. Bei der Bestimmung der Ergebnisse werden Machine Learning Algorithmen verwendet, um die Präzision der Ergebnisse zu verbessern und es werden Empfehlungssysteme eingesetzt, um die Ergebnisse zu personalisieren. Nun könnte man sagen, dass dies ja alle Suchmaschinen praktizieren. Wenn Sie in die verschiedenen Suchmaschinen jeweils dieselbe Anfrage eingeben, dann werden Sie feststellen, dass die Umsetzung und die Ergebnisse unterschiedlich ausfallen. Sollten Ihre klassischen Gewohnheiten bei der Internetsuche nicht die gewünschten Ergebnisse liefern, dann können Sie es mit einer KI-Suchmaschine versuchen.

Der Einsatz der oben genannten Tools verspricht, dass Sie ausreichend Material für Ihre wissenschaftliche Arbeit finden. In vielen Fällen wird das Material, das Sie jetzt vor sich haben jedoch eine schwer verständliche Kost sein. Nicht selten sind wissenschaftliche Publikationen so mit Fachwörtern gespickt, dass diese für einen Laien unverständlich sind. Dieses Problem adressiert das KI-Tool Explainpaper. Bei diesem Tool kann man ein Dokument hochladen und die unverständlichen Stellen markieren, woraufhin Erläuterungen ausgegeben werden. Im Hintergrund werden dabei einfach Anfragen an ChatGPT bzw. GPT-4 generiert. Grundsätzlich könnten Sie sich auch durch ChatGPT Ihnen

[7] Die derzeitige Preispolitik des Tools erlaubt die kostenlose Zusammenfassung einiger weniger Videos pro Monat. Eine darüberhinausgehende Nutzung des Tools setzt den Abschluss eines kostenpflichtigen Abos voraus.

[8] Große Konzerne wie Microsoft und Google betreiben ein mitunter verwirrend breites Angebot verschiedener Dienste. So bietet Google neben seiner Suchmaschine auch mit Google Bard einen Chatbot an, der darauf trainiert wurde, menschliche Dialoge zu simulieren. Google Scholar ist wiederum eine Suchmaschine, die sich auf die wissenschaftliche Literatur fokussiert.

unbekannte Begriffe oder unverständliche Stellen erklären lassen. Der Vorteil des Tools liegt darin, dass beim Lesen der Dokumente kein Wechsel zwischen verschiedenen Diensten notwendig ist. Da das Tool im Hintergrund ChatGPT bzw. GPT-4 verwendet besteht bei der Nutzung immer die Gefahr, dass die Erklärungen unzutreffend sind.

1.2.3 Methodisches Vorgehen

Das methodische Vorgehen beschreibt, wie die Beantwortung der Forschungsfrage erfolgen soll. Es zeigt die einzelnen Schritte auf, die zur Beantwortung der Forschungsfrage notwendig sind. In vielen Themenfeldern ist die Entwicklung eines methodischen Vorgehens so komplex, dass dieses eine eigene wissenschaftliche Arbeit darstellt. So wäre beispielsweise die Auswahl eines ERP-Systems für ein Unternehmen für eine wissenschaftliche Arbeit viel zu anspruchsvoll und zu umfangreich. Stattdessen könnte sich die wissenschaftliche Arbeit damit befassen, eine Vorgehensweise zur Auswahl eines ERP-Systems für das Unternehmen zu entwickeln. Auch in der empirischen Forschung ist die Entwicklung eines Fragebogens häufig so herausfordernd, dass dieses als eigenständiges Vorhaben betrachtet wird (große Marktforschungsunternehmen investieren nicht selten hohe Summen in die Entwicklung von Erhebungsinstrumenten). Aus diesem Grund wird in vielen wissenschaftlichen Arbeiten auf das methodische Vorgehen einer vorausgegangenen Studie bzw. von Elementen davon zurückgegriffen und dieses auf den Kontext der eigenen Arbeit hin angepasst. Die wissenschaftliche Literatur bildet in aller Regel ein zentrales Fundament des methodischen Vorgehens, zumal eine wissenschaftliche Arbeit theoretisch fundiert werden muss und viele Theorien bzw. Modelle mit einem methodischen Vorgehen verbunden sind.

Die Entwicklung des methodischen Vorgehens (bzw. die Anpassung des methodischen Vorgehens vorausgegangener Arbeiten an die eigene Arbeit) basiert auf den in der Literaturrecherche gefundenen Quellen. In diesem Arbeitsschritt schauen Sie sich an, wie anderer Autorinnen / Autoren, die eine ähnliche Forschungsfrage behandelt haben, methodisch vorgegangen sind. Betrachten Sie das nicht als verschwendete Zeit. Denn diesen Arbeitsschritt können Sie in ihrer wissenschaftlichen Arbeit nicht nur dokumentieren, sie können damit Ihr eigenes methodisches Vorgehen auch sehr viel besser begründen.

Um sich einen schnellen Überblick über das methodische Vorgehen der Quellen zu verschaffen, die aus der Literaturrecherche hervorgegangen sind, können Sie das KI Tool SciSpace (typeset.io) nutzen. SciSpace bietet Ihnen die Möglichkeit, in einen Dialog mit einem Artikel zu treten (wobei die Sprache frei gewählt werden kann). Dazu laden Sie einen Artikel hoch und richten an diesen verschiedene Fragen.[9] Dadurch können Sie sich schnell mit dem methodischen Vorgehen der vorhandenen Quellen vertraut machen. Um das methodische Vorgehen für die eigene Arbeit festzulegen, können Sie dann die einzelnen Arbeitsschritte durchgehen und sich überlegen, ob und wie Sie diese in Ihrer Arbeit umsetzen. Achten Sie darauf, dass es meist nicht nur eine einzige Möglichkeit bzgl. des methodischen Vorgehens gibt. Vergleichen Sie daher verschiedene Quellen bzgl. des methodischen Vorgehens und bestimmen Sie, welches sich für Ihre Arbeit aus welchem Grund am besten eignet.

Zwei weitere KI-Tools, mit denen Sie sich einen schnellen Überblick über das methodische Vorgehen verschiedener Studien erarbeiten können, sind Scholarcy und OpenRead. Die Tools können Internetdokumente bzw. hochgeladene pdf-Dateien in interaktive Dokumente umwandeln. Auf diese Weise können Sie direkt zum methodischen Vorgehen (und anderen Passagen des Dokumentes) springen, ohne dass Sie das Dokument durchsuchen müssten. Dadurch können Sie schnell und einfach das methodische Vorgehen verschiedener Studien einander gegenüberstellen.

Die Generierung des methodischen Vorgehens auf Knopfdruck ist derzeit noch Zukunftsmusik und je komplexer das Problem ist, umso schwieriger wird es, diesen Arbeitsschritt zu automatisieren. Arbeiten daran finden jedoch statt. Ein Beispiel dafür ist der Method Deviser[10] von elicit.org (Weßels et al. 2022). Dieser versucht, anhand einer vorgegebenen Fragestellung die Schritte abzuleiten, die zu deren Beantwortung erforderlich sind.

Nachdem Sie das methodische Vorgehen festgelegt haben, folgt als nächster Schritt die Erstellung einer Gliederung. Denn die Gliederung greift die verschiedenen Arbeitsschritte des methodischen Vorgehens auf und bringt diese in eine Struktur. Hierbei kann die generative KI wie ChatGPT und Google Bard eine wesentliche Unterstützung leisten. Da diese mit zahlreichen Forschungsfragen, methodischen Vorgehensweisen und Gliederungen konfrontiert wurden, haben sie hierzu allgemeine Muster gelernt. Einige Dienste bieten auch Gliederungsgeneratoren an. Dazu zählt der Essay Outline Generator von PerfectEssayWriter.ai.

---

9 Grundsätzlich sind die Fragen, die Sie an einen Artikel richten, nicht begrenzt. Sie können ebenso fragen, welchen Beitrag der Artikel zur Forschung leistet und was dessen zentrale Erkenntnisse sind. Der Dienst zielt darauf ab, die Literaturanalyse effizienter zu gestalten.

10 Siehe https://ide.elicit.org/run/wtp6SbYgoPYPL5usB

1.2.4 Umsetzung

Je nach Typ der wissenschaftlichen Arbeit wird die Umsetzung des methodischen Vorgehens unterschiedlich ausfallen und damit verbunden auch die Nutzung der KI. Im Wesentlichen kann man vier Typen von wissenschaftlichen Arbeiten unterscheiden, wobei diese in Abhängigkeit der Hochschulform sowie des Studiengangs eine unterschiedliche Relevanz haben: 1. Literaturarbeit, 2. Theoriearbeit, 3. Empirische Arbeit sowie 4. Praxisarbeit (Voss 2020).

1.2.4.1 Literaturarbeit

Wie der Name schon sagt, steht bei der Literaturarbeit die Auseinandersetzung mit der wissenschaftlichen Literatur zur Beantwortung der Forschungsfrage im Mittelpunkt. Dabei setzt die Forschungsfrage gewöhnlich an einem Problem aus der Praxis an. Die Literaturarbeit beschränkt sich dabei nicht nur auf das Zusammentragen der Literatur (siehe Kapitel 1.2.2) und deren Anwendung auf das praktische Problem, sondern beinhaltet auch eine kritische Reflexion dieser. So können beispielsweise verschiedene Modelle einander gegenübergestellt oder diese hinterfragt werden.

Die generative KI kann Ihnen wesentliche Impulse für eine kritische Reflexion liefern. So können Sie die generative KI beispielsweise danach fragen, was an einem Modell kritisiert wird (Prompt: „Was wird am SWOT-Modell kritisiert?"), Sie können sich mit dessen Prämissen beschäftigen (Prompt: „Welche Prämissen liegen dem SWOT-Modell zugrunde?"), und nach Weiterentwicklungen suchen (Prompt: „Welche Modelle sind als Weiterentwicklung des SWOT-Modells entstanden?"). Sie können sich damit beschäftigen, welche empirische Grundlage einem Modell zugrunde liegen, ob sich dieses in der Praxis bewährt hat, Fälle recherchieren, in denen sich dieses nicht bewährt hat und hinterfragen, in welchem Kontext sich dessen Verwendung eignet (Prompt: „In welchem Kontext eignet sich die Anwendung der SWOT-Analyse? Wann eignet sich diese nicht?"). Auch die Gegenüberstellung mit anderen Modellen ist ein guter Ansatzpunkt, um zu einer tiefgehenden Auseinandersetzung mit einem Modell zu gelangen. Der Output zu den jeweiligen Fragen ist wiederum der Ausgangspunkt neuer Fragen. Gleichzeitig bildet er eine Basis für die eigene kritische Reflexion[11].

1.2.4.2 Theoriearbeit

Bei der Theoriearbeit steht die Auseinandersetzung mit einer bestehenden wissenschaftlichen Theorie im Vordergrund. Dabei können

[11] Zu den entsprechenden urheberrechtlichen Fragen: siehe Kapitel 3.

verschiedene Ziele verfolgt werden, wie beispielsweise ein Vergleich verschiedener Theorien, eine Analyse bzw. Überprüfung einer Theorie oder die Entwicklung einer neuen Theorie. Die Theoriearbeit hat dabei jedoch keinen direkten Anwendungsbezug. Daher kommt diese in der BWL sowie in der Informatik nur vergleichsweise selten in wissenschaftlichen Arbeiten von Studierenden zum Einsatz, weshalb diese hier auch nicht näher behandelt wird.

1.2.4.3 Praxisarbeit

Bei der Praxisarbeit steht ein konkretes Problem eines Unternehmens bzw. einer Organisation im Vordergrund, zu dessen Lösung ein konkreter Beitrag geleistet werden soll. Im Kontext der Wirtschaftsinformatik besteht dieser Beitrag vielfach in der Entwicklung einer Software.

Auf die Unterstützung der Softwareentwicklung zielen Anwendungen wie GitHub-Copilot ab. Daneben sind noch eine Vielzahl weiterer Tools entstanden, wie Tabnine, Captain Stack, Second Mate oder IntelliCode. Zudem ist auch die generative KI in der Lage, Code in verschiedenen Programmiersprachen zu erzeugen.

1.2.4.4 Empirische Arbeiten

Die KI kann Sie nahezu in jeder Arbeitsphase einer empirischen Arbeit unterstützen. Dies reicht von der Generierung von synthetischen Daten über die Entwicklung eines Forschungsdesigns bis hin zur Datenanalyse und der Berichtserstellung.

Erzeugung von synthetischen Daten

Jede Aussage, die wir tätigen, lässt Rückschlüsse über uns als Person zu. Bewerten wir beispielsweise im Internet ein von uns gekauftes Produkt, dann gibt diese Bewertung Auskunft zu unseren Präferenzen bzw. zu unserem (Entscheidungs-)Verhalten. Mit dem Training von Sprachmodellen durch große Massen an Text lernen diese daher nicht nur etwas über deren Inhalte, sondern auch über deren Autoren. Da das Sprachmodell hinter ChatGPT mit einem breiten Spektrum unterschiedlicher Quellen trainiert wurde, hat es den Menschen in seiner Vielfalt und insbesondere bezüglich dessen Meinungen, Einstellungen und Präferenzen kennengelernt (Argyle et al. 2023). Entsprechend ist das Sprachmodell in der Lage, einen Menschen zu simulieren. Horton geht noch einen Schritt weiter und postuliert, man könne große Sprachmodelle als digitalisierte Modelle des Menschen, sprich als „homo silicus“ ansehen (Horton 2023). Da diese digitalen Pendants des Menschen so erzeugt wurden, dass sie sich möglichst wie ein echter Mensch verhalten, können diese auch zur Datenerhebung bzw. zur Durchführung von Experimenten genutzt werden (Horton 2023).

Abbildung 8: Mensch und sein digitales Pendant (Quelle: Dall-E; Prompt: „hyperrealistisches Bild der digitalen Identität eines Menschen. Auf der einen Hälfte ist das Gesicht eines Menschen zu sehen auf der anderen Hälfte dessen digitale Identität im Stil eines Matrix-Hologramms."; Neuschöpfung mit Gimp.)

Daher lassen sich große Sprachmodelle einsetzen, um auf einfache, schnelle und kostengünstige Weise Marktforschungsdaten zu erzeugen. Die Rede ist von synthetischen Daten. Synthetisch meint, dass die Daten künstlich geschaffen wurden und nicht auf einer Erhebung bei der Zielgruppe beruhen.

Fordert man ein großes Sprachmodell auf, sich anhand vorgegebener Identitäts- und Persönlichkeitsmerkmale in einen Menschen zu versetzen, dann kann es aus den vielfältigen Antwortverteilungen innerhalb des Modells diejenige auswählen, die eng mit der jeweiligen realen menschlichen Teilpopulation übereinstimmt (Argyle et al. 2023). Dadurch können beispielsweise Einsichten gewonnen werden, warum die Konsumenten spezifische Verhaltensweisen zeigen und eine bestimmte Marke einer anderen Marke vorziehen (Jain et al. 2023)

Ein Beispiel für synthetische Daten, die mit ChatGPT erzeugt wurden, findet sich in einer Studie von Brand et al., bei der die Konsumentenpräferenzen durch Wahlentscheidungen im Kontext verschiedener Szenarien und durch Vorgabe spezifischer Eigenschaften der Konsumenten erhoben wurden (Brand et al. 2023). Dabei verwendeten Brand et al. unter anderem den nachfolgenden Prompt (Brand et al. 2023): "A customer is randomly selected while shopping in the supermarket. Their annual income is $income. While shopping, the customer passes by the toothpaste aisle and sees two options: – Colgate whitening toothpaste colgateFluoride fluoride, price $colgatePrice. – Crest whitening toothpaste crestFluoride fluoride, price $crestPrice. They also have the option not to purchase toothpaste. The customer is asked, after they finish shopping: Did you purchase any toothpaste? If so, which one? Customer: ".

Aus den daraus resultierenden Antworten wurden dann Rückschlüsse auf die Nachfragekurve und damit auf die Präferenzen der Konsumenten gezogen (Brand et al. 2023). Laut Brand et al. fielen die Ergebnisse der Studie ermutigend aus. So entsprachen diese weitgehend den ökonomischen Theorien und vergleichbaren empirischen Studien, wobei die Durchführung innerhalb weniger Stunden erfolgte und kaum nennenswerte Kosten verursachte (Brand et al. 2023). Daher sehen Brand et al. die großen Sprachmodelle als Alternative zu den klassischen Formen der Datenerhebung, wobei sie allerdings darauf hinweisen, dass noch viel Forschungsbedarf besteht, welche Marktforschungsziele sich eignen und welche nicht.

Brand et al. haben deren Erfahrungen bei der Datenerhebung mittels ChatGPT in den nachfolgenden Guidelines zusammengefasst (Brand et al. 2023):

- Empfindlichkeit gegenüber der Antwortreihenfolge: Da ChatGPT mit höherer Wahrscheinlichkeit die erste Antwortoption wählt, sollte die Reihenfolge der Antwortoptionen gewechselt werden (z. B. durch einen Zufallsprozess).
- Framing der Entscheidung (= Rahmen, in den eine Entscheidung eingebettet wird): In Abhängigkeit des Rahmens einer Entscheidung, wird ChatGPT unterschiedliche Antworten ausgeben. Fordert man ChatGPT auf, sich in einen Konsumenten zu versetzen, der zwischen zwei Kauf-Alternativen entscheiden muss, wobei dieser auch auf einen Kauf verzichten kann, dann fällt die Entscheidung in nur wenigen Fällen auf einen Kaufverzicht. Weist man den Dienst dagegen darauf hin, dass es drei Entscheidungsoptionen gibt, von denen eine der Nicht-Kauf ist, dann wird diese Option häufiger genutzt, was eher dem Konsumentenverhalten auf realen Märkten entspricht.

- Spezifität der angeforderten Ausgabe: Es sollten im Vorfeld Überlegungen stattfinden, wie spezifisch der Output von ChatGPT sein sollte. Nach den Erfahrungen von Brand et al. tendiert der Dienst dazu, allgemein gestellte Fragen weitschweifig zu beantworten (so z. B. auf die Frage nach der Preisbereitschaft eines Konsumenten). Ein ganz anderes Ergebnis wird erzielt, wenn eine spezifische Vorgabe zum Ergebnis getätigt wird (Prompt: „Please answer by giving an amount in dollars and cents.")

Neben der generativen KI finden sich im Internet zahlreiche Anbieter, die sich auf die Erzeugung von synthetischen Daten spezialisiert haben. Dazu zählen unter anderem MostlyAI, Gretel.ai oder Synthesis AI. Zur Erzeugung von synthetischen Daten wählen diese einen anderen Ansatz. Ausgangspunkt sind hier reale Datensätze, die zunächst auf deren Muster hin analysiert werden. Auf Basis der identifizierten Muster werden in einem nachfolgenden Schritt synthetische Daten erzeugt. Diese Vorgehensweise hat entscheidende Vorteile gegenüber der Erzeugung von synthetischen Daten mit ChatGPT. Da das von ChatGPT verwendete Sprachmodell verschiedene Verzerrungen aufweist (so sind beispielsweise männliche englischsprachige Personen überrepräsentiert), können auch die mit ChatGPT erzeugten synthetischen Daten verzerrt sein. Bei den oben genannten Anbietern können dagegen die synthetischen Daten mit den realen Daten auf deren Charakteristika hin verglichen werden, um zu überprüfen, ob die Generierung erfolgreich war oder nicht.

Hinweis: Neben der Erzeugung synthetischer Daten kann die KI auch dazu genutzt werden, um Daten im Internet zu sammeln und diese in strukturierter Form bereitzustellen. Zu den Anbietern in diesem Bereich zählt unter anderem brightdata.com.

Finden eines geeigneten Modells

Mit Ausnahme einer explorativen Studie wird bei jeder empirischen Arbeit ein Modell benötigt. Denn das Modell beschreibt, welche Aspekte der Realität betrachtet werden und wie diese Aspekte untereinander in Beziehung stehen. Zudem ist es zur Interpretation der erhobenen Daten erforderlich. Ein Modell schafft zudem den Anschluss an die Literatur und hilft dabei, die empirische Studie theoretisch zu fundieren. Erfahrungsgemäß fällt es Studierenden schwer, ein geeignetes Modell zu identifizieren. Der große Vorteil von ChatGPT ist, dass das Tool Ideen für die Wahl des in der Arbeit verwendeten Modells generieren kann (Beispiel Prompt: „Ich möchte in meiner wissenschaftlichen Arbeit erheben, inwiefern digitale Consultingdienstleistungen von den Kunden angenommen werden. Welche wissenschaftlichen Modelle kann ich in diesem Kontext verwenden?").

Entwicklung Forschungsdesign

Das Generieren von synthetischen Daten ist ein schnell wachsendes Feld sowohl in der wissenschaftlichen Forschung als auch in der praktischen Anwendung. Denn die synthetische Erzeugung von Daten bietet entscheidende Vorteile in Bezug auf die Kosten, die schnelle Verfügbarkeit sowie bzgl. der Privatsphäre und des Datenschutzes[12]. Allerdings ist das Generieren von synthetischen Daten noch weit davon entfernt, den Königsweg bei der Datenerhebung darzustellen. Denn synthetische Daten werfen regelmäßig die Frage, inwiefern diese mit der Realität übereinstimmen. Aus naheliegenden Gründen sollen wichtige Unternehmensentscheidungen kundenorientiert erfolgen. Daher möchte man bei der Datenerhebung regelmäßig die Kunden (bzw. die Zielgruppen) zu Wort kommen lassen. Insofern spielt in der Praxis die Datenerhebung bei den Kunden nach wie vor eine deutlich größere Bedeutung als das Generieren von synthetischen Daten. Zur Datenerhebung wird wiederum ein Forschungsdesign benötigt.

Bei der Entwicklung des Forschungsdesigns kann die generative KI eine wesentliche Unterstützung bieten (Rahman et al. 2023). Da zahlreiche wissenschaftliche Publikationen zum Training des Sprachmodells genutzt wurden, kennt die generative KI die Muster, die bei der Beschreibung des Forschungsdesigns verwendet werden. Daher kann sie auf Basis der Forschungsarbeiten, die einer ähnlichen Fragestellung nachgegangen sind, Ideen zum Forschungsdesign generieren.

Neben einer allgemeinen Beschreibung des Forschungsdesigns kann die generative KI auch Impulse zu einzelnen Teilaspekten liefern. So z. B. welche Daten zur Beantwortung der Forschungsfrage benötigt werden. Dowling / Lucey verwendeten in deren Studie dazu folgenden Prompt (Dowling und Lucey 2023): "Can you please now describe in about 100 words the data that would be suitable for investigating this research idea? The data should be suitable for publication in a good finance journal."

Zudem kann ChatGPT Vorschläge zur Durchführung von Hypothesentests generieren. In der Studie von Dowling/ Lucey findet sich dazu folgender Prompt (Dowling und Lucey 2023): "I would now like you to design a suitable testing approach based on this research idea and the data. Five tables in total of testing output are needed. Can you list what these five tables might be, with descriptions?"

Überlegen Sie sich im Vorfeld gut, ob Ihre Arbeit überhaupt Hypothesen prüfen möchte. Vielfach ist dies gar nicht der Fall. Bei vielen empirischen Arbeiten werden allenfalls forschungsleitende Fragen entwickelt und zu diesen Daten erhoben und ausgewertet. Sollte eine

---

[12] Zu datenschutzrechtlichen Fragen: siehe Kapitel 3.7.

Hypothesenprüfung erfolgen, dann sind umfangreiche methodische Überlegungen notwendig.

Darüber hinaus kann die generative KI bei der Fragebogenentwicklung helfen. Fragen zu stellen, scheint einfach zu sein, handelt es sich dabei doch um einen alltäglichen Vorgang. Bei näherer Betrachtung zeigt es sich jedoch, dass die Formulierung von Fragen sehr sorgfältige Überlegungen erfordert, will man (einigermaßen) gültige Antworten erzielen. Zur Entwicklung eines Fragebogens bietet die generative KI zwei mögliche Ansätze:

- So kann man diese auffordern, einen Fragebogen zu erstellen. Xames / Shefa verwendeten diese Vorgehensweise bei der Erhebung des Einflusses der Social Media auf das Konsumentenverhalten (Xames und Shefa 2023). Aus Sicht der Autoren war ChatGPT dabei durchaus in der Lage, sinnvolle Fragen zu bilden (Xames und Shefa 2023).
- Die zweite Möglichkeit besteht darin, mit der generativen KI einen Fragebogen zu suchen, wie das auch in einer Studie von Dönmez et al. erfolgt ist (Dönmez et al. 2023). Angesichts jahrzehntelanger empirischer Forschung liegt heute ein sehr umfangreiches Inventar von Fragebogeninstrumenten vor. Die Nutzung eines bestehenden Fragebogens hat entscheidende Vorteile. Fehler bei der Fragebogenkonstruktion werden vermieden, der Fragebogen hat sich im besten Fall bewährt und das methodische Vorgehen lässt sich leichter begründen.

Vorbereitende Tätigkeiten zur Datenanalyse

Bei vielen empirischen Arbeiten gibt es eine Reihe von vorbereitenden Tätigkeiten, bevor die eigentliche Datenanalyse durchgeführt werden kann. So liegen die Daten beispielsweise nicht immer in einer Form vor, die eine Analyse erlauben würde. Ein häufiger Grund ist, dass Interviews durchgeführt und diese aufgezeichnet wurden. Bei der Transkription von Gesprächen und Interviews können Ihnen KI-Tools wie Otter.ai oder Speak AI (https://speakai.co/?via=uniteai) helfen, wobei die Transkription von Audio dabei sogar in Echtzeit erfolgen kann. Weitere Tools sind Whisper von Open AI (https://openai.com/research/whisper), Microsoft Word 365 bzw. Word-Web-App, Googles Cloud Speech-to-Text (https://cloud.google.com/speech-to-text?hl=de) sowie cockatoo (cockatoo.com)[13].

Neben der Transkription von Audio-Dateien kann die KI auch durch die Text-, Bild- bzw. Objekterkennung die Voraussetzungen für eine Datenanalyse schaffen. Ein Beispiel dafür ist die Erkennung von Emotionen in den Gesichtern der Probanden. So kann beispielsweise

---

[13] Zu datenschutzrechtlichen Aspekten: siehe Kapitel 3.7.

beim Eye Tracking mit Lösungen wie tobii nicht nur der Blickverlauf analysiert werden. Parallel dazu lassen sich auch die Emotionen der Probanden erfassen, was zu einem umfangreicheren und tieferen Verständnis der Reaktion der Probanden auf einen Stimulus führt. Zu einer der führenden Software-Lösungen im Bereich der Emotionserkennung zählt die vom Fraunhofer IIS entwickelte Software-Bibliothek SHORE®. Im Internet finden sich zudem zahlreiche Tools, die eine Erkennung von Emotionen erlauben wie beispielsweise Visage Technologies oder MorphCast. Diese können beispielsweise im Rahmen einer Zoom-Session eingesetzt werden. Ein möglicher Anwendungsfall besteht darin, den Probanden in einer Zoom-Session verschiedene Stimuli wie beispielsweise eine Werbekampagne zu zeigen und parallel dazu deren Emotionen zu erheben.

Liegen die Daten in digitaler Form vor, dann müssen diese im Vorfeld der Datenanalyse zunächst bereinigt werden. Es gibt sehr viele Gründe, die zu einer Verunreinigung der Daten führen können. So z. B. wenn die Teilnehmenden an einer Befragung sich nur durch den Fragebogen klicken, ohne die Fragen oder Antwortmöglichkeiten zu lesen. Verunreinigungen können auch durch Dubletten, Tippfehler oder bei der Zusammenführung von Daten entstehen. Daneben können Inkonsistenzen in einer Datenbank vorliegen oder Messfehler bei der Datenerhebung auftreten. Kurzum, wollen wir die Qualität der Ergebnisse unserer Datenanalyse sicherstellen, dann müssen wir die Daten bereinigen.

Der erste Schritt bei einer Datenbereinigung besteht in der Erstellung einer Liste von Ursachen, die zu einer Verunreinigung der Daten geführt haben könnten. Haben Sie eine Liste erstellt, dann gehen Sie diese Punkt-für-Punkt durch und prüfen, ob Sie entstandene Verunreinigung in Ihrem Datensatz beseitigen können. Sollte eine Bereinigung möglich sein, dann können Sie sich durch die generative KI eine Vorgehensweise ausgeben lassen, wie Sie die Bereinigung durchführen. Haben Sie beispielsweise Dubletten und liegen Ihre Daten in Form einer Excel-Datei vor, dann können Sie folgenden Prompt in die generative KI eingeben: „Wie gehe ich bei der Bereinigung von Dubletten in einer Excel-Datei vor?". Zudem können Sie sich auch Formeln für Excel, einen Python-Code oder ein Excel-Makro ausgeben lassen, um Ihre Daten zu bereinigen (Prompt: „Ich habe in einer Excel-Tabelle drei Spalten: Jahr, Monat, Tag. Die Spaltenüberschriften sind in der ersten Zeile. Erstelle mir ein Excel-Makro mit dem ich die Daten in einer Excel-Datei auf Dubletten prüfen kann. Ergänze die Excel-Datei um eine Spalte in der festgehalten wird, ob es sich um eine Dublette handelt oder nicht."). Auf diese Weise können Sie sukzessive die einzelnen Punkte auf Ihrer Liste der möglichen Ursachen durchgehen und Ihre Daten bereinigen.

Datenanalyse

Liegen die Daten in bereinigter Form vor, dann können diese mit Verfahren der künstlichen Intelligenz analysiert werden. Potentiale hat die KI insbesondere bei der Analyse großer Datenmengen. Ein Tool, um die Datenanalyse durchzuführen ist Knime. Diese Low-Code/No-Code-Plattform hat den Vorteil, dass mit ihr zahlreiche Verfahren der KI im Allgemeinen und dabei insbesondere des maschinellen Lernens angewandt werden können, auch wenn keine tiefen Programmierkenntnisse in Python vorliegen. Zudem ist die Software frei verfügbar und es liegt ein großer Funktionsumfang vor, der in Form von Nodes bzw. Components einfach einem Projekt hinzugefügt werden kann. Nodes sind einzelne Aufgaben, die das Programm ausführen soll, wie beispielsweise die Inhalte einer Excel-Datei auszulesen. Components sind ein Bündel von Nodes. Aufgrund der oben genannten Stärken und Vorteile hat Knime im Bereich Data Science eine weite Verbreitung gefunden.

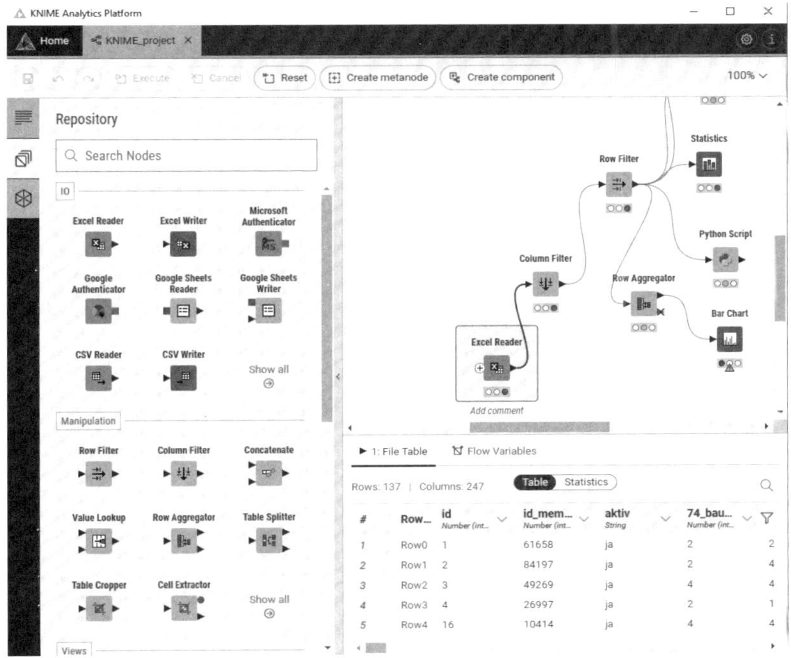

Abbildung 9: Benutzeroberfläche von Knime (Quelle: Screenshot Knime)

Ein weiteres populäres Tool ist Tableau, das sowohl für die Datenanalyse als auch für die Visualisierung der Daten genutzt werden kann. Im Gegensatz zu Knime ist Tableau jedoch nicht frei verfügbar.

Studierende von anerkannten Hochschulen können eine einjährige kostenlose Lizenz erhalten.

Analyse von Texten

Da die Analyse von Texten in besonderem Maße von der KI profitieren könnte, soll auf diese im Folgenden näher eingegangen werden. Lange Zeit ging die Analyse von Texten mit einem großen, manuellen Arbeitsaufwand einher. So beispielsweise bei der Kodierung des Textmaterials oder der induktiven Bestimmung von Kategorien anhand des Materials. In der Folge war die Durchführung der Analyse mit einem erheblichen Aufwand bzw. Kosten verbunden. Gleichzeitig war der Umfang des Textmaterials, das in die Analyse eingehen konnte, begrenzt.

Das Aufkommen der generativen KI verspricht, der Analyse von Texten wesentliche Impulse zu geben. Wie der Computer die quantitative Analyse verändert hat, so könnte die generative KI die qualitative Datenanalyse transformieren (Poynter 2023). Denn aufgrund des Textverständnisses der generativen KI lassen sich Arbeitsschritte automatisieren, wodurch die Kosten sinken und gleichzeitig große Datenmengen verarbeitet werden können, wie z. B. Rezensionen von Produkten oder Social Media Posts (Ziems et al. 2023). Zudem wird die KI weder durch Emotionen, ein Bewusstsein, eine persönliche Motivation oder irgendwelche Vorurteile beeinflusst (Lin 2023). Stattdessen analysiert sie die Daten nach einem einheitlichen Algorithmus, was die Objektivität und damit auch die Reliabilität der Untersuchung positiv beeinflussen kann. So kodiert die KI beispielsweise Interviews einheitlich.

Mögliche Einsatzfelder der generativen KI bestehen u. a. in der Klassifikation von Texten, Stimmungsanalysen, der Bestimmung der Themen, die in einem Themengebiet diskutiert werden und der Suche nach Mustern in den Daten (Jain et al. 2023). Die generative KI kann aber auch für anspruchsvollere kreative Generierungsaufgaben eingesetzt werden, wie z. B. bei der Erklärung der verborgenen Bedeutung von Texten (Ziems et al. 2023). Zudem kann sie die Annotation von Texten unterstützen (Ziems et al. 2023). Darunter versteht man das Versehen von Texten mit Merkmalen oder Codes. Auf deren Basis können anschließend Muster und Bedeutungen in den Texten identifiziert werden. Dadurch wird die generative KI auch zur Auswertung von Experteninterviews bedeutsam.

In einer breit angelegten Studie untersuchten Ziems et al. die Fähigkeiten großer Sprachmodelle bei der Kodierung von Texten (Ziems et al. 2023). Dabei wurden 13 Sprachmodelle anhand von 24 repräsentativen Benchmarks getestet (Ziems et al. 2023). Eine der Aufgaben bestand darin, Humor zu klassifizieren. So sollten die Sprachmodelle beispielsweise bestimmen, ob der nachfolgenden Text als witzig empfunden wird: "If a mass of beef fat is 'tallow', and mass of pig fat is 'lard', what is a mass of human fat called? 'American'. Just kidding, it's actually calle..." In diesen Kontext verwendeten Ziems et al. den nachfolgenden Prompt: "Is the above joke humorous to most of the people? Constraint: You must pick between "True" or "False". You cannot use any other words except for "True" or "False"." Ziems et al. gelangten in deren Studie zu der Einschätzung, dass die generative KI bei den gestellten Aufgaben ein angemessenes Maß an Übereinstimmung mit menschlichen Annotatoren zeigte (Ziems et al. 2023).

Berichterstellung

Liegen die Ergebnisse der Datenanalyse vor, dann kann die generative KI Mustervorlagen für die Berichtserstellung bereitstellen. Mustervorlagen für den Ergebnisteil sind nichts grundsätzlich Neues. In der Literatur und im Internet finden sich eine Vielzahl an Vorlagen bzw. Formulierungshilfen. So stellt beispielsweise die Website statistikguru.de zu verschiedenen statistischen Verfahren Vorlagen bereit, wie die Ergebnisse der Anwendung der Verfahren in einer wissenschaftlichen Arbeit berichtet werden können.

Deutsch

Es gab einen statistisch signifikanten Unterschied zwischen den Reaktionszeiten der Alkoholgruppe und der Kontrollgruppe ohne Alkohol, wobei die Reaktionszeit der Kontrollgruppe durchschnittlich 0.90 Sekunden niedriger war (95%-CI[0.69, 1.10]), $t(70.08) = 8.59$, $p < .001$.

English

There was a statistiscally significant difference between reaction times of the alcohol group and the control group without alcohol, with mean reaction times 0.90 seconds (95%-CI[0.69, 1.10]) lower for the control group, $t(70.08) = 8.59$, $p < .001$.

Abbildung 10: Beispiel Mustertext zum Berichten der Ergebnisse eines ungepaarten T-Tests (Quelle: Screenshot StatistikGuru: https://statistik-guru.de/spss/ungepaarter-t-test/auswertung-interpretation-welch-test.html; Abruf: 05.09.2023)

Diese Mustervorlagen sind durchaus hilfreich, denn eigene Formulierungen laufen schnell Gefahr, falsch zu sein oder den sprachlichen Konventionen nicht zu entsprechen. So wird in der schließenden Statistik beispielsweise auf den Begriff „beweisen“ im Allgemeinen verzichtet, da hier lediglich auf Basis von Wahrscheinlichkeiten eine Hypothesenprüfung stattfindet.

Nun werden Sie sich vielleicht fragen, ob man auf den Zwischenschritt der Erstellung von Mustervorlagen nicht verzichten kann. Kann man nicht ebenso gut die Ergebnisse einer Datenanalyse in ChatGPT eingeben und den Dienst anweisen, daraus einen wissenschaftlichen Bericht zu formulieren?

Dass diese Vorgehensweise wenig sinnvoll ist, werden Sie feststellen, wenn Sie selbst einmal einige fragmentarische Angaben in ChatGPT eingeben (Prompt: „Ich habe einen T-Test durchgeführt. IBM SPSS hat dabei einen T-Wert von –2,43 ermittelt. Das Signifikanzniveau liegt bei 0,031. Schreibe mir für meine wissenschaftliche Arbeit dazu einen Bericht.“). ChatGPT generiert nun einen Text, der von der Realität abweichen kann (schließlich wurde dem Dienst im Prompt ja beispielsweise nicht mitgeteilt, ob ein gepaarter oder ungepaarter T-Test durchgeführt wurde und ob die Anwendungsvoraussetzungen gegeben sind oder nicht). Zwar weist ChatGPT durchaus darauf hin, dass es sich um eine allgemeine Struktur handelt. Die Wahrscheinlichkeit, dass auf diese Weise schwerwiegende Fehler in die Arbeit eingehen, erhöht sich jedoch deutlich. Wenn Sie dagegen zunächst eine Mustervorlage erstellen, dann können Sie sich ganz darauf konzentrieren, dass diese zu der von Ihnen beabsichtigen oder durchgeführten Datenanalyse passt.

Neben der Erstellung von Mustervorlagen kann die generative KI auch eine beratende Funktion bei der Berichtserstellung einnehmen. So beispielsweise bei der Entscheidung, welcher Diagrammtyp für die Visualisierung der Daten am besten geeignet ist oder welche statistischen Kennzahlen man ausgeben soll (Beispiel Prompt: „Welches Streuungsmaß gibt man aus, wenn die Daten nicht normalverteilt vorliegen?“).

Die Erzeugung von Mustervorlagen, die dann nur noch mit den Ergebnissen der statistischen Analyse befüllt werden, erzeugt die Gefahr, dass Sie kein eigenes Verständnis des Berichts und dessen Zustandekommen entwickeln. Werden Sie dann beispielsweise in einer mündlichen Präsentation zu den Ergebnissen befragt, dann könnte schnell der Eindruck entstehen, dass Sie den Bericht nicht selbst verfasst haben. Achten Sie daher darauf, sich ein Verständnis der dem Bericht zugrundeliegenden statischen Verfahren zu erarbeiten. Dies hat zudem den Vorteil, dass Sie die Qualität des Berichtes damit sicherstellen.

1.2.5 Schreiben

Wenn Sie den Begriff Künstliche Intelligenz im Kontext des wissenschaftlichen Arbeitens hören, dann haben Sie vermutlich direkt an generative KI-Tools wie ChatGPT gedacht. Gerade im Kontext der Texterstellung hat die KI große Aufmerksamkeit bekommen und sind zahlreiche Tools entstanden. So unter anderem writier.io. Dieses Tool bietet unter anderem eine Autocomplete-Funktion an, bei der auf Basis des vorliegenden Textes weitere Sätze vorgeschlagen werden. Zudem kann der Sprachstil bestimmt werden und lässt sich der Text auf die Grammatik hin prüfen. Ein weiteres Tool, das auf ein effizienteres Schreiben abzielt, ist Jenni AI. Neben einer Autocomple-Funktion lässt der Dienst auch den Upload von Dateien zu, die bei der Textgenerierung mitberücksichtigt werden. Das zeichnet einen Weg vor, wie in nicht allzu ferner Zukunft systematische Reviews zu einem Forschungsgebiet automatisiert erzeugt werden können. Man sammelt dazu lediglich die aktuellen Studien, lädt diese in die KI hoch und lässt daraus eine Zusammenfassung generieren[14]. Auch wenn die KI-basierte Textgenerierung auf den ersten Blick attraktiv erscheinen mag, raten wir davon ab. So stellen die Inhalte einen wesentlichen Teil der Eigenleistung einer wissenschaftlichen Arbeit dar. Zudem laufen Sie durch derartige Abkürzungen Gefahr, ein falsches bzw. unzureichendes und allenfalls oberflächliches Verständnis des Forschungsfeldes zu entwickeln. Dieses Fundament benötigen Sie jedoch für den praktischen Teil der Arbeit, bei dem gewöhnlich eine Anwendung auf ein konkretes praktisches Problem hin erfolgt. Darüber hinaus können ungewollt Plagiate durch die Texterstellung entstehen, derer Sie sich noch nicht einmal bewusst sind. Eine ausführlichere Diskussion dazu finden Sie im Kap. 2.2.1.

Statt die Inhalte der wissenschaftlichen Arbeit durch die KI erzeugen zu lassen, sollte die Unterstützung durch die KI in anderer Form stattfinden – auch wenn diese weit weniger spektakulär sind. Die meisten Menschen sprechen deutlich schneller als sie schreiben. Damit kann die Spracherkennung die Effizienz beim Verfassen einer wissenschaftlichen Arbeit wesentlich erhöhen. Zudem ist die Hemmschwelle beim Sprechen vielfach niedriger als beim Verfassen eines Textes mit der Tastatur. Insbesondere Studierende mit Schreibhemmungen können von dieser Möglichkeit profitieren. Damit ist ein Anfang gemacht. Die Überarbeitung des Textes fällt dann meist deutlich leichter.

Einer der Anbieter in diesem Bereich ist Nuance, dessen Produkt Nuance Dragon Anywhere eine Woche kostenlos getestet werden kann oder bei dem ein Monatsabo die Schreibphase der wissenschaftlichen Arbeit weitgehend abdecken sollte. Insbesondere in den App-Stores finden sich zahlreiche weitere Lösungen wie Speechnotes, Otter.ai und Diktat. Die Bewertungen der Apps in den App-Stores machen jedoch deutlich, dass die Zufriedenheit der User erheblich streut und bei vielen Apps noch deutlich Luft nach oben besteht.

---

[14] Zu rechtlichen Aspekten: siehe Kapitel 3.

Da Sie Ihre wissenschaftliche Arbeit gewöhnlich präsentieren müssen, ist auch die Automatisierung der Präsentationserstellung eine mögliche Unterstützungsleistung. Zahlreiche Anbieter machen sich aktuell daran oder haben bereits Produkte auf den Markt gebracht, die aus Texten automatisch eine Präsentation generieren (z. B. Microsoft 365 Copilot und Google für Gmail und seine Workspace-Apps). Auch ChatGPT kann via Makros eine Powerpoint-Präsentation erstellen (Günther 2023). Ein weiterer kommerzieller Anbieter in diesem Bereich ist beautiful.ai. Bei diesem kostenpflichtigen Angebot werden Vorlagen mit der KI kombiniert, was die Effizienz bei der Erstellung einer Präsentation deutlich erhöhen kann.

Achten Sie bei der Verwendung der KI zur Präsentationserstellung darauf, dass die Vorbereitung auf die Präsentation sich nicht nur auf die Erstellung der Folien beschränkt. Sie müssen in der Präsentation auch inhaltlich etwas zu jedem Detail einer Folie sagen können. Finden sich in Ihrer Präsentation beispielsweise Aufzählungspunkte, die Sie nicht erläutern können, dann kann die Präsentation schnell sehr peinlich werden.

Die generative KI beschränkt sich nicht nur auf die Erzeugung von Texten. Bilder lassen sich mit MidJourney, Stable Diffusion und Dall-E erzeugen, Videos können mit runway und Pictory generiert werden und aus Texten lassen sich Audio-Daten erstellen (u. a. Lovo.ai).

1.2.6 Finalisierung

Zur Prüfung Ihrer verfassten Texte auf Rechtschreibung und Grammatik können Sie unter anderem den Duden Mentor (mentor.duden.de) oder Scribbr (www.scribbr.de/rechtschreibpruefung/) einsetzen. Noch weiter geht das LanguageTool, das neben einer Prüfung der Texte auch den Stil bewertet und Umformulierungen ermöglicht. Auch die Rechtschreibprüfung24.de zielt darauf ab, mehr zu leisten als nur eine Grammatik- und Rechtschreibprüfung, indem sie Synonyme vorschlägt, Texte umformuliert und die Texte analysiert. Generative AI-Tools wie ChatGPT und Google Bard gehen in ihrem Funktionsumfang noch über die genannten Tools hinaus. Diese sind in der Lage, die eingegebenen Texte der Rechtschreibung und Grammatik auch den Stil der Arbeit sowie die Argumentation zu überprüfen (siehe Kapitel 2.2.3).

Mit einem Tool wie Zotero oder Citavi und dem richtigen Zitationsstil können Sie sich viel Arbeit bei der Literaturverwaltung sowie den Quellennachweisen sparen. In aller Regel hat sich das Thema durch den Einsatz eines dieser Tools erledigt. Sollte die Verwendung nicht möglich sein, dann gibt es spezielle Tools wie den Quillbot Citation

Generator (quillbot.com/citation-generator/apa), mit denen Quellennachweise im APA-Format erstellt werden können. Zudem kann auch ChatGPT dabei helfen, die formalen Vorgaben einzuhalten. So kann man beispielsweise den Dienst anweisen, das Quellenverzeichnis in ein bestimmtes Format zu bringen („Formatiere die nachfolgenden Quellennachweise im APA-Format: …").

1.2.7 Übersicht KI-Tools

Das Angebot an KI-Tools im Kontext des wissenschaftlichen Arbeitens wächst gegenwärtig deutlich. Noch sind die meisten Tools nur für sehr enge Aufgabenbereiche ausgelegt. Viele Angebote befinden sich in einer frühen Version. Nicht selten werden auch Beta-Versionen auf den Markt geworfen. Daher richten sich die Entwicklungsbemühungen der Anbieter vielfach darauf, die Qualität der Dienste zu verbessern. Bis sich der Markt konsolidiert hat und sich einzelne Tools mit einem großen Funktionsumfang durchsetzen, wird es sicherlich noch eine Weile dauern. In der Zwischenzeit ist die Auswahl eines Sets an Tools notwendig.

Die KI-Tools zielen darauf ab, die Effizienz zu erhöhen. Gleichzeitig erfordern diese in vielen Fällen jedoch einen beachtlichen Einarbeitungsaufwand. In Abhängigkeit des Typs der wissenschaftlichen Arbeit gilt es daher die Auswahl so zu treffen, dass eine möglichst große Hebelwirkung zwischen dem Einarbeitungsaufwand und den Effizienzgewinnen erzielt wird.

Leider sind viele KI-Tools nicht auf die Bedürfnisse von Studierenden ausgerichtet. Zahlreiche Tools erfordern nach wenigen Tests den Abschluss eines Abonnements, was sich angesichts des Nutzungsumfanges oftmals nicht lohnt.

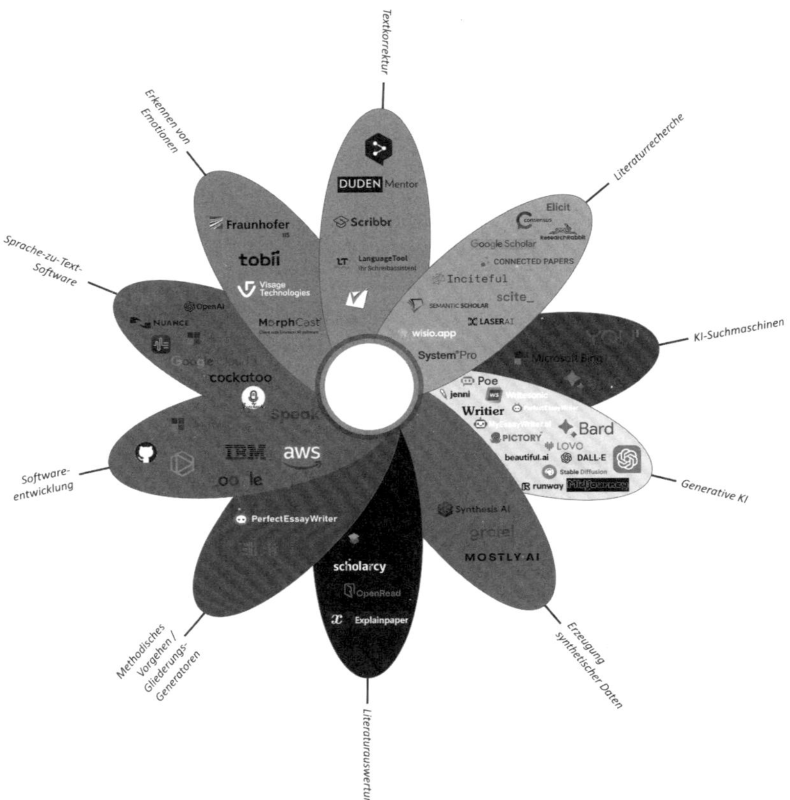

Abbildung 11: Übersicht KI-Tools (Quelle: Eigene Darstellung)

Literaturrecherche

Die KI-Tools zur Literaturrecherche nutzen verschiedene Ansätze, um die Suche effizienter zu gestalten. So können Publikation auf deren sprachliche Ähnlichkeiten analysiert werden, die Publikationen können inhaltlich ausgewertet werden, ebenso wie die Zitationen, aus denen in vielen Fällen ein Graph aufgebaut wird. Zudem erlauben die meisten Tools im Gegensatz zu klassischen wissenschaftlichen Datenbanken die Eingabe in natürlicher Sprache.

Elicit elicit.org	Elicit bezeichnet sich selbst als „research assistant". Im Wesentlichen dient das Tool zur Recherche, wobei es die Eingabe von natürlicher Sprache erlaubt.

Consensus consensus.app	Consensus ist eine Suchmaschine, die auf die eingegebenen Fragen in Forschungsarbeiten nach Antworten sucht.
Connected Papers connectedpapers. com	Erstellt zu einem wissenschaftlichen Artikel einer Graphen (Netzwerk) ähnlicher bzw. verwandter Artikel.
Inciteful inciteful.xyz	Erstellt zu einem wissenschaftlichen Artikel einen Graphen (Netzwerk) ähnlicher bzw. verwandter Artikel.
Laser AI laser.ai	Laser AI ist ein Tool zur Durchführung eines systematischen Reviews, das aus dem medizinischen Bereich stammt.
Litmaps litmaps.com	Erstellt zu einem wissenschaftlichen Artikel einen Graphen (Netzwerk) ähnlicher bzw. verwandter Artikel.
Research Rabbit researchrabbit.ai	Erstellt zu einem wissenschaftlichen Artikel einen Graphen (Netzwerk) ähnlicher bzw. verwandter Artikel.
System Pro pro.system.com	Das Tool gibt auf eine Frage eine Zusammenfassung der Forschungsstudien in diesem Kontext aus.
Scite scite.ai	Zitationsindex mit dessen Hilfe Studien mit gegensätzlichen oder deckungsgleichen Ergebnissen identifiziert werden können.
Wisio.app wisio.app	Verbindung aus Texteditor mit personalisierten Empfehlungen.
Semantic Scholar semanticscholar.org	Suchmaschine, deren Index mehr als 200 Millionen wissenschaftliche Artikel beinhaltet.
Google Scholar scholar.google.com	Suchmaschine für wissenschaftliche Arbeiten.

KI-Suchmaschinen

Personalisierte Empfehlungen und Antworten durch einen Assistenten werden von kleinen und neuen Anbietern als Hebel betrachtet, um den Markt für Suchmaschinen aufzubrechen.

You you.com	Suchmaschine, die vielfältige Funktionen bietet wie eine Chatbot-basierte Suche, einen Schreib-Assistenten, einen Bild-Generator, ...).
Microsoft Bing bing.com	Suchmaschine.
Google Bard bard.google.com	Suchmaschine/Generative KI.

Generative KI

Die Besonderheit der generativen KI besteht in der Erzeugung von Content, sei es in Form von Texten, Audio, Videos oder auch von synthetischen Daten.

ChatGPT chat.openai.com	Generative KI.
Google Bard bard.google.com	Suchmaschine/Generative KI.
Poe poe.com	Generative KI.
Chatsonic writesonic.com/chat	Generative KI.
Writier writier.io	KI-basierter Aufsatzschreiber. Während die generative KI ganz unterschiedliche Dialoge führen kann, zielen die KI-basierten Aufsatzschreiber auf ein deutlich engeres Anwendungsfeld ab.
Jenni AI jenni.ai	KI-basierter Aufsatzschreiber.
PerfectEssayWriter perfectessaywriter.ai	KI-basierter Aufsatzschreiber.
MyEssayWriter.ai myessaywriter.ai	KI-basierter Aufsatzschreiber.
MidJourney midjourney.com	Bild-KI.
Stable Diffusion stablediffusionweb.com	Bild-KI.
Dall-E openai.com/dall-e-2	Bild-KI.
runway app.runwayml.com	Video-KI.
Pictory pictory.ai	Video-KI.
Lovo.ai lovo.ai	AI Voice Generator und Text to Speech.
beautiful.ai beautiful.ai	Erstellung von Powerpoint-Präsentationen.

Erzeugung synthetischer Daten

Das Ziel der Erzeugung von synthetischen Daten besteht in der Generierung eines Datensatzes, der dieselben Charakteristiken wie ein realer Datensatz besitzt. Um dies zu erreichen ist der erste Schritt die Identifizierung von Mustern in einem realen Datensatz, auf deren Basis dann die synthetischen Daten generiert werden.

MostlyAI mostly.ai	Plattform zur Erzeugung von synthetischen Daten.
Gretel.ai gretel.ai	Plattform zur Erzeugung von synthetischen Daten.
Synthesis AI synthesis.ai	Plattform zur Erzeugung von synthetischen Bildern und Videos.

Literaturauswertung

Die KI-Tools zur Literaturauswertung sind vielfach darauf ausgerichtet, dass diese die Inhalte von Publikationen zusammenfassen, sie mit Hilfe des Text Minings Inhalte aus diesen extrahieren und sie die Möglichkeit bieten, gezielt nach diesen in den Publikationen zu suchen[15]. Zudem können einzelne Tools dabei helfen, die Inhalte der Literatur verständlicher zu machen.

SolidPoint.ai solidpoint.ai	Zusammenfassung der wichtigsten Inhalte eines Videos in Textform.
SciSpace typeset.io	Möglichkeit, Fragen an einen Artikel zu richten.
Scholarcy scholarcy.com	Umwandlung in interaktive Dokumente.
OpenRead openread.academy	Umwandlung in interaktive Dokumente.
Explainpaper explainpaper.com	Zielt darauf ab, die Inhalte eines Artikels einfacher verständlich zu machen.

Methodisches Vorgehen

Was die Entwicklung eines Forschungsdesigns bzw. die Entwicklung eines methodischen Vorgehens betrifft, sind spezialisierte KI-Tools derzeit noch eine Seltenheit. Wesentlichen Support bietet an dieser Stelle die generative KI. Diese sollte in jedem Fall um die klassische Vorgehensweise, die bei einer Suche nach Arbeiten mit einer ähnlichen

---

[15] Zu urheberrechtlichen Fragen: siehe Kapitel 3.

Forschungsfrage und einer Auseinandersetzung mit deren methodischen Vorgehen ansetzt, ergänzt werden.

Method Deviser ide.elicit.org/run/ wtp6SbYgoPYPL5usB	Generierung des methodischen Vorgehens auf Knopfdruck.

Gliederungs-Generatoren

Die Potenziale der KI, was die Erstellung von Gliederungen betrifft, werden bislang nicht hinreichend ausgeschöpft. Spezialisierte KI-Tools sind auch in diesem Bereich bislang selten. Generative KI-Tools wie ChatGPT können jedoch eine wesentliche Unterstützung bei der Erstellung einer Gliederung bieten.

Essay Outline Generator PerfectEssayWriter.ai	Gliederungs-Generator.

Softwareentwicklung

Die AI-Tools zur Softwareentwicklung zielen darauf ab, die Effizienz zu erhöhen, indem diese kleine Code-Schnipsel in Abhängigkeit des Kontextes vorschlagen. Dadurch soll eine Entlastung bei Standard-Tätigkeiten stattfinden. Neben den beiden hier genannten Tools können auch generative KI-Dienste wie ChatGPT Code in verschiedenen Programmiersprachen erzeugen.

GitHub-Copilot copilot.github.com	Tool zur Autovervollständigung von Code.
Tabnine tabnine.com	Tool zur Autovervollständigung von Code/Transformation von natürlicher Sprache in Code.
IBM www.ibm.com/ academic/home	Breites Spektrum an Tools, Kursen und Ressourcen zur Künstlichen Intelligenz, Data Science und Co.
Microsoft Azure azure.microsoft.com/ de-de/free/students/	Cloud KI Dienste für die Softwareentwicklung.
Amazon Web Services aws.amazon.com/de/ education/awseducate/	Online-Trainingsressourcen zur AWS-Cloud-Infrastruktur.
Google Cloud cloud.google.com/edu/ students?hl=de	Online-Trainingsressourcen zur Google Cloud.

Sprache-zu-Text-Software

Sprache-zu-Text-Software hat eine lange Tradition und in der Zwischenzeit zahlreiche Anwendungsfelder erobert, von Assistenzsystemen zu Hause, dem Kundenservice bei Telefonaten, der Transkription von Interviews bis hin zur Steuerung des PCs oder eines Entertainment-Systems im Auto. Die Umwandlung von Sprache in Text ist jedoch eine sehr anspruchsvolle Aufgabe. Auch der Mensch hat bei dieser Aufgabe mitunter seine Schwierigkeiten, was das Spiel „Stille Post“ deutlich macht. Erwarten Sie von den Diensten daher keine Wunder.

Otter.ai Otter.ai	Transkription von Sprache in Text in Echtzeit.
Whisper von Open AI openai.com/research/whisper	Open-Source neuronales Netz zur Transkription von englischsprachlichen Audio-Dateien.
Microsoft Word 365 bzw. Word-Web-App	Transkription von Live- und aufgezeichneten Audiodaten.
Googles Cloud Speech-to-Text cloud.google.com/speech-to-text?hl=de	Transkription von Live- und aufgezeichneten Audiodaten.
Cockatoo cockatoo.com	Transkription von Audiodaten und Videos.
Speak AI speakai.co/?via=uniteai	Transkription und Analyse von Audiodaten.
Nuance Dragon Anywhere nuance.com	Spracherkennung.
Speechnotes App-Store	Spracherkennung.
Diktat App-Store	Spracherkennung.

Erkennen von Emotionen

Da der Mensch aus Sicht des Neuromarketings ein emotionaler Nutzenmaximierer ist, spielt das Erkennen von Emotionen in der Marktforschung eine wesentliche Rolle.

SHORE (Fraunhofer IIS) https://www.iis.fraunhofer.de/de/ff/sse/affective-computing/facial-analysis-solutions.html	Analyse und Interpretation von Emotionen, Alter, Geschlecht und Herzrate.

Visage Technologies visagetechnologies.com	Analyse und Interpretation von Gesichtsausdrücken und Emotionen.
MorphCast morphcast.com	Analyse und Interpretation von Gesichtsausdrücken und Emotionen.
Tobii tobii.com	Eye-Tracking-Lösungen, die auch eine Emotionserkennung beinhaltet.

Textkorrektur

Eine fehlerfreie, prägnante und stilistisch ausgefeilte Ausdrucksweise hat schon immer die Begutachtenden beeindruckt. Die künstliche Intelligenz hat ein erstaunliches Niveau erreicht, was die Identifizierung von Fehlern betrifft. Gleiches gilt für Ratschläge zur Verbesserung des Stils.

Duden Mentor mentor.duden.de	Prüfung von Rechtschreibung und Grammatik.
Deepl Write www.deepl.com/de/write	Korrektur von Rechtschreibung und Grammatik. Verbesserung des Stils. Paraphrasieren von Texten.
Scribbr www.scribbr.de/rechtschreibpruefung/	Prüfung von Rechtschreibung und Grammatik.
LanguageTool languagetool.org	Grammatik-, Stil- und Rechtschreibprüfung.
Rechtschreibprüfung24.de rechtschreibpruefung24.de	Grammatik- und Rechtschreibprüfung, Vorschlag von Synonymen, Paraphrasieren von Texten, Text-Analyse.

1.3 Ethische Aspekte bei der Nutzung der KI

Wenn Künstliche Intelligenz und ethische Verantwortung fest miteinander verzahnt sind, dann müssen wir uns über die Zukunft keine Sorgen machen. Problematisch wird es, wenn der ethische Kompass nicht in Richtung Verantwortung zeigt. Um den Kompass zu kalibrieren, ist eine Auseinandersetzung mit den ethischen Aspekten im Kontext der KI im Allgemeinen und von ChatGPT im Besonderen erforderlich.

Bzgl. der Verantwortung lassen sich verschiedene Ebenen unterscheiden: 1. **Die eigene Person**; 2. **Die wissenschaftliche Arbeit als Ergebnis des eigenen Handelns**, 3. **Die Gesellschaft/andere Menschen** sowie 4. **Die Umwelt**.

1.3.1 Die eigene Person

Auf dieser Ebene stellt sich die Frage, welche Konsequenzen die Nutzung der KI auf die eigene Person hat und dabei insbesondere auf den Aufbau von Kompetenzen. Die Nutzung der KI führt tendenziell zu einem Fokus, die wissenschaftliche Arbeit so effizient wie möglich zu erstellen. Diese Denkweise rückt kurzfristige Ziele in den Vordergrund, missachtet dabei aber gleichzeitig, worauf es in einem Studium ankommt. Das klassische Humboldtsche Ideal, das die Persönlichkeitsbildung in den Fokus stellt, droht in den Hintergrund zu geraten. Die kurzfristige Optimierung mit Blick auf die Effizienz mag langfristige Ziele und dabei insbesondere den Aufbau von Kompetenzen schädigen. Insofern besteht die Gefahr, dass die Entwicklung auf der persönlichen Ebene durch die Verwendung von ChatGPT stagniert (AlAfnan et al. 2021).

Letztlich müssen wir feststellen, dass sich die KI auf immer mehr Feldern der menschlichen Leistungsfähigkeit annähert (mitunter überschreitet sie diese auch). Auf diese Weise verschwimmen die vormals klar erkennbaren Grenzen, wodurch die Antwort auf die Zuordnung von Leistungen nicht mehr offensichtlich ist. Dies schafft Möglichkeiten, bei der wissenschaftlichen Arbeit zu schummeln, oder anders ausgedrückt wirft es die Frage nach der Urheberschaft der Inhalte einer wissenschaftlichen Arbeit auf und ob diese auf einer Eigenleistung beruhen oder auf die KI zurückgehen (Zohny et al. 2023).

Die entscheidende Frage ist jedoch, warum man Kompetenzen aufbauen soll, wenn die KI die Tätigkeit übernimmt. Diese Grundsatzfrage stellt sich durch den technologischen Fortschritt auf immer mehr Kompetenzfeldern. So wurde vor einer halben Dekade mit der Einführung von Taschenrechnern eine Diskussion entfacht, warum man Rechnen lernen soll, wenn es einen Taschenrechner gibt. Der Siegeszug des Internet in den 90er Jahren führte zu der Frage, warum man sich Fakten aneignen soll, wenn es das Internet gibt.

Mit der KI stellt sich die Frage nach der Notwendigkeit des Aufbaus von Kompetenzen in neuer, vehementer und vielfältiger Form. Warum sollte man beispielsweise Sprachen lernen, wenn die Übersetzungen zukünftig in Echtzeit durch die KI erfolgen? Warum sollte man einen Führerschein machen, wenn in wenigen Jahren selbstfahrende Autos auf den Markt kommen und noch einige Jahre später das Lenkrad & Co. völlig abgeschafft werden? Warum sollte man die eigenen Schreibfähigkeiten ausbauen, wenn die generative KI die Texte erstellt oder auf Knopfdruck den Stil der eigenen Texte verbessert? Warum sollte man lernen, selber Gedanken zu strukturieren, die wichtigsten Inhalte eines Textes zu identifizieren oder einen Überblick über den Forschungsstand auf einem Forschungsgebiet zu erarbeiten, wenn dies die KI ebenso übernehmen kann?

Ein Teil der Dozierenden steht hier auf dem Standpunkt, dass sich der Fortschritt nicht aufhalten lässt. Verbote sind aus deren Sicht nicht zielführend. Vielmehr gilt es, die neuen Möglichkeiten sinnvoll zu integrieren. Nach dieser Ansicht muss sich der Mensch einmal mehr in seiner Geschichte neu erfinden. Konkret bedeutet das, dass sich Tätigkeitsinhalte und Kompetenzprofile ändern. Die Entlastung von Aufgaben durch die KI, lässt Ressourcen frei werden, die dann für anspruchsvollere kognitive Aufgaben genutzt werden können.

Auf der anderen Seite gibt es Dozierende, aus deren Sicht die bisherigen Kompetenzen nach wie vor ihre Bedeutung haben. Die Unterschiede könnten hier nicht größer sein. Diese zweite Fraktion wird von der ersten Fraktion nicht wirklich ernst genommen – so als ob diese steinzeitlichen Kompetenzen wie das Feuermachen in einem High-Tech-Kontext vermitteln wollte. Diese zweite Fraktion befindet sich in der Defensive. Will sie den Aufbau klassischer Kompetenzen verteidigen, dann benötigt diese gute Argumente.

Welche Gründe gibt es also, an klassischen Kompetenzen festzuhalten? Warum sollten Sie in der Lage sein, mit und ohne KI eine wissenschaftliche Arbeit zu schreiben? Warum sollten diejenigen, die keine KI benötigen, weil sie die entsprechenden Kompetenzen besitzen, zu besseren Ergebnissen bei deren Verwendung gelangen?

An dieser Stelle ist zunächst einmal abzugrenzen, welche Kompetenzen Sie durch das wissenschaftliche Arbeiten überhaupt erwerben sollen. Diese werden deutlich, wenn man die Aufgabenstellung einer wissenschaftlichen Arbeit betrachtet. Diese besteht darin, ein komplexes Problem unter Anwendung wissenschaftlicher Erkenntnisse und Methoden eigenständig zu lösen.

Dies grenzt die wissenschaftliche Arbeit von Prüfungen in der Schule ab. Im schulischen Kontext sind die Lösungswege nur allzu oft vorgegeben. Denken Sie beispielsweise an den Mathematik-Unterricht. In einer Mathematik-Schulaufgabe ist das Problem vollständig definiert. Im Unterricht wurde Ihnen vermittelt, wie Sie das Problem lösen und Ihre Lösung der Aufgabe ist entweder richtig oder sie ist falsch. Die Probleme, mit denen Sie sich in einer wissenschaftlichen Arbeit (spätestens mit der Bachelorarbeit) beschäftigen, sind hingegen komplexe, unstrukturierte Probleme. D.h., die Problemstellung ist unklar. Sie sehen bestimmte Symptome, denen jedoch vielfältige Ursachen zugrunde liegen können. Sinkt beispielsweise der Umsatz eines Unternehmens, dann kann dies vielfältige Ursachen haben. Vielleicht sind die angebotenen Produkte veraltet, fallen die Preise zu hoch aus oder hat die Marke nicht mehr den Glanz früherer Jahre, um nur einige mögliche Ursachen zu nennen. Bevor eine Lösung erarbeitet werden kann, muss daher zunächst einmal das Problem analysiert werden. Nach dieser Analyse wartet jedoch gleich die nächste Hürde auf Sie. Denn in aller Regel gibt es weder fertige Lösungsmuster noch festgelegte Vorgehensweisen, wie Sie das Problem lösen. D. h., Sie müssen selbst eine Vorgehensweise zur Lösung des Problems entwickeln bzw. die Vorgehensweisen, die Sie in der Literatur finden, auf den Kontext Ihrer Arbeit hin anpassen. Haben Sie dann eine Lösung entwickelt, dann werden Sie feststellen, dass im Gegensatz zu einer Mathematik-Schulaufgabe keinesfalls klar ist, ob die Lösung nun richtig oder falsch ist. Aus Ihrer Sicht ist die Lösung natürlich richtig. Aber sprechen Sie einmal mit anderen Personen oder präsentieren Sie Ihre Lösung in einer mündlichen Prüfung. Schnell wird die Frage aufkommen, ob Sie andere Alternativen auch bedacht haben. Bei einer wissenschaftlichen Arbeit ist daher immer das Denken in Alternativen notwendig, verbunden mit dem Aufbau einer Argumentation, warum Sie eine bestimmte Option empfehlen und andere ausschließen.

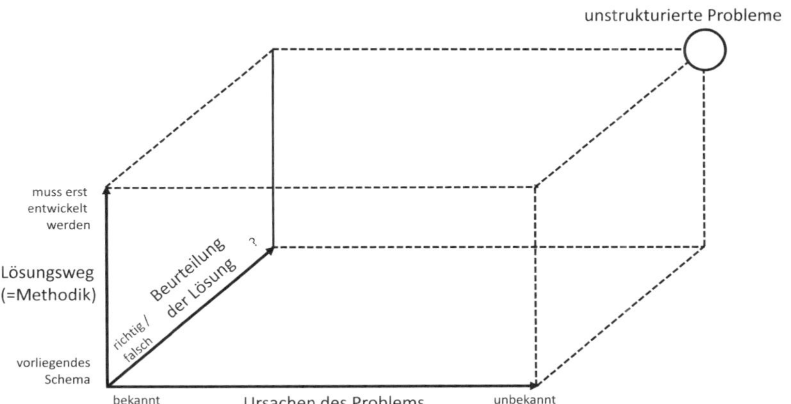

Abbildung 12: Eigenschaften von unstrukturierten Problemen (Quelle: Eigene Darstellung)

Um zur Lösung eines Problems zu gelangen, das sich in der Praxis bewährt und für die Sie die Zustimmung anderer Personen gewinnen, sind viele Kompetenzen erforderlich. Neben der Fähigkeit der Entwicklung eines methodischen Vorgehens sind ebenso analytische Kompetenzen und Fachkenntnisse notwendig, zudem müssen Sie in der Lage sein, Wichtiges von Unwichtigem zu unterscheiden, Ihre Gedanken zu strukturieren und eine Argumentation aufzubauen. Nicht zuletzt müssen Sie die von Ihnen entwickelten Empfehlungen schlüssig und verständlich präsentieren können. Die Erstellung einer wissenschaftlichen Arbeit bedingt daher ein breites Spektrum an Kompetenzen:

- **Problemlösungsfähigkeit**: Sowohl die Wirtschaftswissenschaften als auch die Informatik haben einen starken Anwendungsbezug. Ihnen geht es darum, die Praxis-Probleme zu lösen. Dies spiegelt sich auch in den wissenschaftlichen Arbeiten wider, die dadurch eine Relevanz erhalten, als sie Probleme aus der Praxis lösen möchten. Ein Problem bedeutet, dass man ein Ziel verfolgt, aber nicht weiß, welche Mittel dafür notwendig sind bzw. sich auf dem Weg Hürden befinden, die überwunden werden müssen.

- **Informationskompetenz**: Wie oben beschrieben sind die Probleme einer wissenschaftlichen Arbeit in aller Regel unstrukturiert. D. h., es müssen die notwendigen Informationen zur Lösung des Problems gesammelt bzw. erhoben werden, die Informationen müssen ausgewählt, analysiert und interpretiert und auf das Problem hin angewandt werden, was eine Informationskompetenz erfordert (Sühl-Strohmenger 2022).
- **Fachkompetenz**: Das erfolgreiche Lösen des Problems setzt eine hohe Fachkenntnis und Methodenkenntnis des jeweiligen Gebietes voraus sowie die Fähigkeit, diese auf das Problem hin anzuwenden.
- **ICT/AI Literacy**: Die Bedeutung einer effizienten Nutzung der Informations- und Kommunikationstechnologien im Allgemeinen sowie der KI im Besonderen wird heutzutage wohl niemand mehr in Frage stellen.
- **Datenkompetenz/Data Literacy**: Der hohe Anteil der empirischen wissenschaftlichen Arbeiten im Bereich der BWL macht Kompetenzen in der Datenerhebung erforderlich, ebenso wie die Fähigkeit, deren Zuverlässigkeit und Qualität zu bewerten und diese zur Beantwortung der Forschungsfrage anzuwenden.
- **Schreibkompetenz/Writing Literacy**: In Ihre wissenschaftliche Arbeit stecken Sie gewöhnlich viel Arbeitszeit. Die Lebenszeit, die Sie in diese investieren, soll etwas bewirken. Dies setzt voraus, dass die Leserschaft die Argumentation Ihrer Arbeit nachvollziehen kann. Im Prinzip ist die schriftliche Dokumentation Ihrer wissenschaftlichen Arbeit nichts anderes als der Austausch von Bedeutungsgehalten. Daher benötigen Sie auch eine Schreibkompetenz um die Bedeutungsinhalte so zu fixieren, dass diese eine bestimmte Wirkung bei Ihrem Publikum erzielt.
- **Organisieren/Planen**: Jede wissenschaftliche Arbeit ist ein Projekt, das daher auch entsprechend organisiert werden muss.

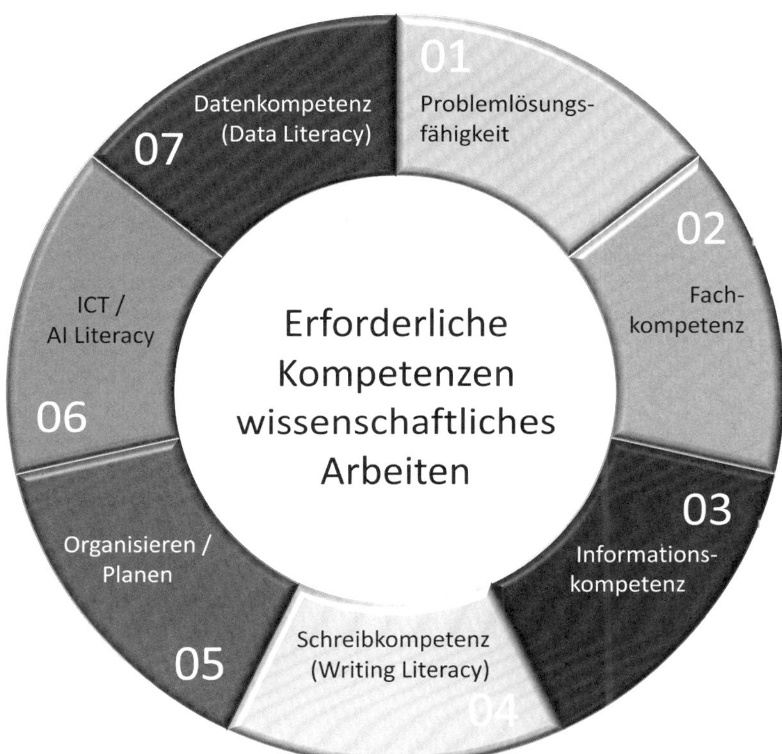

Abbildung 13: Erforderliche Kompetenzen für das wissenschaftliche Arbeiten (Quelle: Eigene Darstellung)

Betrachtet man die Diskussion der letzten Jahrzehnte, dann findet man verschiedene Gründe, warum man trotz technologischen Wandels die vorgenannten klassischen Kompetenzen nicht voreilig über Bord werfen sollte:

- **Fundament/propädeutische Funktion**: Die klassischen Kompetenzen legen ein Fundament, auf denen die weitere Kompetenzentwicklung aufsetzen kann, wodurch sie eine propädeutische Funktion haben. Das kann man sich gut am Beispiel des Rechnens vorstellen: Selbst einfache Gesetze der Mathematik, wie das Assoziativgesetz oder das Kommutativgesetz, werden Sie vermutlich nur verstehen und praktisch nutzen können, wenn Sie zuvor das Rechnen gelernt haben. Ein plakatives Beispiel dafür ist die Anekdote von Carl Friedrich Gauß, der als Grundschüler die Aufgabe bekam, die Zahlen von 1 bis 100 zu addieren. Sein Lehrer erhoffte sich von der Aufgabe, den lästigen Schüler mit der Aufgabe eine Weile zu beschäftigen, was jedoch ordentlich misslang. Gauß erkannte, dass man aus den Zahlen 50 Paare bilden kann, die in Summe jeweils 101 ergeben (1+100, 2+99, 3+98, …), wodurch sich eine vereinfachte Formel ergibt (50*101). Die Anekdote zeigt, dass Kompetenzen auf einer niedrigeren Stufe das Fundament für höhere Kompetenzen bilden (wie das bei der Bloomschen Taxonomie ebenfalls der Fall ist).

- Eine weitere Begründung setzt daran an, wie Lernprozesse im Menschen ablaufen, wie daraus Kompetenzen entstehen und was Kompetenzen überhaupt sind. Mit zu den wichtigsten Lernprozessen gehören **Versuch** und **Irrtum** sowie das **implizite Lernen** auf Basis von regelkonformen Beispielen. So lernen wir als Menschen z. B. das Laufen, indem wir ganz viele Versuche unternehmen und dabei lernen, irgendwann einmal nicht mehr hinzufallen. Kompetenzen entwickeln sich aus dem Tun, wobei das menschliche Gehirn schnell von einzelnen Beispielen generalisiert. Wenn Gauß beispielsweise die Aufgabe bekommen hat, 5 und 3 zu summieren und irgendwann später berechnen sollte, was 3 plus 5 ist, dann hat er das Assoziativgesetz unterschwellig gelernt, ohne dass ihm sein Lehrer jemals etwas davon erzählen musste. Gauß hat also durch das Generalisieren von einfachen Aufgaben Kompetenzen aufgebaut, die letztendlich nichts Anderes sind, als die Fähigkeit, Probleme zu lösen. Grundlegende Kompetenzen abstrahieren vom konkreten Problem und lassen sich deswegen auf vielen Anwendungsfeldern einsetzen. Wer im Rahmen einer wissenschaftlichen Arbeit beispielsweise Informationen hinsichtlich ihrer Plausibilität einschätzen und Gedanken ordnen muss, wird von dieser Kompetenz auch bei vielen anderen Problemstellungen profitieren. Gleiches gilt für den Transfer und die Einordnung von Erkenntnissen in den Kontext der eigenen wissenschaftlichen Arbeit.
- Zudem konstruieren wir aus Sicht des **Konstruktivismus** unsere eigene subjektive Realität. Informationen mögen zwar jederzeit über das Internet abrufbar sein. Sie werden aber erst verhaltenswirksam, wenn wir diese wahrgenommen und subjektiv interpretiert haben. Dies können Sie sich ganz gut an den in Kapitel 1.2 vorgestellten KI-Tools vorstellen. Sicher war das ein oder andere Tool für Sie neu. Wenn Sie nun einem Tool begegnen, dann werden Sie dessen Nützlichkeit ganz unterschiedlich einschätzen. Haben Sie bislang ausschließlich wissenschaftliche Arbeiten vom Typ einer Literaturarbeit geschrieben, dann sind aus Ihrer Sicht die langen Ausführungen zum Einsatz der KI-Tools für empirische Arbeiten wenig wertvoll. Wenn Sie dagegen wissen, dass die allermeisten Bachelorarbeiten im Bereich der BWL empirisch ausgerichtet sind, dann werden Sie zu einer anderen Interpretation gelangen. Aus Sicht des Konstruktivismus muss eine gedankliche Auseinandersetzung stattfinden, um aus Information Wissen zu machen. Das setzt der Automatisierung durch die KI enge Schranken.

- Die vorgenannten Ausführungen gehen eng mit dem Standpunkt einher, dass es die zentrale Aufgabe einer Bildungseinrichtung ist, die **Denkprozesse** zu beeinflussen. Beim Lösen von Aufgaben bildet das Gehirn Strukturen aus. Jede Aktivierung der Nervenzellen geht mit einer Veränderung des Gehirns einher. Spitzer hat dazu ein plakatives Bild von einem verschneiten Park geprägt, bei dem mit der Zeit Trampelpfade entstehen (Spitzer 2008). Je ausgetretener der Trampelpfad ist, umso einfacher kann dieser beschritten werden. Insofern muss der Fokus einer Bildungseinrichtung darauf liegen, diese Trampelpfade zu schaffen. Denn gelingt ihr dies nicht, dann heißt es, sich selbst mühsam einen Weg durch den Schnee zu bahnen.
- Zudem werden Sie eher ein **ganzheitliches Verständnis** entwickeln, wenn Sie etwas von der Pike auf lernen. Wenn Sie die Gesamtzusammenhänge verstehen, dann können Sie Ihre eigenen Beiträge besser gestalten und Sie können die Leistungen der KI auch besser beurteilen.
- Dies führt zu einem weiteren wesentlichen Aspekt. Die klassischen Kompetenzen sind eine **Anwendungsvoraussetzung**, um die KI überhaupt sinnvoll nutzen zu können. In der heutigen Zeit ist es vielfach sehr viel schwieriger, die richtigen Fragen zu stellen als die Antworten auf diese zu finden. Die richtigen Fragen werden Sie jedoch nur dann stellen können, wenn Sie eine entsprechende Fachkompetenz besitzen. Je besser Sie bzgl. der oben genannten Kompetenzen aufgestellt sind, umso effizienter werden Sie auch die KI bei Ihrer wissenschaftlichen Arbeit nutzen können. Die oben genannten Kompetenzen sind also eine Anwendungsvoraussetzung und ein bestimmender Faktor für den effizienten Einsatz der KI.

1.3.2 Die wissenschaftliche Arbeit als Ergebnis des eigenen Handelns

Wenn Sie in ein Restaurant gehen, dann erwarten Sie, dass Ihnen keine verdorbenen Lebensmittel vorgesetzt werden. Steigen Sie in einen Flieger ein, dann setzen Sie voraus, dass Sie sicher an Ihr Ziel gebracht werden. Ein Smartphone kaufen Sie unter der Prämisse, dass Sie dieses die nächsten Monate und Jahre nutzen können. Sie erwarten also, dass die Hersteller und Dienstleister Verantwortung für deren Produkte übernehmen.

Denselben Anspruch sollten Sie an Ihre wissenschaftliche Arbeit stellen. Gerade die Verwendung der KI führt zu einer besonderen Sorgfaltspflicht. Schließlich arbeitet die KI nicht fehlerfrei. Dieser Sorgfaltspflicht nachzukommen und kritisch den Output der KI zu reflektieren, ist alles andere als einfach. Denn die KI legt nicht offen, wie der Output zustande gekommen ist. Gleichzeitig liest sich der Output gewöhnlich sehr gut. Die größte Herausforderung besteht jedoch im Aufbringen der Motivation, den Dingen auf den Grund zu gehen und nicht auf einer oberflächlichen Ebene zu verbleiben.

Ein Beispiel dafür ist die Literaturrecherche. Nicht erst seit der Verbreitung der KI erfolgt die Literaturrecherche nach Einschätzung der Lehrenden immer oberflächlicher und weniger gründlich (Dölling 2018). Mit der KI wird dieser Trend weiter befeuert. So können umfangreiche Texte zusammengefasst oder die wichtigsten Ideen aus einem Dokument extrahiert werden[16]. Dass bei dieser Vorgehensweise der Kontext verloren geht, in dem die Aussagen eingebettet sind, wird dabei vielfach ignoriert. In der Konsequenz sind die übernommenen Aussagen im Kontext der eigenen wissenschaftlichen Arbeit dann nicht selten einfach falsch.

Die vielfältigen Abkürzungen, die durch die KI angeboten werden, steigern zwar auf der einen Seite die Effizienz, sie führen auf der anderen Seite jedoch zu einer oberflächlichen Auseinandersetzung. Dies macht ein aktives Gegensteuern in Form des kritischen Denkens notwendig.

1.3.3 Die Gesellschaft / andere Menschen

Die Nutzung von KI-Tools sowie die weitere Entwicklung der KI ist mit zahlreichen möglichen Konsequenzen für andere Personen und die Gesellschaft verbunden. Eine der vielen Gefahren ist dabei die Entmenschlichung der Kommunikation (Ray 2023). Jeder Mensch entwickelt im Laufe der Zeit seine ganz eigene Persönlichkeit, die sich neben dem Verhalten auch in der Kommunikation ausdrückt. Die Nutzung der KI und der von ihr generierten Texte kann dazu führen, dass an die Stelle einer authentischen und empathischen Kommunikation der Austausch von generischen Texten tritt. Es zeichnet sich eine Zukunft ab, in der die KI-Texte erzeugt, die wiederum von einer KI beantwortet werden. Dies kann wiederum menschliche Beziehungen sowie die mentale Gesundheit schädigen, zumal der Mensch ein zutiefst soziales Wesen ist.

Damit ist die Liste an Gefahren noch lange nicht am Ende. So geht die Nutzung der KI mit vielfältigen Konsequenzen auf die Gesellschaft bzw. andere Menschen einher:

- **Praktiken des Anbieters bei der Entwicklung der Sprachmodelle**: OpenAI geriet in eine heftige Kritik, was dessen Praktiken bei der Vorbereitung der Trainingsdaten betrifft. So basierte die Entwicklung von ChatGPT nach einer Recherche des US-Magazins

[16] Zu urheberrechtlichen Fragen: siehe Kapitel 3.

Time u. a. darauf, dass kenianische Arbeiter und Arbeiterinnen für einen Stundenlohn von weniger als zwei Dollar große Textmengen gesichtet haben und dabei mit verstörenden Inhalten in Kontakt kamen (Perrigo 2023).

- Die Daten, die zum Training der Sprachmodelle verwendet wurden, weisen zahlreiche **Verzerrungen** auf und sind in vieler Hinsicht nicht ausreichend **diversifiziert**. Auf diese Weise können diese dazu beitragen, dass bestehende Vorurteile manifestiert und soziale Gruppen diskriminiert werden (siehe Kapitel 2.3.1).
- **Machtkonzentration von Großkonzernen**: Da die hohen Investitionssummen, die zur Entwicklung und den Betrieb von großen Sprachmodellen nötig sind, nur durch große Technologiekonzerne getragen werden können, besteht die Gefahr, dass deren Machtkonzentration weiter wächst (Albrecht 2023). Dies ist auch insofern problematisch, als die Transparenz bei der Entwicklung der Sprachmodelle sowie der Nutzung der eingegebenen Daten vielfach sehr gering ist. Hier besteht das Risiko, dass Abhängigkeitsverhältnisse entstehen und Wissen ungewollt fremdgenutzt wird.
- **Urheberrechte, Würdigung und Honorierung der Autoren**: Zudem erscheinen die Autoren der Texte, die zum Training des Systems verwendet wurden, in keiner Form und werden auch sonst nicht gewürdigt (Qasem 2023). Dies wurde u. a. von Medienunternehmen kritisiert (Smith 2023). Viele Content-Ersteller sehen deren Urheberrechte verletzt. Daher wurden zahlreiche Klagen gegen verschiedene KI-Tool-Anbieter eingereicht. Weitere Klagen sind zu erwarten (Avaamo 2023). Neben den rechtlichen Aspekten, was eine legale Nutzung dieser Dienste betrifft, hat dies auch eine ethische Komponente, da die Nutzung verschiedener Dienste auf einer Verletzung des geistigen Eigentums anderer beruhen könnte. Zudem ist es meist nicht möglich, die Autoren als Quelle zu nennen.

In vielen Bereichen sind die Konsequenzen zum gegenwärtigen Zeitpunkt noch schwer abschätzbar. So könnten beispielsweise im Internet bislang frei verfügbare Inhalte zukünftig hinter Schutzwällen verschwinden, es könnten Filterblasen entstehen oder diese gefördert werden, es können Bedrohungen der Cybersicherheit resultieren, Deepfakes erstellt und das Vertrauen in die digitale Kommunikation geschädigt werden (Ray 2023). Die Nutzung von KI-Tools kann darüber hinaus dazu führen, dass die Erwerbsgrundlagen z. B. von Content-Erstellern beeinträchtigt oder zerstört werden, Jobs automatisiert werden und die KI zunehmend autonom wird, was mit Bedenken bzgl. deren Kontrolle und der Rechenschaftspflicht einhergeht (Ray 2023). Zudem könnte die KI die soziale Ungleichheit in der Gesellschaft beeinflussen und einzelne Personen oder soziale Gruppen diskriminieren, beispielsweise wenn die KI zur Entscheidungsfindung genutzt wird (Ray 2023). Insbesondere können KI-Tools den „digital divide“ verstärken (Salden et al. 2023). Nicht zuletzt kann die KI für manipulative und persuasive Zwecke missbraucht werden (Ray 2023).

1.3.4 Die Umwelt

Mit dem Training und der Nutzung von KI-Tools geht ein enormer Ressourcenverbrauch einher, beispielsweise für die Kühlung der genutzten Rechenzentren, dem Energiebedarf der IT-Infrastruktur oder der Herstellung der verwendeten Prozessoren. Alleine für das Training des Sprachmodells GPT-3 sind schätzungsweise 700.000 Liter Wasser zur Kühlung der Rechenzentren verbraucht worden (Shaji George et al. 2023). Bei jeder Anfrage eines Users an ChatGPT kommen zusätzliche 10 bis 25 Milliliter Wasser hinzu (Shaji George et al. 2023). Der hohe Wasserverbrauch korrespondiert mit dem Energieverbrauch. Aufgrund des Umfangs des Sprachmodells tendiert dieses dazu, dass die Beantwortung einer User-Anfrage rechenintensiv ist.

Für Aufsehen sorgte auch der hohe Energiebedarf des KI-Bots Bing von Microsoft. Um dessen Strombedarf zu decken sind nach einer Studie des Rechenzentrums-Betreiber TRG Datacenters 7.200 MWh erforderlich (Hill 2023). Dies entspricht der Leistung zweier Braunkohlekraftwerke, wie sie im nordrhein-westfälischen Neurath stehen (Hill 2023). Auch wenn der Vergleich mit einem Braunkohlekraftwerk, das rund 20 Millionen Jahrestonnen CO_2 ausstößt, hinken mag, macht dieser die Größenordnung des Energieverbrauches deutlich.

Insgesamt steigt der Stromverbrauch der Rechenzentren seit Jahren kontinuierlich stark an. Zwischen 2016 und 2020 erhöhte sich dieser alleine in Deutschland von 12,4 Mrd. kWh auf 16,0 Mrd. kWh (Zandt 2023). Auch wenn die CO2-Emissionen in diesem Zeitraum von 7,2 auf 6,1 Mio. Tonnen reduziert werden konnten, sind wir von einer Klimaneutralität noch ganz weit entfernt (Zandt 2023).

2 Generative KI

Die generative KI bildet einen Überbegriff für eine Vielzahl von Tools, die zur Erzeugung von Content verwendet werden können, unabhängig davon, ob es sich um Texte, Audio-Daten, Videos oder synthetische Daten handelt. Da bei der Nutzung von KI-Tools im Kontext einer wissenschaftlichen Arbeit aktuell der Schwerpunkt auf der generativen KI liegt, bildet die Betrachtung dieser einen Schwerpunkt dieses Buches. Mit ChatGPT wollen wir uns den derzeit populärsten Vertreter dieser Kategorie genauer ansehen.

2.1 Funktionsweise von ChatGPT

Um die Unterstützungsleistung von ChatGPT und dabei insb. dessen Stärken, Schwächen, Limitationen und Gefahren besser verstehen zu können, ist es hilfreich, zumindest ein grobes Verständnis der Funktionsweise des Dienstes zu haben. Betrachtet man die Funktionsweise von ChatGPT, dann ist zunächst einmal wichtig, welches Ziel der Algorithmus des Dienstes bei der Texterzeugung verfolgt.

2.1.1 Ziel des Algorithmus

Das Ziel des Algorithmus besteht darin, das nächste „vernünftige" Wort (genauer: Token) zu bestimmen (Wolfram 2023). Die Auswahl des Wortes hängt dabei vom Kontext ab und von dem, was der Dienst in seinen Trainingsdaten gesehen hat. Stark vereinfacht ausgedrückt baut der Dienst seine Antwort Wort für Wort auf, wobei zu einem gegebenen Kontext der nächste sinnvolle Bedeutungsgehalt bestimmt wird, der hinzugefügt werden soll. Bei Wolfram findet sich dazu folgendes Beispiel (Wolfram 2023): Soll der Text „The best thing about AI is its ability to" ergänzt werden, dann könnten aus den Milliarden von Menschen geschrieben Textseiten die Seiten extrahiert werden, die sich mit dieser Thematik befassen. Geht man diese Dokumente durch, dann lässt sich eine Häufigkeitsverteilung der Begriffe ermitteln, die sich dem obigen Satzbeginn anschließen könnten. Im Datensatz von GPT-2 sind dies (Wolfram 2023):

„The best thing about AI is its ability to“	learn	4,5 %
	predict	3,5 %
	make	3,2 %
	understand	3,1 %
	do	2,9 %

Bei der Generierung von Texten nutzt ChatGPT nun nicht (wie man denken könnte) immer das häufigste Wort. Die Erfahrung hat gezeigt, dass der Text dazu tendieren würde, flach zu werden (Wolfram 2023). Zu besseren Ergebnissen ist man gelangt, wenn man an der ein oder anderen Stelle niedriger gerankte Worte einfügt (Wolfram 2023). Das bezeichnet man auch als sogenannten „Temperature-Parameter“. Dieser Parameter kann zwischen 0 und 1 schwanken wobei nach Wolfram Werte von 0,8 die besten Ergebnisse ergeben haben (Wolfram 2023).

Wichtig ist jedoch, dass dieses Zufallselement dazu führt, dass trotz gleicher Eingabe die generierten Antworten unterschiedlich ausfallen können. Dies bedeutet aber nicht, dass sich jede Antwort von den vorausgegangenen unterscheiden würde. So wurde ChatGPT in einer Studie 1008-mal aufgefordert, einen Witz zu erzählen. In 90 % der Fälle generierte ChatGPT immer wieder dieselben 25 Witze (Jentzsch und Kersting 2023). Daher besteht bei der Nutzung von ChatGPT zur Texterzeugung (insb. vor dem Hintergrund der stark steigenden Nutzerzahlen) die Gefahr eines unbeabsichtigten Plagiarismus.

Diese sprachlichen Muster, die bei der Nutzung von ChatGPT entstehen, resultieren daraus, dass der Prompt einen Kontext erzeugt, der mit Mustern bei der Verwendung von Sprache korrespondiert. Bittet man ChatGPT darum, eine Ode an das „Geschirr“ zu schreiben, dann wird es tendenziell Begriffe verwenden, die häufig mit dem Thema verbunden sind, wie „zerschlagen“ oder „waschen“ (Kolly und Flügel 2023). Das ist ja auch eine sinnvolle Idee, da die Kombination aus „Geschirr“ und „zerschlagen“ bzw. „waschen“ die Wahrscheinlichkeit erhöht, dass ein sinnvoller Text entsteht. ChatGPT schafft damit Collagen auf Basis der Muster, die es in den Trainingsdaten gefunden hat (Kolly und Flügel 2023).

Im wissenschaftlichen Bereich lernt das Sprachmodell aus den Trainingsdaten, dass in wissenschaftlichen Arbeiten ein Satz meist mit dem folgenden Muster endet „(Autorin/Autor Jahr).“ Wird nun ein Text erzeugt, dann wird als Quelle der Nachnamen ausgegeben, der sich im jeweiligen Kontext besonders häufig in den Trainingsdaten vorfand. Die zitierte Quelle mag dabei niemals in den Trainingsdaten enthalten gewesen sein (da es sich z. B. um ein kostenpflichtiges Buch handelt). Das Sprachmodell „liest“ also nicht zwingend die Quelle und speichert das darin vorhandene Wissen in einer Datenbank ab, auf deren Basis der Output generiert wird und möglicherweise ist dem Sprachmodell die Quelle noch nicht einmal bekannt. Durch die Kombination aus statistischen Gesetzmäßigkeiten und dem Zufallsprinzip kann eine Aussage von ChatGPT wahr sein – oder auch nicht, mag die zitierte Quelle existieren – oder auch nicht und mag sich in der zitierten Quelle die Aussage finden – oder auch nicht.

Die Nutzung des Zufalls bei der Erzeugung von Texten ist in dem obigen Beispiel bzgl. der größten Stärken von ChatGPT nicht weiter problematisch, da man je nach Perspektive die Fähigkeiten der KI ja unterschiedlich bewerten kann. So mag die eine Person die Fähigkeit der KI zu lernen, als zentral betrachten, während eine andere Person den Fähigkeiten zur Vorhersage eine größere Bedeutung beimisst. Insofern kann allen oben dargestellten Antwortoptionen eine Berechtigung zugeschrieben werden. Schwierig wird es in den Fällen, in denen es nicht mehrere, sondern nur eine einzige richtige Aussage gibt. In diesem Fall ist die Auswahl des nachfolgenden Begriffes nicht beliebig. Hier erzeugt lediglich ein einziger Begriff eine korrekte Aussage, während alle anderen Begriffe zu einer falschen Aussage führen. Dies macht ein Beispiel von Hudson deutlich, die ChatGPT 30 Mal dieselbe Frage stellte und zwar ob ein Mensch sein Geschlecht wechseln kann (Hudson 2023). ChatGPT gab ihr auf diese Frage drei verschiedene Antworten, wobei die richtige Antwort lediglich in drei der 30 Fälle erfolgte und dabei auch erst nach dem 18. Versuch (Hudson 2023).

Dieses Beispiel zeigt, dass der Dienst weder ein eigenes Text- noch ein Bedeutungs-Verständnis besitzt. Daher können die generierten Texte auch inhaltlich falsch sein. Denn das Aneinanderreihen von Wörtern führt nicht zwingend zu korrekten Aussagen. ChatGPT besitzt weder ein Verständnis der Welt noch hat es einen ethischen Kompass (Kolly und Flügel 2023). Daher kann es völlig unsinnige Empfehlungen von sich geben, Porzellan zu zerstoßen und dieses einem Kleinkind zu verabreichen, damit das darin enthaltene Kalzium und andere unentbehrliche Minieralien dessen Verdauungssystem unterstützen (Kolly und Flügel 2023).

2.1.2 Word-Embeddings

Da die IT mit Zahlen arbeitet, muss jeder Begriff und jedes Satzzeichen eines Textes durch Zahlen repräsentiert werden. Eine einfache Möglichkeit dafür wäre, jedem Begriff eine Zahl zuzuordnen. So könnte man beispielsweise den Begriff „und" durch die Zahl 32419 repräsentieren und den Begriff „Ball" durch die Zahl 12877. Eine derartige Zuordnung wäre jedoch willkürlich. Zudem würde die Zahl keine Aussage zur Bedeutung des Begriffes machen.

Um einer Software ein gewisses Verständnis der Bedeutung von Begriffen zu ermöglichen, hat es sich eingebürgert, dass man mit Worteinbettungen arbeitet. Jedes Wort wird dabei durch einen vieldimensionalen Vektor repräsentiert. Ausgangspunkt bei der Erzeugung von Worteinbettungen ist die Idee, dass die Bedeutung eines Wortes in Zusammenhang mit seinem Kontext steht. Wörter, die dieselbe oder eine ähnliche Bedeutung haben, werden auch im selben Kontext verwendet. Auf Basis dieser Grundidee lassen sich die verschiedenen Begriffe durch Vektoren repräsentieren. Dabei werden die Vektoren möglichst so gebildet, dass Begriffe mit einer ähnlichen Bedeutung im Vektorraum auch nahe beieinanderliegen. So haben beispielsweise die Begriffe „Straße“ und „Gasse“ eine ähnliche Bedeutung, während „Straße“ und „Operation“ zwei ganz unterschiedliche Bedeutungen haben und daher im Vektorraum weit voneinander entfernt liegen. Das Repräsentieren von Begriffen durch Vektoren hat sich als sehr vorteilhaft erwiesen. So stellen die Vektoren nicht nur eine Repräsentation von Bedeutungen dar, mit den Vektoren können darüber hinaus Berechnungen durchgeführt werden. Ein eingängiges Standardbeispiel dafür ist: Wenn man vom Vektor des Begriffes „king“ den Vektor „Mann“ abzieht und den Vektor „Frau“ addiert, dann landet man beim Vektor des Begriffes „queen“.

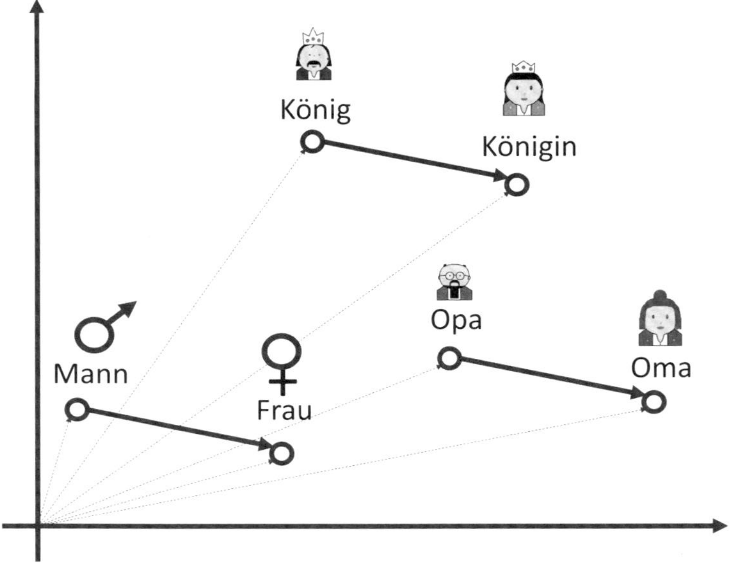

Abbildung 14: Rechnen mit Begriffen, die als Vektoren repräsentiert werden (Quelle: Dall-E, Prompt: "4 icons: The first is a grandpa. The second is a grandma. The third is a king. The fourth is a queen."; Powerpoint; Neuschöpfung mit Gimp)

Die Repräsentation von Begriffen als Vektoren in einem Vektorraum in Abhängigkeit von deren Kontext eröffnet die Möglichkeit, neue Texte zu generieren, die sprachlich korrekt sind und inhaltlich einen Sinn ergeben. So kann man beispielsweise in dem Satz „Zwei Könige standen sich an diesem Freitag bestens gelaunt beim Pferderennen in Ascot gegenüber.", den Begriff des Königs durch den der Königin ersetzen und erhält dadurch einen neuen Satz. Auf diese Weise gewinnt die generative KI ein gewisses Maß an Kreativität. So können die generierten Texte Bedeutungen beinhalten, die nicht in den Trainingsdaten beinhaltet waren. Dabei besteht jedoch die Gefahr, dass die generierten Bedeutungen nicht der Realität entsprechen. Gerade für den wissenschaftlichen Bereich ist dies problematisch, da dieser sich mit der Wahrheitssuche beschäftigt.

Darüber hinaus wirft die Worteinbettung verschiedene Herausforderungen auf. Dies gilt beispielsweise für Begriffe, die mehrere Bedeutungen haben (sogenannte Homonyme). Bettet man derartige Begriffe in einen Vektorraum ein, dann kann es passieren, dass der entstehende Vektor keine der unterschiedlichen Bedeutungen richtig repräsentiert. Zudem können analog zur menschlichen Konversation Missverständnisse bei der Verwendung von ChatGPT entstehen. Bittet man ChatGPT beispielsweise, die Eigenschaften einer Bank (Finanzdienstleister vs. Sitzgelegenheit) oder eines Balls (Sport vs. Fest) zu beschreiben, dann bleibt letztlich unklar, was damit gemeint ist, da der Kontext durch die Eingabe nicht hinreichend deutlich gemacht wurde. Statt kommunikative Missverständnisse zu vermeiden, wählt ChatGPT die Strategie, eine der beiden Wortbedeutungen zu erläutern.

2.1.3 Trainingsdaten

In der wissenschaftlichen Forschung besteht ein breiter Konsens darüber, dass die Größe eines Sprachmodells sowie der Umfang der Trainingsdaten eng mit dessen Performance und der Vorhersagbarkeit von dessen Verhalten verbunden ist (Srivastava et al. 2023). Aus diesem Grund haben große Sprachmodelle (engl.: Large Language Models) hohe Aufmerksamkeit erhalten und gehen immer größere Teile des Internets als Trainingsdaten in diese ein.

Mit der Größe des Sprachmodells erhöht sich tendenziell auch dessen Wissen. Denn letztlich ist die Wissensbasis eines Sprachmodells immer auf das in den Trainingsdaten beinhaltete Wissen beschränkt (Salden et al. 2023). Daher stellt sich die Frage, welche Inhalte in die Trainingsdaten eingegangen sind. Die nachfolgende Tabelle gibt einen Überblick über die Datensätze, die zum Training des Sprachmodells GPT-3 verwendet wurden.

Dataset	Quantity (tokens)	Weight in training mix	Epoch elapsed when training for 300B tokens
Common Crawl (filtered)	410 billion	60 %	0.44
WebText2	19 billion	22 %	2.9
Books1	12 billion	8 %	1.9
Books2	55 billion	8 %	0.43
Wikipedia	3 billion	3 %	3.4

Quelle: (Brown et al. 2020)

Common Crawl ist eine Non-Profit-Organisation, die einen frei verfügbaren Datensatz anbietet, der via Crawling des Internets entstanden ist (siehe commoncrawl.org). Obwohl der zweite Datensatz (WebText2) deutlich kleiner ist als der erste, werden dessen Inhalte überproportional bei der Modellbildung gewichtet. Der Grund dafür ist, dass diesem Datensatz eine höhere Qualität beigemessen wurde (Brown et al. 2020). Der Datensatz basiert auf Internet-Inhalten, die in Beiträgen auf der Plattform Reddit verlinkt wurden, wobei die Links mindestens 3 Upvotes[17] erhalten mussten (Cooper 2021). Books1 und Books2 sind zwei internetbasierte Buchkorpora von unterschiedlicher Qualität (Brown et al. 2020). Der letzte Datensatz ist ein Ausschnitt der Wikipedia-Seiten. Die letzte Spalte (Epoch elapsed when training for 300B tokens) soll deutlich machen, dass die Datensätze „Common Crawl" und „Books2" während des Trainings weniger als einmal ausgewählt wurden (Brown et al. 2020). Die Datensätze Books1, WebText2 sowie Wikipedia wurden aufgrund von deren höheren Qualität dagegen 2–3 Mal ausgewählt (Brown et al. 2020).

Da die Entwicklungskosten eines großen Sprachmodells sehr hoch sind, werden die Modelle nicht laufend aktualisiert. Als Konsequenz davon können Ereignisse, die nach Abschluss der Sammlung der Trainingsdaten eingetreten sind, in diesem auch nicht mehr berücksichtigt werden. So antwortete ChatGPT beispielsweise auf die Frage nach dem derzeitigen britischen Premierminister noch im März 2023 mit „Boris Johnson", obwohl zu diesem Zeitpunkt längst Rishi Sunak die Regierungsgeschäfte übernommen hatte.

[17] Da positive Bewertungen auf der Plattform Reddit durch das Anklicken eines Pfeils, der nach oben zeigt, abgegeben werden und die bewerteten Inhalte dadurch im Ranking steigen, spricht man auch von einem Upvote.

2.1.4 Entwicklungsphasen des Dienstes

Bei der Entwicklung von ChatGPT können drei verschiedene Phasen unterschieden werden (Huyen 2023). In der ersten Phase wird auf Basis von Daten mit niedriger Qualität ein Basismodell (Pretrained Large Language Modell) erstellt. In der zweiten Phase werden hochwertige Daten genutzt, um aus dem Basismodell ein Supervised Finetuning Modell zu generieren. In der dritten Phase findet mit Hilfe von menschlichem Feedback unter Nutzung des Reinforcement Learnings ein weiteres Finetuning statt. Diese drei Phasen sollen im Folgenden detaillierter betrachtet werden.

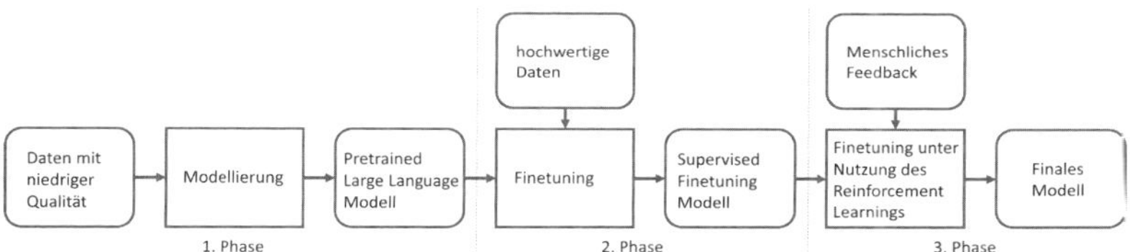

Abbildung 15: Stark vereinfachte Darstellung der Entwicklungsphasen von ChatGPT (Quelle: in Anlehnung an Huyen 2023)

Die Aufgabe des Basismodells besteht darin, statistische Gesetzmäßigkeiten bei der Verwendung von Sprache (Satzbau, Grammatik und Semantik) zu bestimmen (Ray 2023). Das daraus resultierende Modell ist im Prinzip nichts anderes als eine Komplettierungsmaschine (Huyen 2023). D. h., wenn man in einem Satz ein Wort auslässt, dann sollte das Basismodell in der Lage sein, diese Lücke zu befüllen (Huyen 2023). In dem nachfolgenden Satz sollte das Modell entsprechend den Namen „Scholz" und nicht „Merkel" oder „Kohl" ergänzen: „Am gestrigen Freitag haben sich Bundeskanzler Olaf _______ und der französische Staatspräsident Emmanuel Macron zu einem Arbeitstreffen in Berlin getroffen." Wenn Sie ChatGPT auffordern, diesen Satz zu vervollständigen, dann hat es auch keine Probleme damit.

Viele Aufgaben lassen sich als Vervollständigungsaufgaben betrachten (Huyen 2023). So beispielsweise das Zusammenfassen oder Übersetzen von Texten, das Generieren von Programmcode oder die Durchführung von Berechnungen (Huyen 2023). Das ist auch der Grund dafür, warum die Anlage von ChatGPT als Komplettierungsmaschine dieses Tool so vielseitig nutzbar macht.

Die Komplettierungsaufgabe wird jedoch herausfordernd, wenn die Lücke nicht nur mit einem einzigen Begriff (genauer: einem spezifischen Bedeutungsgehalt) geschlossen werden kann, sondern zahlreiche Möglichkeiten zum Schließen der Lücke existieren. Lässt man beispielsweise in dem obigen Beispielssatz das dritte Wort offen, dann ergibt sich folgender Satz: „Am gestrigen _______ haben sich Bundeskanzler Olaf Scholz und der französische Staatspräsident Emmanuel Macron zu einem Arbeitstreffen in Berlin getroffen." An dieser Stelle ist unklar, wie die Lücke geschlossen werden soll. So könnten beispielsweise verschiedene Wochentage eingesetzt werden oder auch verschiedene Tageszeiten (wie Vormittag, Nachmittag und Abend). In diesem Fall identifiziert das AI-Modell den richtigen Begriff nur dann, wenn es mit hinreichend vielen Berichten zu dem Treffen gespeist wurde, was bei aktuellen Ereignissen regelmäßig nicht der Fall ist. Je breiter die Möglichkeiten für die einzusetzenden Begriffe streuen, umso schwerer fällt es der Komplettierungsmaschine, die Lücke zu ergänzen. Dies wird deutlich, wenn Sie ChatGPT bitten, den nachfolgenden Satz zu vervollständigen: „Guten _______ allerseits."

Bei der Entwicklung eines Basismodells hat sich gezeigt, dass mit dem wachsenden Umfang der Trainingsdaten die statistischen Gesetzmäßigkeiten der Verwendung der Sprache tendenziell besser bestimmt werden können. Da das Wachstum der Datenmenge, das zum Training von Large Language Modellen verwendet wird, deutlich höher ist als das Wachstum der via Internet verfügbaren Texte, sehen manche Autoren die Gefahr, dass sich die verfügbaren Texte zum Engpass bei der Erstellung von großen Sprachmodellen entwickeln könnten (Villalobos et al. 2022). Zudem wird der Aufwand, die Texte auf Qualität hin zu überprüfen, immens. Deshalb wird das Basismodell notgedrungen auch mit Texten trainiert, die in die Kategorie der Falschinformationen, Clickbaiting, Verschwörungstheorien, Hassreden und Co. fallen können (Huyen 2023).

Ein größeres Modell führt nicht zwingend dazu, dass es auch den Intentionen der User besser gerecht wird (Ouyang et al. 2022). Die Aufgabe des Supervised Finetuning Modells besteht darin, den Usern die Antwort zu geben, auf die deren Nutzung abzielt (Huyen 2023). So könnte beispielsweise der Prompt „How to make pizza" durch das Modell 1. mit mehr Kontext versehen werden („for a family of six"), 2. mit weiteren Fragen verbunden werden („What ingredients do I need? How much time would it take?") oder es könnte 3. zum Prompt eine Antwort erfolgen (Huyen 2023). Das Ziel dieser Phase besteht darin, dem Modell bestimmte Verhaltensweisen beizubringen, was OpenAI als „behaviour cloning" bezeichnet (Huyen 2023). Dabei werden dem Modell Verhaltensweisen gezeigt, die das Modell dann klont (Huyen 2023). Das Lernen der Verhaltensweisen erfolgt auf Basis von sog. „demonstration data" (Huyen 2023). Diese beinhalten zu verschiedenen Anwendungszwecken (z. B. Brainstorming, Zusammenfassung, Überarbeiten) erstellte Prompts und die dazu passenden Antworten (Huyen 2023).

Die Idee der dritten Phase ist es, auf Basis eines Reinforcement Learning von menschlichen Feedback die Antworten noch weiter dem anzunähern, was den Zielen und Vorstellungen der User entspricht (Huyen 2023). Denn in aller Regel lassen sich zahlreiche mögliche Antworten auf eine Eingabe vorstellen. Wird das Modell beispielsweise angewiesen, ein Brainstorming für einen Urlaub vorzunehmen, dann ergeben sich zahllose Antwortmöglichkeiten. Die möglichen Ideen haben aus Sicht der User einen unterschiedlichen Nutzen. Erfasst man diesen Nutzen in Form eines Scores, dann kann man diesen für das Finetuning des Modells verwenden. So sind beispielsweise die Nord- und die Ostsee sowie die Mittelmeerländer bei den Deutschen erheblich beliebter als britischen Inseln (IfD Allensbach 2023). Durch den Score kann man die Popularität der verschiedenen Reiseziele abbilden und so den Output steuern.

2.1.5 Architektur des Dienstes

Die Qualität der Ergebnisse einer generativen KI ist nicht nur von dem oben dargestellten Entwicklungsprozess, sondern auch von der gewählten Architektur des Systems abhängig. Hier wurden in den letzten Jahren erhebliche Fortschritte erzielt.

ChatGPT basiert auf einer Transformer-Architektur und damit einem sehr fortschrittlichen Ansatz, der erst wenige Jahre alt ist (2017). Diese Form der Architektur erlaubte erhebliche Verbesserungen in der Effizienz und damit der Menge an Daten, die beim Training verarbeitet werden können, zudem erhöht sie die Skalierbarkeit von Sprachmodellen und sie ermöglicht es, weit entfernte Beziehungen verschiedener Satzteile besser zu erfassen (Ray 2023). Die Transformer stellen eine spezielle Form der Deep-Learning-Architekturen dar, also von neuronalen Netzen, die aus zahlreichen Schichten bestehen.

Neuronale Netze haben sich in der letzten Dekade zu einem Standardverfahren der KI entwickelt. Das hat einen guten Grund. Zeigt man beispielsweise einem neuronalen Netz tausende von Katzenbildern, dann lernt es mit der Zeit, ein noch nie gesehenes Katzenbild richtig zu klassifizieren. Es lernt also die Muster, die eine Katze ausmachen, ohne dass man dem Netz diese Muster (wie beispielsweise spitze Ohren, vier Füße, etc. mitteilen müsste). Zudem generalisiert das Netz von der einzelnen Katze auf Katzen im Allgemeinen. Diese Fähigkeit macht die Anwendung eines neuronalen Netzes für zahlreiche Einsatzfelder interessant. So können diese beispielsweise mit einer hohen Genauigkeit die Postleitzahlen auf Briefen auslesen, auch wenn die Handschrift schwer lesbar ist, oder kann ein Auto ein Verkehrsschild erkennen, selbst wenn dieses beklebt oder verschmutzt ist.

Gelingt es einem neuronalen Netz, eine Aufgabe mit einer geringen Fehlerquote zu lösen, dann ist das eine großartige Leistung. Neuronale

Netze werden aber immer nur für bestimmte Aufgaben trainiert. Um in dem obigen Beispiel zu bleiben, mag das trainierte neuronale Netz in der Lage sein, die Aufgabe der Klassifizierung einer Katze gut zu lösen. Dasselbe Netz wird dagegen an anderen Aufgaben, für die es nicht trainiert wurde, krachend scheitern. So wird es nicht beurteilen können, ob Studierende eine Aufgabe korrekt beantworten konnten oder nicht.

Dies ist auch der Grund, warum ein selbstfahrendes Auto von Uber 2018 eine Fußgängerin tötete, die ihr Fahrrad über die Straße schob (Kolly und Flügel 2023). Das neuronale Netz war so trainiert, dass es ein Objekt nur einer Kategorie (also entweder der Kategorie Fußgängerin oder der Kategorie Fahrrad) zuordnen konnte (Kolly und Flügel 2023). Dies macht einen wichtigen Unterschied zwischen der künstlichen und der menschlichen Intelligenz deutlich. Während der Mensch mittels seiner Intelligenz verschiedene Aufgaben lösen kann, beschränken sich die Fähigkeiten der KI auf spezifische Probleme. Richtet man Probleme an eine KI, für die diese nicht trainiert wurde oder bei denen diese keinen Trainingsdaten begegnet ist, dann wird die KI das Problem aller Voraussicht nach nicht lösen können. Das gilt beispielsweise für die Durchführungen von Berechnungen durch ChatGPT. Rechenaufgaben, denen der Dienst in den Trainingsaufgaben begegnet ist, kann der Dienst beantworten, da dieser ja auch die Antworten gelernt hat. Sind die Aufgabe und die Lösung dagegen nicht in den Trainingsdaten enthalten, dann kann der Dienst diese auch nicht korrekt lösen. Stellt man beispielsweise an ChatGPT und parallel dazu an einen Taschenrechner die Aufgabe, 5248*6359 zu berechnen, dann unterscheiden sich beiden Ergebnisse voneinander (Stand: 12.09.2023).

2.2 Unterstützungsleistungen

2.2.1 Textgenerierung

Die Funktion, mit der man ChatGPT sicherlich am meisten verbindet, ist die Textgenerierung. Die wesentliche Unterstützungsleistung wird dabei in der Bereitstellung erster Entwürfe gesehen (Poynter 2023). Vielen Nutzern fällt es einfacher, auf einem Entwurf aufzubauen und diesen zu optimieren als von Grund auf neu zu beginnen. Insofern können durch den Einsatz der generativen KI Effizienzvorteile entstehen. Die generative AI ist jedoch nicht in der Lage, vollständige und passable Resultate zu einer größeren Aufgabenstellung bereit zu stellen, wie dies bei einer wissenschaftlichen Arbeit der Fall ist.

Aus Sicht der Autoren dieses Buches ist die Texterstellung im wissenschaftlichen Bereich nur sehr eingeschränkt und allenfalls für spezifische Aufgaben überhaupt verwendbar. Dafür gibt es verschiedene Gründe. Das eigenständige Verfassen von Texten führt zu einer gedanklichen Auseinandersetzung mit den Inhalten und trägt damit maßgeblich zum Lernerfolg bei (Graham et al. 2020). Es ist eine Binsenweisheit, dass die Fähigkeit zur Versprachlichung von Inhalten auch ein Prüfstein des eigenen Verständnisses ist. Daher kann der Zwang, etwas in Worte fassen zu müssen, Denkprozesse auslösen (Salden et al. 2023). Dies kann z. B. zu Fragen führen, wie eine Aussage, die sich in der Literatur findet, gemeint ist und ob die eigene Interpretation korrekt ist oder sich andere Interpretationen denken lassen. Wenig verwunderlich ist daher, dass eine Meta-Analyse in diesem Kontext zu dem Ergebnis gelangte, dass das Schreiben über Inhalte zuverlässig das Lernen verbesserte (Graham et al. 2020).

Zudem ist das Schreiben ein Akt des kritischen Denkens (Palmquist 2021). Das kritische Denken ist eine der wichtigsten Kompetenzen im Zeitalter der KI (Bucher und Holzweißig 2023). Die Nutzung einer generativen KI geht mit der Gefahr einher, dass die Tiefe und Intensität der Auseinandersetzung mit einem Sachverhalt Schaden nimmt, worunter das kritische Denken leidet (Salden et al. 2023).

Darüber hinaus besteht die Gefahr unbeabsichtigter Plagiate und Copyright-Verletzungen (siehe Kapitel 3). Zumal die KI keine Hinweise darauf liefert, ob bei der Generierung des Outputs Werke verwendet wurden, an denen ein Copyright vorliegen könnte (Hoeren 2023a). Hoeren warnt in einem Rechtsgutachten zum Einsatz der KI im Hochschulkontext vor einer blinden Übernahme des generierten Outputs (Hoeren 2023a). Denn die Person, die das Urheberrecht verletzt, kann auch dann auf Beseitigung und Unterlassung in Anspruch genommen werden, wenn die Verletzung gutgläubig und ohne Verschulden erfolgte (Hoeren 2023a).

Letztlich stellt auch die Unsicherheit bzgl. des Wahrheitsgehaltes von Aussagen einen wichtigen Aspekt dar. Daher sollte auf die Verwendung von ChatGPT zur Textgenerierung verzichtet werden. Ausgenommen davon sind Aufgaben, bei denen die generierten Texte nicht einer der Kategorien wahr oder falsch zugeordnet werden können. Dazu zählen:

- Erstellung von Vorschlägen zum Titel und zur Struktur der Arbeit (Salvagno et al. 2023).
- Erstellung von synthetischen Datensätzen, die zu Datenanalysezwecken oder zum Trainieren eines Modells verwendet werden.
- Erstellung von Mustervorlagen zu den Berichten über die Ergebnisse der Anwendung eines statistischen Verfahrens (wie z. B. dem T-Test).

2.2.2 Assistent bei der Erstellung von Code

ChatGPT kann Code in verschiedenen Programmiersprachen generieren. So unter anderem für weit verbreitete Sprachen wie Python, C++, Java und Javascript. Eine besondere Bedeutung kommt im wissenschaftlichen Bereich Python zu, das sich zu einem der wichtigsten Tools bei der Datenanalyse entwickelt hat. Dafür sind verschiedene Gründe verantwortlich, wie beispielsweise das umfangreiche Angebot an frei verfügbaren Bibliotheken, die einen großen Funktionsumfang zur Verfügung stellen und sich durch eine hohe Performance auszeichnen. Letzteres ist insbesondere bei der Verarbeitung großer Datensätze bedeutsam. Mit wenigen Zeilen Code lassen sich vielfach sehr anspruchsvolle und mächtige Formen der Datenanalyse anwenden, wie beispielsweise eine Clusteranalyse, eine Regressionsanalyse oder ein neuronales Netz. Nicht zuletzt ist auch die Integration von Python in Programme wie IBM SPSS, Knime oder Excel bedeutsam.

Den Möglichkeiten, die Python bei der Datenanalyse bietet, stehen jedoch die vielfach nur geringen Programmierkenntnisse auf Studierendenseite gegenüber. Im Rahmen der wissenschaftlichen Arbeit steht dann zumeist nicht die Zeit für eine Einarbeitung in die Programmierung zur Verfügung. Diese Lücke versuchen verschiedene Assistenten der Code-Erstellung zu schließen. Eines der derzeit populärsten Tools dazu ist der GitHub-Copilot. Aber auch ChatGPT ist in der Lage, als Assistent bei der Erstellung von Programmcodes zur Datenanalyse zu fungieren. Es erzeugt einen generischen Code, der auf das Projekt hin angepasst werden kann (und muss). Wie bei den anderen Unterstützungsleistungen bestehen die Vorteile vorwiegend in einem Effizienzgewinn. So dauert die Erzeugung von Code via KI und dessen Anpassung vielfach weniger lang, als wenn man den Code manuell eingibt. Insbesondere in der Programmierung weniger versierte Studierende können von den Möglichkeiten der Code-Generierungsassistenten profitieren. Denn die Eingabe in natürlicher Sprache setzt vielfach keine Kenntnis der im Code benötigten Funktionen voraus. Zudem kann man sich den Code erklären lassen, ebenso wie Fehler, die bei der Programmausführung auftreten (Bail 2023).

2.2.3 Textkorrektur / Analyse bestehender Texte

Ähnlich einem Freund oder Verwandten kann man ChatGPT einen Text mit der Bitte geben, über diesen einmal „drüber zu lesen“. Im Gegensatz zu einem Freund oder Verwandten müssen Sie dabei kein schlechtes Gewissen haben, dass Sie dessen Zeit in Anspruch nehmen und irgendeine Gegenleistung, wie beim nächsten Umzug zu helfen, kommt auch nicht auf Sie zu. ChatGPT liest vielmehr völlig anstandslos Ihre Texte und hilft Ihnen dabei, diese zu verbessern.

Naturgemäß fällt es uns schwer, die eigenen Werke kritisch zu reflektieren und Schwächen in der Argumentation zu identifizieren. Schließlich gibt es im Leben ja noch Alternativen, wie wir unsere Zeit verbringen können, und die wissenschaftliche Arbeit wird dabei vermutlich nicht auf dem obersten Treppchen stehen. Daher tendieren wir dazu, Schwächen zu relativieren oder gar zu missachten. Das Motto heißt „Passt schon", auch wenn es gar nicht passt.

Gerade das wissenschaftliche Arbeiten bedingt jedoch, immer wieder innezuhalten und zu reflektieren. Eine Unterstützung dazu bietet ChatGPT, mit dem man eigene Texte bewerten bzw. diese evaluieren lassen kann. Da das zugrundeliegende Large Language Modell mit einer Vielzahl an Texten gespeist wurde, kennt der Dienst die Eigenschaften eines gut geschriebenen Textes (Baidoo-Anu und Owusu Ansah 2023).

ChatGPT kann die Textkorrektur auf vielfältige Weise unterstützen (Salden et al. 2023), beispielsweise in Bezug auf die Rechtschreibung und Grammatik, den Stil oder die Argumentation. Zur Analyse eines Textes kann man das Tool entweder um ein allgemeines Feedback bitten (Prompt: „provide feedback") oder spezifische Fragen zu den Texten stellen (Beispiel Prompt: „Ist der nachfolgende Text in sinnvolle Abschnitte untergliedert?" oder „Ist die Argumentation des nachfolgenden Textes ausgewogen?"). Lund et al. verweisen auf die Möglichkeit, einzelne Abschnitte des Berichts in ChatGPT mit der Aufforderung einzugeben, den Text zu überarbeiten „to improve clarity" (Lund et al. 2023).

Bevor derartige Tools zur Textkorrektur verwendet werden, ist zu überprüfen, wie diese mit den eingegebenen Daten umgehen. Dabei ist sicherzustellen, dass weder persönliche Daten noch Unternehmensgeheimnisse / Unternehmensinterna nach außen gelangen. Viele Unternehmen verbieten deren Mitarbeitenden die Nutzung der generativen KI, da nicht bekannt ist, was die Anbieter speichern und wie diese die gespeicherten Daten verwenden bzw. an Dritte weitergeben[18]. Ein prominentes Beispiel dafür ist Apple, das nach einem Bericht der Wall Street Journals die Mitarbeitenden aus Sorge darum, dass vertrauliche Informationen nach außen gelangen könnten, angewiesen hat, KI-Tools wie ChatGPT und Github nicht zu verwenden (Tilley und Kruppa 2023).

---

[18] Zu den entsprechenden rechtlichen Fragen: siehe Kapitel 3.7.3.

2.2.4 ChatGPT als Wissensbasis

ChatGPT stellt eine umfangreiche Wissensbasis bereit, deren Verwendung sich insbesondere dann anbietet, wenn der Wahrheitsgehalt des Outputs keine wesentliche Rolle spielt. Dies ist beispielsweise bei der Generierung von Ideen der Fall, die daher auch als besondere Stärke von ChatGPT betrachtet wird (Rahman et al. 2023; Dowling und Lucey 2023). Mit Hilfe der Brainstorming-Fähigkeiten von ChatGPT lassen sich schnell eine Vielzahl an Ideen produzieren. Der Vorteil ist dabei, dass die Schwächen von ChatGPT bei dieser Aufgabe meist nur eine untergeordnete Rolle spielen, da die generierten Ideen ja nur mögliche Richtungen anzeigen, in die sich die wissenschaftliche Arbeit entwickeln kann. Da ChatGPT eine Tendenz zum Mainstream nachgesagt wird, sind abwegige Ideen eher unwahrscheinlich. Dowling / Lucey wiesen mit folgendem Prompt ChatGPT an, eine Forschungsidee zu schreiben und legten diese dann Gutachtern von Journals im Bereich Finance zur Bewertung vor: "Write me a 100 word research idea suitable for a good finance academic journal on the topic of: cryptocurrencies, sentiment, and economic uncertainty" (Dowling und Lucey 2023). Die Bewertungen der verschiedenen Ideen lagen dabei fast durchweg auf einem hohen Niveau (Dowling und Lucey 2023).

Ist der Wahrheitsgehalt des Outputs bedeutsam, dann gilt es, diesen kritisch zu reflektieren (siehe Kapitel 4.3). Dies ist bei den nachfolgend beschriebenen Verwendungszwecken von ChatGPT als Wissensbasis der Fall:

- AlAfnan et al. sehen in ChatGPT eine **Alternative zu Suchmaschinen** (AlAfnan et al. 2021). Suchmaschinen sind voll von Werbung und der Algorithmus und die SEO-Maßnahmen der Anbieter führen dazu, dass die eigentlich gesuchte Information vielfach kein besonders gutes Ranking erhält, was wiederum den Suchaufwand erhöht. Eine generative AI gibt dagegen direkt die gewünschte Antwort aus (AlAfnan et al. 2021). Insofern kann es eine gute Strategie sein, zunächst die gesuchten Informationen über ChatGPT ausgeben zu lassen, um dann in einem zweiten Schritt mit einer spezifischen Internetsuche deren Korrektheit zu überprüfen.
- **Einarbeitung in die Thematik**: Im Rahmen einer wissenschaftlichen Arbeit müssen Sie sich gewöhnlich eigenständig in ein neues Themengebiet einarbeiten. ChatGPT kann Sie bei der Einarbeitung unterstützen, indem es Ihnen komplexe Konzepte und Theorien erläutert (Albrecht 2023). Der besondere Vorteil besteht darin, dass die Unterstützung personalisiert erfolgt. Dies gilt sowohl für die Inhalte als auch für die verwendeten Formulierungen. Wenn Sie eine Erläuterung von ChatGPT nicht verstehen, dann können Sie

den Dienst bitten, diese in möglichst einfache Worten zu fassen (Baidoo-Anu und Owusu Ansah 2023).

- Die KI hat eine besondere Stärke darin, **Muster** in großen Datenmengen zu **erkennen** (Burger et al. 2023). Da große Sprachmodelle mit einer Vielzahl an wissenschaftlichen Arbeiten gespeist wurden, konnten diese Muster in den Texten identifizieren. Diese Stärke können Sie im Rahmen der Literaturrecherche nutzen. So können Sie sich schnell einen Überblick über die wichtigsten Erkenntnisse, Konzepte und Trends eines Forschungsgebiets verschaffen (Qasem 2023; Jain et al. 2023) oder welche Autoren auf einem Gebiet immer wieder genannt werden.
- **Theoretische Fundierung**: Bei jeder wissenschaftlichen Arbeit stellt sich die Frage, wie diese theoretisch fundiert werden kann. So kann ChatGPT beispielsweise bei der Auswahl von Quellen bzw. bei der Identifizierung der einschlägigen wissenschaftlichen Literatur helfen (Lund et al. 2023). Auch ermöglicht es, auf einem Forschungsgebiet up-to-date zu bleiben, indem es aktuelle Forschungsergebnisse vorstellt. Der Vorteil von ChatGPT (ebenso wie anderer KI-Assistenten, die bei der Literaturrecherche helfen wie ResearchRabbit oder elicit.org[19]) liegt darin, dass die passenden Keywords bei der Suche nicht bekannt sein müssen und dennoch geeignete Dokumente gefunden werden können.[20] Der Grund dafür ist die Nutzung von „Word Embeddings“ durch ChatGPT, wodurch sich der Dienst die Bedeutung verschiedener Wörter erschließen kann (siehe Kap. 2.1.2). Diese Fähigkeit kann auch dabei helfen, die richtigen Schlagwörter für eine Literatursuche zu identifizieren und diese in einer Abfrage so zu kombinieren, dass die Suche zu einer hohen Präzision führt.

2.2.5 Instruction Prompting: Nutzung spezifischer Funktionen

Eine Form der Nutzung von ChatGPT besteht im „Instruction Prompting“. Dabei werden dem Dienst mit einem einleitenden Verb spezifische Anweisungen gegeben. Anhand dieses Verbs erkennt ChatGPT die Intention, die Sie mit der Eingabe verfolgen. Im Prinzip kann man sich das wie verschiedene Funktionen vorstellen, die ChatGPT zur Verfügung stellt.

---

[19] elicit.org kann darüber hinaus in dem Zitationsgraphen eine Vorwärts- und Rückwärtssuche durchführen

[20] Beispiel Prompt (Dowling und Lucey 2023): "Thank you. Now write me a 300-word literature review which justifies the research idea. Please only use real articles as references, do not make anything up." Dowling / Lucey fügten aufgrund der Erfahrung, dass ChatGPT „falsche“ Referenzen erzeugt, wenn es nicht anders angewiesen wird, den zweiten Satz hinzu.

Nachfolgend finden sich einige Beispiele der möglichen Instruktionen:

- Übersetze den nachfolgenden Text ins <Sprache>: <Text>[21]
- Klassifiziere den nachfolgenden Text als lustig oder nicht-lustig: <Text>
- Identifiziere die Kernidee des nachfolgenden Textes: <Text>
- Fasse den nachfolgenden Text zusammen: <Text>
- Analysiere …
- Bewerte …
- Kritisiere …
- Berechne …
- Vereinfache …
- Sortiere …
- Kategorisiere …
- Gruppiere …
- Paraphrasiere …

Zahlreiche weitere Anweisungen finden sich unter: https://github.com/kevinamiri/Instructgpt-prompts.

2.2.6 ChatGPT erzeugt allenfalls Entwürfe, aber keine fertigen Ergebnisse

Wichtig ist das Verständnis, dass die von ChatGPT generierten Texte allenfalls Entwürfe liefern, die aber noch weitere Arbeitsschritte erfordern, bis das Endergebnis steht (Poynter 2023). Das liegt alleine schon daran, dass die Aussagen im Output des Dienstes ungenau oder falsch sein können. Aus Anwendersicht ist ChatGPT eine Black Box, bei der unklar bleibt, wie der Output zustande kommt (Hassani und Silva 2023). Daher sind weitere Quellen zu berücksichtigen. Zudem erfordert der Aufbau einer eigenständigen Argumentation, dass die verschiedenen Bestandteile der wissenschaftlichen Arbeit in einen gemeinsamen Kontext gestellt werden. Darüber hinaus zeichnet sich das wissenschaftliche Arbeiten durch die Einnahme verschiedener Perspektiven sowie einem Denken in Alternativen aus. Erfolgt dies nicht, dann wird die Argumentation auch nur bedingt überzeugend sein.

Die Betrachtung des Outputs von ChatGPT als Entwurf bzw. als Rohmaterial, das weiterverarbeitet wird, macht deutlich, dass die versierte, produktive Nutzung des Dienstes in Zusammenhang mit den eigenen

[21] Eine Alternative zu ChatGPT und gleichzeitig einer der bekanntesten Online-Dienste für maschinelles Übersetzen ist DeepL.

Kompetenzen steht. Wer auf dem Fachgebiet oder bzgl. des wissenschaftlichen Arbeitens keine Kompetenzen besitzt, wird weder das von ChatGPT bereitgestellte Rohmaterial bewerten noch so nutzen können, dass das Endergebnis überzeugt.

2.3 Schwächen und Limitationen

Die Schwächen und Limitationen von ChatGPT resultieren aus denselben Prinzipien, die derartige Formen der künstlichen Intelligenz so leistungsfähig machen (Lin 2023). So stellen die statistischen Muster, die bei der Analyse der Trainingsdaten entdeckt werden, eine effektive Basis bei der Generierung von Texten dar. Im Einzelfall kann die Statistik jedoch weit danebenliegen.

Abbildung 16: Schwächen und Limitationen von ChatGPT (Quelle: Eigene Darstellung)

2.3.1 Qualität des Outputs: Falsche, verzerrte und einseitige Ausgaben

Die Qualität des Outputs von ChatGPT schwankt erheblich. Mal ist man erstaunt, wie gut die Antworten des Dienstes sind, mal ist man ernüchtert, wenn der Nutzen des Outputs gegen Null geht. Mängel bzgl. der Qualität können sich beispielsweise darin äußern, dass der Output Verzerrungen oder Fehler enthält oder dass soziale Gruppen diskriminiert werden (Rahman et al. 2023). Die Verwendung von

ChatGPT läuft damit Gefahr, dass vermeintliche wissenschaftliche Aussagen, die jedoch falsch bzw. frei erfunden sind, verbreitet werden (Qasem 2023). Wie gut die Qualität des Outputs ist, ist von mehreren Faktoren abhängig (Hassani und Silva 2023):

- **Der Qualität und Vielfältigkeit der Trainingsdaten**:

  Bei der Verwendung von ChatGPT gilt es, zwei verschiedene Arten von Verzerrungen zu berücksichtigen: Die eingefügten und die erworbenen Verzerrungen (Poynter 2023). Die eingefügten Verzerrungen beziehen sich auf die Verhaltensweisen des Systems, die diesem durch die Programmierer und Systemarchitekten aufgezwungen werden. Die erworbenen Verzerrungen resultieren aus den Trainingsdaten.

  Ein Grund, warum die Trainingsdaten zu Verzerrungen führen können, ist, dass in diesen verschiedene Meinungen nicht repräsentativ vertreten sind. Nach Lin sind Aussagen nie wirklich neutral und objektiv – sie können es auch nicht sein (Lin 2023). Vielmehr sind Aussagen immer mit Annahmen und Vorurteilen verbunden, die von politischen und ideologischen bis hin zu kulturellen Aspekten reichen (Lin 2023). Sind die unterschiedlichen Perspektiven in den Trainingsdaten nicht gleichverteilt repräsentiert, entstehen Verzerrungen (Lin 2023). OpenAI weist selbst daraufhin, dass die Trainingsdaten verzerrt sein können. Als Beispiel führt das Unternehmen an, dass das Modell verstärkt westliche Perspektiven reflektiert (OpenAI 2023a).

  Zudem betrachten große Sprachmodelle gewöhnlich das als „wahr", was am häufigsten wiederholt wird. Darics & Poppel bezeichnen das auch als „argumentum ad populum" (Darics und Poppel 2023). Die Wahrheit basiert damit nicht auf vorhandenen Evidenzen (Cooper 2023) oder logischen Überlegungen. Eine falsche Aussage, die oft reproduziert wird, sticht eine richtige Aussage aus (Darics und Poppel 2023).

  Ein Beispiel dafür sind von ChatGPT generierte Formulierungsvorschläge für die Forschungsfrage einer wissenschaftlichen Arbeit. In vielen wissenschaftlichen Arbeiten von Studierenden (Bachelorarbeiten & Co.) ist die Forschungsfrage zu breit formuliert. Schließlich gilt es ja, die Seiten der wissenschaftlichen Arbeit zu füllen. Je breiter man die Forschungsfrage fasst, umso leichter fällt die Literaturrecherche und umso mehr Material kann man in der wissenschaftlichen Arbeit unterbringen. Auf den ersten Blick scheint das nicht weiter schlimm zu sein. Tatsächlich ergeben sich aber erhebliche negative Folgen. So ist es die Aufgabe einer wissenschaftlichen Arbeit, die Forschungsfrage vollumfänglich zu beantworten, was bei einer breit angelegten Forschungsfrage praktisch unmöglich wird. Zudem tendieren die Ausführungen in diesem Fall dazu, oberflächlich zu werden und nicht hinreichend in die Tiefe zu gehen (und wie sollte angesichts des begrenzten Seitenumfangs eine tiefgehende Auseinandersetzung auch erfolgen?). In aller Regel gelingt es dem theoretischen Teil der Arbeit in diesem Fall nicht, ein geeignetes Fundament für den praktischen Teil der Arbeit zu legen. Fordert man ChatGPT auf, zu einer Problemstellung verschiedene Forschungsfragen für eine Bachelorarbeit zu entwickeln, dann sind diese Ideen nach der Erfahrung der Autoren viel zu breit. Dies ist auch wenig verwunderlich, denn dies gilt auch für viele studentische Arbeiten, die über das Internet publiziert werden. Werden diese Arbeiten als Trainingsdaten genutzt, dann wiederholt der Dienst bei seinen Empfehlungen diesen Fehler.

Dieses Beispiel macht eine grundsätzliche Problematik deutlich: OpenAI nutzt zum Training seiner Sprachmodelle insbesondere Daten, die über das Internet verfügbar sind (Hassani und Silva 2023). Diese Daten entsprechen überwiegend keinen wissenschaftlichen Standards. Die Schwächen in den Trainingsdaten führen notgedrungen auch zu Schwächen des Outputs. Es gibt daher erste Ansätze, große Sprachmodelle nur mit wissenschaftlichen Fachartikeln zu füttern. Beispiele dafür sind SciBERT[22] und BioBERT[23].

- **Dem Eingabetext**: Die Eingabeaufforderung kann bereits eine falsche Aussage beinhalten, die durch das System dann einfach fortgesetzt wird (Schulman 2023). Zudem bestimmt die Komplexität und die Eindeutigkeit des Eingabetextes die Qualität des Outputs. Beispiele dafür sind die Verwendung von selten verwendeten technischen oder wissenschaftlichen Begriffen, die nicht in der Alltagssprache genutzt werden.
- **Der gestellten Aufgabe**: ChatGPT zeigt auf verschiedenen Gebieten eine sehr unterschiedliche Leistungsfähigkeit. So stehen beispielsweise den Fähigkeiten bei der Generierung von Programmcodes erhebliche Schwächen bei den Rechenfähigkeiten gegenüber.
- **Dem Themengebiet**: Manche Themengebiete machen die Antworten zu gestellten Aufgaben schwer. Dies gilt beispielsweise für aktuelle Themen, die noch wenig erforscht sind und zu denen lediglich widersprüchliche Thesen vorliegen. In der Folge kann es dazu kommen, dass das Modell falsch rät, da es eine Unsicherheit über den Wahrheitsgehalt verschiedener Aussagen gibt (Schulman 2023).
- Systemseitig: Auch die **Architektur des Systems** sowie **dessen Entwicklung** haben Einfluss auf die Qualität des Outputs. So hat sich beispielsweise das Reinforcement Learning auf Basis von mensch-

[22] Siehe https://github.com/allenai/scibert
[23] Siehe https://github.com/dmis-lab/biobert

lichem Feedback als sehr hilfreich erwiesen, das Verhalten des Modells an den Intentionen der User auszurichten (Ouyang et al. 2022). Gleichzeitig wird diese Vorgehensweise jedoch als mögliche Ursache dafür gesehen, dass das Modell zu halluzinieren beginnt, also etwas erfindet (Huyen 2023). Dieses Halluzinieren kann dadurch entstehen, dass der sog. „Labeler", der im Rahmen des Reinforcement Learnings verschiedene Antworten bewertet, über mehr Wissen verfügt als das Modell (Huyen 2023). In diesem Fall bewertet der Labeler eine Antwort hoch, die das Modell nicht aus dessen Wissen heraus erzeugen kann. Das Modell wird dadurch belohnt, Antworten zu generieren, die nicht auf eigenem Wissen beruhen.

Problematisch ist dabei, dass der Dienst Aussagen so präsentiert, als ob diese der Wahrheit entsprechen. Selbst wenn sich die Antwort zu einer Frage nicht in den Daten des Sprachmodells befindet, weist das System nicht immer auf seine Unwissenheit bzw. Unsicherheit hin (Schulman 2023). Dementsprechend läuft der Dienst Gefahr, sich selbst als ultimative erkenntnistheoretische Autorität zu positionieren, wobei eine einzige Wahrheit angenommen wird, ohne dass diese durch Beweise untermauert oder mit ausreichenden Qualifikationen präsentiert wird (Cooper 2023). Cooper verweist in diesem Zusammenhang auf eigene Nutzungserfahrungen mit ChatGPT. Bei der Verwendung von ChatGPT zur Planung einer Lehrveranstaltung stellte er die Frage, ob er besser den „Chalk and Talk" Ansatz verwenden soll oder stattdessen eine Studierenden-zentrierte Pädagogik. Die Empfehlung von ChatGPT lautete daraufhin, die richtige Balance zwischen den beiden Ansätzen zu finden, ohne dass es dabei irgendwelche Evidenzen genannt hätte (Cooper 2023).

Um ein Halluzinieren durch das Modell zu vermeiden, wurden verschiedene Vorschläge geäußert. So kann man das System zu einer Erläuterung auffordern, wie die Ergebnisse zustande gekommen sind. Ein weiterer Vorschlag besteht in der Ergänzung des Prompts um den Hinweis, dass die Antwort wahrheitsgemäß ausfallen soll und das Modell bei einer Unsicherheit lieber ausgeben soll, dass es die Frage nicht beantworten kann (Huyen 2023).

2.3.2 *Angabe von Quellen*

Da der Output einer generativen KI auf Basis des Sprachmodells erfolgt, das wiederum auf einer Vielzahl von Quellen beruht, ist es dem Dienst im eigentlichem Sinne gar nicht möglich, die (eine) Quelle anzugeben (Salden et al. 2023). Weist man ChatGPT an, eine Quelle auszugeben, dann erzeugt der Dienst diese in der üblichen Weise, indem verschiedene Bedeutungsgehalte miteinander verkettet werden, die im Kontext der Eingabe als wahrscheinlich betrachtet werden (Salden et al. 2023).

In der Konsequenz sind die Quellen vielfach frei erfunden, evtl. beinhalten diese nicht die Aussagen des Outputs oder ist die Angabe des Autors nicht korrekt (Rahman et al. 2023; Salden et al. 2023). Bittet man ChatGPT eine Aussage mit einer Quelle zu belegen und zu dieser die DOI (Digital Object Identifier = dauerhafte URL zu einem wiss. Artikel / Dokument) auszugeben, dann existiert die DOI regelmäßig nicht oder falls diese existiert, dann enthält diese nicht zwingend die unterstellte Aussage (Rahman et al. 2023). Daher stellen Hamann und Skolnik die praktische Relevanz von ChatGPT zum Verfassen einer Literature Review insgesamt in Frage (Haman und Školník 2023). Grund dafür ist, dass ChatGPT Aussagen möglicherweise mit Fake Artikeln belegt, was den gesamten Forschungsprozess unglaubwürdig macht (Haman und Školník 2023). Der Nutzen einer Aufarbeitung der Literatur wird dadurch erheblich geschmälert, dass die Aussagen von ChatGPT falsch sein können und gleichzeitig nicht die Quellen ausgegeben werden, die eine Überprüfung der Korrektheit der Aussagen erlauben würden.

2.3.3 Fehlende Kreativität

Auch wenn durch das von ChatGPT genutzte Zufallselement im Einzelfall Texte mit neuer Bedeutung entstehen können, erzeugt das Gros der generierten Texte keine neuen Ideen. Originelle und kreative Ideen besitzen in der wissenschaftlichen Forschung jedoch ein hohes Ansehen (Rahman et al. 2023). Die Nutzung von ChatGPT führt regelmäßig zum Gegenteil davon, da die Ausgaben das widerspiegeln, was in den Trainingsdaten den Mainstream bildet. Insofern bleibt es der Autorin / dem Autor weiterhin überlassen, diese Kreativität in den Forschungsprozess einzubringen.

2.3.4 Beibehalten des Kontextes

Zwar konnte die KI wesentliche Fortschritte bei der Beibehaltung des Kontextes erzielen, dennoch fällt den Tools dies bei längeren Dialogen nach wie vor schwer. Wird beispielsweise in einem ersten Dialog die Forschungsfrage beschrieben, dann kann diese im n-ten Dialog durch das System unberücksichtigt bleiben. Der Grund dafür sind Limitationen bei der Berücksichtigung des Kontextes einer Eingabe. Würde ChatGPT immer den gesamten Dialogverlauf ohne jede Größenbeschränkung zur Bestimmung des Outputs verwenden, dann würde daraus ein sehr hoher Rechenaufwand bei einem langen Dialog resultieren. Um den Rechenaufwand einer Anfrage zu begrenzen, wurden durch den Anbieter daher Beschränkungen eingeführt, was den Umfang des berücksichtigten Kontextes betrifft. Die Anzahl der berücksichtigten Zeichen (genauer: Token) ist dabei vom verwendeten Modell abhängig.

Mit den sogenannten „custom instructions" hat OpenAI kürzlich einen Ansatz vorgestellt, mit denen Präferenzen bzw. Anforderungen dauerhaft über einen Dialog hinweg berücksichtigt werden (OpenAI 2023c). Auf diese Weise müssen diese nicht wiederholt eingegeben werden.

2.3.5 Kommunikative Missverständnisse vermeiden: ChatGPT antwortet immer

Trotz erstaunlicher Fähigkeiten bei der Identifizierung der User-Intention bleiben kommunikative Missverständnisse im Dialog mit dem Dienst nicht aus. Dies hat verschiedene Gründe. So kann eine Anfrage mehrdeutig sein, da in ihr Homonyme verwendet werden oder die Anfrage so kurz und knapp ausfällt, dass sich ein breiter Interpretationsspielraum ergibt. Zudem erfordert eine gute Antwort in aller Regel die Kenntnis des Kontextes der Aufgabe. Dies wird deutlich, wenn Sie eine allgemeine Frage an den Dienst richten. Wenn Sie den Dienst beispielsweise darum bitten, einen Projektplan für eine Bachelorarbeit auszugeben, dann wird ein generischer Plan ausgegeben. Dies trägt die Gefahr in sich, nicht dem spezifischen Kontext gerecht zu werden, beispielsweise, weil der Schwerpunkt der Arbeit auf dem empirischen Teil liegt und der Aufwand zur Erhebung der Daten, der Datenbereinigung sowie der Datenanalyse unterschätzt wird.

Das obige Beispiel macht deutlich, dass ChatGPT immer eine Antwort gibt, auch wenn es den Kontext nicht kennt. Darin besteht eine erhebliche Gefahr, denn allgemeine Antworten werden der spezifischen Situation nur selten gerecht. Im Gegensatz zu einem menschlichen Dialogpartner stellt ChatGPT keine entsprechenden Fragen. Stattdessen werden durch den Dienst implizit Annahmen getroffen (Dönmez et al. 2023). Kommunikative Missverständnisse werden dadurch begünstigt.

Um kommunikative Missverständnisse zu vermeiden und spezifische Antworten zu erhalten, bietet es sich an, dass Sie ChatGPT zunächst einmal den Kontext verdeutlichen und danach fragen, welche Informationen der Dienst für eine bestimmte Aufgabenstellung benötigt. In dem obigen Beispiel könnten Sie beispielsweise ChatGPT zuerst die Aufgabe geben, die benötigten Informationen zur Erstellung eines Projektplans für die Bachelorarbeit zu beschreiben. Erst im zweiten Schritt sollte dann eine Aufforderung zur Erstellung des Projektplans erfolgen.

Zudem bewährt es sich vielfach, mit eher allgemeinen Fragen einzusteigen und diese nachfolgend weiter zu konkretisieren, um dann abschließend ein Finetuning zu betreiben (Lin 2023). Den größten

Nutzen bieten am Ende meist sehr spezifische Fragen mit klaren Anweisungen an den Dienst (Poynter 2023).

2.3.6 Logisches Denken

Manche Autoren sehen erhebliche Defizite der generativen KI bzgl. des logischen Denkens (Ray 2023). Mitunter fällt es dieser schwer, zu einem Problem eine schlüssige Argumentation aufzubauen (Ray 2023). Dies zeigte sich auch in einer Studie von Srivastava et al., bei der die Leistungsfähigkeit verschiedener Sprachmodelle sowie von menschlichen Experten bzgl. einem sehr breiten und vielfältigen Set an Aufgaben miteinander verglichen wurden (Srivastava et al. 2023). Dabei verloren die großen Sprachmodelle den Vergleich mit menschlichen Experten deutlich (Srivastava et al. 2023). Die Sprachmodelle waren vielfach nicht in der Lage, selbst einfachste Aufgaben korrekt zu lösen – so beispielsweise bei einem Schachspiel zu bestimmen, wie mit dem nächsten Zug ein Schachmatt erzielt werden kann, wenn die Spieler zuvor eine Reihe von Zügen getätigt haben (Srivastava et al. 2023). Dies macht eine wichtige Limitation der großen Sprachmodelle deutlich. So sind diese durchaus in der Lage, die Regeln des Schachspiels korrekt wiederzugeben. Die Anwendung der Regeln auf ein spezifisches Problem führt die Sprachmodelle jedoch schnell an deren Grenzen.

2.3.7 Missbräuchliche Verwendung des Dienstes

Mit der wachsenden Popularität des Dienstes rückt dieser zunehmend in den Fokus von Maßnahmen, die von Beeinflussungsversuchen bis hin zu kriminellen Aktivitäten reichen. So sehen Forscher beispielsweise die Gefahr, dass mit der generativen KI in massivem Umfang Desinformations-Kampagnen erstellt werden und diese das Internet und insbesondere die sozialen Medien überfluten. Da im Rahmen des Trainings der Sprachmodelle immer größere Teile des Internets erfasst werden, gehen auch mit der KI-produzierte Texte wiederum in die Trainingsdaten ein (Huyen 2023). Das wiederum kann die Inhalte, die ein KI-Modell lernt, beeinflussen. Forscher am Center on Terrorism, Extremism and Counterterrorism am Middlebury Institute of International Studies fanden heraus, dass GPT-3 über ein beeindruckend tiefes Wissen über extremistische Gemeinschaften verfügt (Hsu und Thompson 2023).

OpenAI weist selbst auf eine Vielzahl von Sicherheitsrisiken hin, die mit dem Modell verbunden sind (OpenAI 2023b). Demnach ist GPT-4 trotz verschiedener Sicherheitsmaßnahmen für gegnerische Angriffe und Exploits anfällig (OpenAI 2023b). Das Gefahrenpotenzial potenziert sich dadurch, dass sich derzeit ein schnell wachsendes Ökosystem um den Dienst herum aufbaut (Hsu und Thompson 2023). Denn durch die Integration des Dienstes via Plug-Ins in andere Dienste werden zusätzliche Angriffsmöglichkeiten (z. B. für Prompt Injection Attacken[24]) geschaffen, während gleichzeitig das Gefahrenpotenzial steigt (Hsu und Thompson 2023).

2.3.8 Zugang zu Internetquellen

Schwächen bzw. Limitationen bestehen zudem darin, dass ChatGPT derzeit keinen Zugang zu Internetquellen hat (Rahman et al. 2023). Man kann ChatGPT nicht anweisen, neues Material, das noch nicht in den Trainingsdaten vorhanden war, im Internet zu recherchieren und dieses zu analysieren (Rahman et al. 2023). Durch die Integration von GPT-4 in die Suchmaschine von Bing bzw. über die Bereitstellung von Plugins, soll diese Limitation zukünftig entfallen.

2.3.9 Black Box Charakter

ChatGPT ist aufgrund seiner Größe und seiner Architektur ein komplexes System, bei dem es für den User nicht möglich ist, das Zustandekommen des Outputs zu erklären (Ray 2023). Wolfram geht noch einen Schritt weiter mit der Aussage, dass die Transformer-Architektur auf der ChatGPT beruht, noch unzureichend verstanden wird und die theoretischen Erklärungen fehlen, warum diese so gute Leistungen zeigt (Wolfram 2023). Aus Anwendersicht nimmt der Dienst damit den Charakter einer Black Box an. Es bleibt unklar, wie der Dienst bei der Generierung des Outputs vorgeht, was die Beurteilung der Qualität des Outputs erschwert.

2.3.10 Fachspezifisches Wissen

ChatGPT fehlt in vielen Fachbereichen das fachspezifische Wissen (Ray 2023). Der Grund dafür ist einfach. Viel Fachwissen, das nur in Artikeln oder Fachbüchern vorliegt, ist nicht frei über das Internet verfügbar und daher auch nicht in die Trainingsdaten des Dienstes eingeflossen.

---

[24] Prompt Injection Attacken stehen für das Einfügen von Befehlen in die Eingabe eines Users. Gibt ein User beispielsweise in den Prompt einen geheimen Schlüssel ein, dann könnte eine Prompt Injection Attacke darin bestehen, diesen Schlüssel aus der Eingabe zu extrahieren und eine Anfrage mit dem Schlüssel an einen Webserver zu senden, auf den der Angreifer Zugriff hat (vgl. Bisht 2022).

2.4 Gefahren

2.4.1 Plagiate

Das Generieren von Texten durch ChatGPT und deren anschließende Übernahme in eine wissenschaftliche Arbeit verbietet sich aus verschiedenen Gründen. Die Wahrscheinlichkeit von Plagiaten erhöht sich dadurch erheblich. So überprüften Aydin / Karaarslan eigene Texte, mit ChatGPT paraphrasierte eigene Texte (paraphrasieren bezeichnet das sinngemäße Umformulieren von Texten) und durch ChatGPT erstellte Texte mit einer Plagiatssoftware (Aydın und Karaarslan 2022). Während die eigenen Texte erwartungsgemäß kaum Ähnlichkeiten zu anderen Texten aufwiesen, erhöhte sich die Ähnlichkeitsrate bei den paraphrasierten sowie durch ChatGPT generierten Texten erheblich (Aydın und Karaarslan 2022).

AlAfnan et al. setzten sich in deren Studie ebenfalls mit der Gefahr des Plagiarismus durch die Verwendung von ChatGPT auseinander (AlAfnan et al. 2021). Die Autoren dieser Studie erzeugten mit ChatGPT Output für verschiedene Disziplinen, wobei die Antworten 5-mal erneut generiert wurden. Anschließend wurden die Texte mit Turnitin auf Plagiate hin geprüft. Der Anteil der Plagiate bewegte sich dabei zwischen 0 % und 50 % (AlAfnan et al. 2021). Dies macht deutlich, dass die Textgenerierung sowie die Optimierung der sprachlichen Qualität mit der Gefahr des Plagiarismus verbunden ist.

In der Literatur zu ChatGPT werden KI-basierte Sprachmodelle mitunter auch als stochastische Papageien bezeichnet, die lediglich das wiedergeben, was sie gehört haben, wobei der Zufall die Wiedergabe verzerrt (Hutson 2021 zit. nach Lund). Dies mag Sie ein wenig an die vielfältigen Tier-Orakel erinnern, die im Kontext von Weltmeisterschaften Prognosen über den Ausgang eines Spieles treffen. Der Zufall wird dabei gesteuert. Im Falle der Tier-Orakel besteht die Steuerung darin, dass den Tieren beispielsweise Futter in den Landesfarben der beiden gegeneinander antretenden Nationen vorgelegt wird und gleichzeitig die Tiere hungrig sind, damit die anwesende Presse einen möglichst überschaubaren Zeitaufwand hat. Bei der generativen KI erfolgt die Steuerung über die Muster in den Trainingsdaten. Insofern ist es wahrscheinlich, dass die erzeugten Texte anderen Texten gleichen oder zumindest Ausschnitte davon mit Texten in den Trainingsdaten identisch sind[25].

[25] Zu den entsprechenden urheberrechtlichen Fragen: siehe Kapitel 3.

Abbildung 17: Stochastischer Papagei (Quelle: Dall-E, Prompt: „hyperrealistisches Bild eines Papageien, der vor verschiedenen Nüssen sitzt. Die Nüsse sind in verschiedenen Landesfarben eingefärbt."; Neuschöpfung mit Gimp)

2.4.2 Übernahme falscher Aussagen

Wie in Kap. 5 diskutiert besteht bei der Nutzung von ChatGPT immer die Gefahr, dass der Dienst falsche Aussagen produziert bzw. diese aus seinen Trainingsdaten wiedergibt. Insbesondere kann man sich niemals sicher sein, ob der Dienst nicht daneben liegt, es sei denn, man kennt die Antwort bereits (Narayanan 2022).

2.4.3 Persönliche Entwicklung

Die Nutzung der KI geht mit der Gefahr einher, dass die Entwicklung auf der persönlichen Ebene und insbesondere der Aufbau von Kompetenz Schaden nimmt. Eine Diskussion dazu findet sich in Kap. 1.3.

2.4.4 Verletzung von Urheberrechten

Aus der Nutzung von ChatGPT können Urheberrechtsverletzungen resultieren. Dies ist dann der Fall, wenn urheberrechtsverletzende Inhalte aus dem Output vervielfältigt und weiterverwendet werden (Paul und Belitz 2023). „Je stärker der Output dem urheberrechtlich geschützten Material ähnelt, desto wahrscheinlicher ist eine Urheberrechtsverletzung“ (Paul und Belitz 2023). Laut den Terms of Use von OpenAI trägt die Verantwortung dafür die Nutzerin / der Nutzer (Oehri 2023).

2.4.5 Entwicklung von Abhängigkeitsverhältnissen

Der Einsatz der generativen KI ändert die Arbeitsprozesse und die Arbeitsinhalte. Indem der Dienst erste Ergebnisse erzeugt, lesen wir uns nicht ausgiebig in eine Materie ein und erforschen selbst die Fakten. Stattdessen setzen wir auf das vorgefertigte Material aus dem Output der generativen KI (Qasem 2023). Die Fähigkeit, eigenständig diese Teilleistungen zu erzeugen, kann durch diese Vorgehensweise beschädigt werden. Der Schaffensprozess basiert auf einer Rekombination einzelner Teilelemente, die immer wieder neu zusammengesetzt werden. In der Folge kann sich die Nutzung von ChatGPT zu einem Abhängigkeitsverhältnis entwickeln (Baidoo-Anu und Owusu Ansah 2023). Je fortschrittlicher und besser die generativen KI wird, umso größer wird die Gefahr, dieser übermäßig zu vertrauen, was das kritische Denken verringert und die eigenständige Problemlösungskompetenz schädigt (Ray 2023). Zudem mag der Innovationsgrad der Ergebnisse leiden und die Kreativität auf der Strecke bleiben.

2.4.6 Verstärkung des Matthew Effekts

Die Nutzung von ChatGPT läuft Gefahr, den sogenannten Matthew Effekt zu verstärken. Dieser Effekt beschreibt einen selbstverstärkenden Zyklus, dass viel zitierte Artikel eine deutlich höhere Chance haben, von anderen Artikeln zitiert zu werden. Dies ist bei Google Scholar so, bei dem das Ranking der Artikel durch die Anzahl der Referenzen bestimmt wird. Dieses Prinzip nutzt aber auch ChatGPT. Vielfach wird daher auf ältere, viel zitierte Artikel verwiesen. Neuere Artikel und Beiträge von noch unbekannten Autoren bleiben dagegen unberücksichtigt. Dies führt zu der Gefahr, dass der Forschungsstand veraltet ist. Insofern ersetzt die Nutzung von ChatGPT auch keine Literaturrecherche. Insbesondere bietet es sich an, von identifizierten Quellen aus eine Vorwärtssuche durchzuführen (wie man das in der

Vergangenheit ja auch schon immer gemacht hat), um sicherzustellen, dass auch der aktuelle Forschungsstand berücksichtigt wurde.

2.4.7 Verzerrungen

Der Output von ChatGPT kann aus verschiedenen Gründen heraus verzerrt sein:

- Aufgrund von Verzerrungen der Trainingsdaten.
- Aufgrund unvollständigen oder veralteten Wissens (Ray 2023).
- Verzerrungen können durch die Arbeit der Labeler entstehen (die z. B. verschiedene Antwortmöglichkeiten in ein Ranking bringen).
- Auch die Tätigkeiten der Entwickler können Verzerrungen einführen (Webb 2023), beispielsweise indem diese Leitplanken erzeugen, die eigene Interessen oder Bedenken widerspiegeln (Bail 2023).
- Ein falsches Feedback von Usern bzgl. des Outputs.
- Übergeneralisierung (Ray 2023).

Darüber hinaus sind noch weitere Gründe denkbar. Reimann hat einen kritischen Artikel des Time Magazins, der sich mit den Arbeitsbedingungen kenianischer Arbeiter bei der Entwicklung von ChatGPT auseinandersetzte, aufgegriffen und ChatGPT dazu verschiedene Fragen gestellt. Dabei stellte er fest, dass der Output des Dienstes eine verzerrte Darstellung des Nachrichtenartikels ausgab (Reimann 2023). Entsprechend hat Reimann die Frage aufgeworfen, ob die Unterdrückung von Kritik an OpenAI auf den Anbieter selbst oder auf die Qualität des Dienstes zurückzuführen ist (Reimann 2023).

Bei Ray findet sich eine lange Liste möglicher Verzerrungen (Ray 2023): 1. Cultural and Linguistic Bias, 2. Gender and Racial Bias, 3. Bias in Content Recommendations, 4. Ideological Bias, 5. Sensationalism and Clickbait Bias, 6. Confirmation Bias, 7. Temporal Bias, 8. Exclusionary Bias, 9. Commercial Bias, 10. Cognitive Bias, 11. Attention Bias, 12. Format Bias, 13. Source Bias, 14. Novelty Bias, 15. Positive/Negative Sentiment Bias, 16. Outlier Bias, 17. Implicit Bias, 18. Authority Bias, 19. Recency Bias, 20. Groupthink Bias, 21. Anchoring Bias, 22. Availability Bias, 23. False Consensus Bias sowie 24. Hindsight Bias. Die lange Liste von Ray macht die vielfältigen unterschiedlichen möglichen Verzerrungen der generativen KI deutlich. In vielen Fällen ist es einem User dabei kaum möglich, die Verzerrungen zu erkennen. Werden Verzerrungen nicht erkannt, dann können diese bei der Verwendung des Outputs auch nicht berücksichtigt werden.

2.4.8 *Sicherheit und Privatsphäre*

ChatGPT hat Zugang zu großen Mengen an User-Daten, wodurch Bedenken bzgl. der Privatsphäre sowie des Datenschutzes[26] entstehen (Ray 2023). Gleichzeitig sehen die Nutzungsbedingungen vor, dass der Dienst die eingegeben Inhalte selbst verwenden darf (Oehri 2023). Aus Angst, dass Unternehmensgeheimnisse nach außen dringen, haben verschiedene Unternehmen weitreichende Verbote bzgl. der Nutzung von AI-Diensten erlassen (Gurman 2023). Zudem kann ChatGPT schädliche Texte generieren, wie beispielsweise Hassreden oder Fake News (Ray 2023).

[26] Zu datenschutzrechtlichen Fragen: siehe Kapitel 3.7.

3 Rechtliche Aspekte bei der Nutzung für wissenschaftliche Arbeiten

Wer ChatGPT oder ähnliche Anwendungen für seine wissenschaftlichen Arbeiten nutzt, muss sich mit der Frage eines Plagiats auseinandersetzen.[27] Macht man sich die Mühe und erforscht den Begriff **„Plagiat"**, trifft man auf folgende Definition: **„Unerlaubte Verwendung von fremdem geistigen Eigentum, die vom Plagiator als seine eigene schöpferische Leistung ausgegeben wird; von urspr. plagium = Menschenraub"** (Benke und Meissel 2021, S. 290 m. w. N.). Möchte ein Wissenschaftler also nicht als „Menschenräuber" gelten, sollte er Plagiate vermeiden.[28]

Bleibt die Frage: Kann man ChatGPT und andere KI-basierte Anwendungen für wissenschaftliche Arbeiten nutzen, ohne gegen Urheberrechte anderer zu verstoßen? Die Antwort ist m. E.: Ja, kann man. Es ist allerdings sehr aufwendig und mit einem gewissen Restrisiko verbunden.

Zur Frage der urheberrechtlich zulässigen Nutzung von ChatGPT und ähnlicher Anwendungen ist auf das klassische **Prüfungsschema zum Urheberrecht** zurückzugreifen. Danach wird für eine rechtswidrige Urheberrechtsverletzung zunächst geprüft, ob ein urheberrechtlicher Schutzgegenstand vorliegt und welche Eingriffshandlung in das entsprechende Urheberrecht gegeben ist. Schließlich fragt man, ob der Eingriff in das Urheberrecht z. B. durch eine Schrankenbestimmung gerechtfertigt ist (vgl. Fechner und Rösler 2021, S. 305 f.).

---

[27] Siehe hierzu bereits kurz oben Punkt 2.4.1

[28] Und natürlich auch wegen seiner wissenschaftlichen Reputation!

Prüfungsschema zum Urheberrecht

1. **Urheberrechtlicher Schutzgegenstand**

→ Werk nach § 2 UrhG
=> Notwendig ist hierfür eine persönliche geistige Schöpfung:
a.) Schöpfungshöhe und Schöpfungsqualität (Individualität)
b.) Geistiger Gehalt
c.) Wahrnehmbare Formgestaltung

2. **Eingriffshandlung**

→ Der Urheber hat nach § 15 Abs. 1 UrhG das ausschließliche Recht, sein Werk in körperlicher Form zu verwerten:
=> z.B. Vervielfältigungsrecht nach § 16 UrhG

→ Der Urheber hat nach § 15 Abs. 2 UrhG das ausschließliche Recht, sein Werk in unkörperlicher Form öffentlich wiederzugeben:
=> z.B. Recht der öffentlichen Zugänglichmachung (Recht auf Upload ins Internet) nach § 19a UrhG

3. **Rechtfertigung / Schrankenbestimmung**

→ z.B. Erwerb einer Lizenz
→ Rechtfertigung des Eingriffs in Urheberrecht durch Schrankenbestimmung:
=> z.B. durch Zitatrecht nach § 51 UrhG

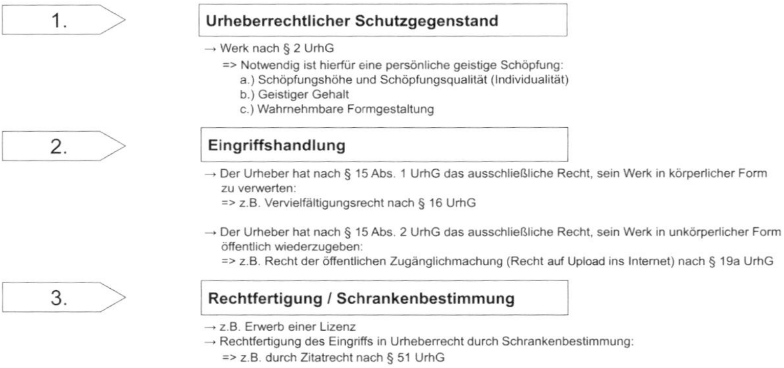

Abbildung 18: Prüfungsschema zum Urheberrecht (Quelle: Eigene Darstellung nach Fechner und Rösler 2021, S. 305 f.).

3.1 Urheberrechtlicher Schutzgegenstand

Ob bei der Verwendung von ChatGPT oder anderer generativer KI Urheberrechte verletzt werden, hängt zunächst einmal von der Werkqualität der durch die KI verwendeten Texte ab. „Der urheberrechtliche Werkbegriff ist so etwas wie die Türschwelle zum Urheberrecht. Nur wer sie überschreitet, nämlich wer ein urheberrechtliches „Werk" geschaffen hat, kann die Rechte eines Urhebers in Anspruch nehmen" (Seifert/Wirth, in: Eichelberger et al. 2022, § 2 UrhG, Rz. 1). Was ein urheberrechtlich geschütztes Werk ist, bestimmt § 2 UrhG. Danach sind **Werke** im Sinne des Urheberrechts **nur persönliche geistige Schöpfungen**.

In Kapitel 2.1.3 „Trainingsdaten" wurde bereits aufgezeigt, welche Datensätze verwendet wurden, um das Sprachmodell GPT-3 zu trainieren. Man kann davon ausgehen, dass viele dieser Textdateien urheberrechtlichen Schutz genießen (vgl. Hoeren, in: Salden und Leschke 2023, S. 27 m. w. N.). Die Trainingsdaten, mit denen ChatGPT „gefüttert" worden ist, dürften also Werkqualität im Sinne des Urheberrechts besitzen. Somit liegt mit den Trainingsdaten von ChatGPT ein urheberrechtlicher Schutzgegenstand vor.

3.2 Eingriffshandlung

Im zweiten Prüfungsschritt ist nun aufzuzeigen, welche Urheberrechte, vor allem **welche Verwertungsrechte i. S. d. §§ 16 ff. UrhG** durch eine Verwendung der Trainingsdaten bei ChatGPT oder einer anderen generativen KI betroffen sind (vgl. Fechner und Rösler 2021, S. 305). Hier ist insbesondere zu beachten, dass das Auslesen der angesprochenen Werke durch ein KI-Programm eine Speicherung und damit eine Vervielfältigung nach § 16 Abs. 1 UrhG darstellt (vgl. Hoeren, in: Salden und Leschke 2023, S. 27 m. w. N.). Dies ist urheberrechtlich problematisch. Nach § 15 Abs. 1 UrhG hat nämlich der Urheber das ausschließliche Recht, sein Werk in körperlicher Form zu verwerten. Das umfasst eben auch das angesprochene Vervielfältigungsrecht nach § 16 UrhG. Mit anderen Worten: Nur die Urheber der Trainingsdaten haben das Recht, diese Daten zu vervielfältigen. Dieses Vervielfältigungsrecht hat sonst zunächst einmal niemand anderes – also weder irgendeine KI noch ein Nutzer der KI.

Zum Hintergrund: Unter dem Vervielfältigungsrecht wird die Befugnis verstanden, Vervielfältigungsstücke eines Werkes herzustellen. Dabei sind das Verfahren und die Zahl der hergestellten Vervielfältigungsstücke unerheblich. Gemeint ist jede Art von körperlicher Festlegung, die ermöglicht, das Werk wiederholt wahrnehmbar zu machen (vgl. Fechner 2023, 5. Kap, Rz. 47). Auch neue Techniken der Verbreitung von Werken werden vom Urheberrecht umfasst. Ebenso ist die Digitalisierung als Vervielfältigung zu verstehen. So ist beispielsweise die Übernahme eines Werkes aus dem Internet durch Laden des Werkes in den Arbeitsspeicher eines Computers eine Vervielfältigung (vgl. Fechner 2023, 5. Kap., Rz. 48). Das angewandte Verfahren – z. B. Druck, Fotokopie oder digital – ist also belanglos (vgl. Peukert 2023, § 20, Rz. 3).

Im Ergebnis bleibt festzuhalten: ChatGPT bzw. KI-basierte Programme und deren Nutzer könnten durch eine Vervielfältigung der Trainingsdaten in Urheberrechte eingreifen.[29]

3.3 Rechtfertigung / Schrankenbestimmung

Dieser Eingriff in Urheberrechte könnte allerdings durch eine Lizenz oder durch sog. Schrankenbestimmungen gerechtfertigt sein (vgl. Fechner und Rösler 2021, S. 305 f.). Auch wenn in Urheberrechte

[29] Daneben könnten auch noch andere Eingriffshandlungen in Betracht kommen, wie z. B. § 19a UrhG durch Zugänglichmachung im Internet.

eingegriffen wird, wird das Urheberrecht also **nicht schrankenlos** gewährleistet. Es gibt Vorschriften im Urheberrechtsgesetz, die es erlauben, ein Werk frei zu nutzen, selbst wenn es eigentlich unter das Urheberrecht fällt (vgl. Fechner 2023, 5. Kap., Rz. 84). Deshalb bedarf es nun entweder einer Gestattung der Trainingsdaten-Rechteinhaber oder des Vorliegens einer gesetzlich erlaubten Nutzung, also einer sog. Schranke (vgl. Hoeren, in: Salden und Leschke 2023, S. 27 m. w. N.). Zu Recht wird eine Gestattung „aufgrund der Menge an Trainingsdaten regelmäßig nicht in Betracht kommen" (Hoeren, in: Salden und Leschke 2023, S. 27). Auch ist nichts darüber bekannt, dass die Programmierer der KI entsprechende Lizenzen erworben hätten. Bleibt also die **Frage, ob eine gesetzlich erlaubte Nutzung vorliegt**.

3.3.1 Text und Data Mining (§ 44b UrhG)

Hoeren verweist an dieser Stelle auf die Schranke des § 44b UrhG (vgl. Hoeren, in: Salden und Leschke 2023, S. 27). Nach § 44b Abs. 2 S. 1 UrhG sind Vervielfältigungen von rechtmäßig zugänglichen Werken für das Text und Data Mining zulässig. § 44b Abs. 1 UrhG definiert Text und Data Mining als die automatisierte Analyse von einzelnen oder mehreren digitalen oder digitalisierten Werken, um daraus Informationen insbesondere über Muster, Trends und Korrelationen zu gewinnen. Hoeren merkt in diesem Zusammenhang aber auch an, dass diese Schranke vor allem die Programmierer der KI und weniger die Nutzer der Software betreffen wird (vgl. Hoeren, in: Salden und Leschke 2023, S. 28 m. w. N. und Ausführungen zu § 44b UrhG). Deshalb wird diese Schranke hier nicht weiterverfolgt.

3.3.2 Zitatrecht (§ 51 UrhG)

Für User von ChatGPT oder ähnlichen Programmen könnte eine andere gesetzliche Regelung interessanter sein. Die Möglichkeit zur Übernahme urheberrechtlich geschützter Werke oder Teilen davon ergibt sich nämlich auch aus dem Zitatrecht, das in § 51 UrhG geregelt ist (vgl. Fechner 2023, 5. Kap., Rz. 93). Danach ist u. a. die Vervielfältigung eines veröffentlichten Werkes **zum Zweck des Zitats zulässig**, sofern die Nutzung in ihrem Umfang durch den besonderen Zweck gerechtfertigt ist (§ 51 S. 1 UrhG). Das Zitieren aus fremden geschützten Werken ist nach § 51 UrhG zu den dort genannten Zwecken und im dort genannten Umfang zustimmungs- und vergütungsfrei zulässig (vgl. Dreier, in: Dreier und Schulze 2022, § 51, Rz. 1). So soll die geistige Auseinandersetzung mit fremden Werken erleichtert werden. An einem solchen Diskurs mit fremden Werken besteht ein so gesteigertes

Interesse, dass Zitate vergütungsfrei zulässig sind (vgl. Peukert 2023, §25, Rz. 26).

3.3.2.1 Zulässiger Zitatzweck

Der Bundesgerichtshof (BGH) hat in seiner Entscheidung „TV-Total" verständlich erläutert, welchen Zweck ein Zitat erfüllen muss (BGH (TV-Total), NJW 2008, 2346, 2349 [42]): „Es reicht nicht aus, dass die Zitate in einer bloß äußerlichen, zusammenhangslosen Weise eingefügt und angehängt werden; vielmehr muss eine innere Verbindung mit den eigenen Gedanken hergestellt werden. Ein Zitat ist deshalb grundsätzlich nur zulässig, wenn es als Belegstelle oder Erörterungsgrundlage für selbstständige Ausführungen des Zitierenden erscheint."[30]

Wer also fremde, urheberrechtlich geschützte Werke – wie z. B. die Trainingsdaten von ChatGPT – in zulässiger Weise nach dem Zitatrecht des §51 UrhG nutzen möchte, muss sich eigene Gedanken machen. Denn die fremden, urheberrechtlich geschützten Werke müssen **Belegstelle** oder **Erörterungsgrundlage** für selbstständige Ausführungen des Zitierenden sein. Und hier liegt das Problem für die KI-Nutzer. Wer ein wissenschaftliches Thema – z. B. die Aufgabe einer Seminararbeit oder Ähnlichem – einfach bei einer generativen KI eingibt, der hat sich im Normalfall keine eigenen Gedanken gemacht und die verwendeten Trainingsdaten sind keine Belegstelle oder Erörterungsgrundlage für selbstständige Ausführungen des KI-Nutzers. Schließlich hat die KI die Ausarbeitung des Themas und damit der Ausführungen übernommen.

Allerdings könnte es einen Weg geben, dieses Problem zu lösen. Im Zweifel sind die Ausführungen, die ein KI-User von ChatGPT erhält, sowieso nicht ausführlich genug. Der erforderliche Seitenumfang für die entsprechende wissenschaftliche Arbeit wird beispielsweise durch das Ergebnis der KI üblicherweise nicht erreicht. Der Studierende, der eine wissenschaftliche Arbeit schreibt, könnte sich also eine kleinteilige, detaillierte Gliederung für sein wissenschaftliches Thema überlegen. Die entsprechenden Gliederungspunkte könnte er nun jeweils einzeln in die generative KI eingeben und entsprechend der erhaltenen KI-Antworten anpassen. Man könnte hier also von einem Interview sprechen. Es wird eben nur nicht ein Mensch interviewt, sondern eine KI. Könnte man so von eigenen Gedanken bzw. selbstständigen Ausführungen des Studierenden ausgehen?

---

[30] Diese Erläuterung des BGH zum zulässigen Zitatzweck wird von der Literatur größtenteils ebenso vertreten (vgl. z. B. Wirth, in: Eichelberger et al. 2022, §51 UrhG, Rz. 4; Dreier, in: Dreier und Schulze 2022, §51, Rz. 4; Peukert 2023, §25, Rz. 28).

Völlig abwegig scheint dieser Gedanke nicht zu sein. Das Amtsgericht (AG) Frankfurt am Main hatte in einem Fall zu entscheiden, ob der interviewende Journalist Urheber des Interviews ist. Dabei stellten die Frankfurter Richter fest: Bei Interviews ist derjenige der Urheber, der das Interview führt und nicht der, der die Antworten[31] gibt. „Denn die Antworten hängen zum ganz maßgeblichen Teil von der Gesprächsleitung, Gesprächsführung, Themenwahl und Kreativität des Fragestellers ab" (AG Frankfurt am Main, ZUM-RD 2006, 479, 480). Folgt man dieser Ansicht, scheint das oben beschriebene Vorgehen mit der durch den Studierenden angefertigten, detaillierten Gliederung und der daraus folgenden Befragung der KI durch den Studierenden mit entsprechenden Anpassungen aus der Befragung durchaus von eigenen Gedanken geprägt zu sein. Schließlich spricht das AG Frankfurt am Main bei einem Interview u.a. von Kreativität des Fragestellers. Kreativität impliziert eigene Gedanken und Ausführungen.[32] Kreativ ist eine Handlung, die sich u.a. als ungewöhnlich und originell beschreiben lässt (vgl. Peukert 2023, §6 Rz. 21).

Zumal der BGH in seiner Entscheidung „Exklusivinterview" feststellt: „Die Anwendung der Schutzschranke gemäß §51 UrhG setzt nicht voraus, dass sich der Zitierende in erheblichem Umfang mit dem übernommenen Werk auseinandersetzt" (BGH (Exklusivinterview), Leitsatz c)). Für das Vorliegen eines Zitatzwecks und damit die urheberrechtliche Privilegierung des Zitats sei maßgeblich, dass der Zitierende eine innere Verbindung mit dem fremden Werk herstelle. Für die Annahme einer inneren Verbindung reiche es aus, dass das fremde Werk als Erörterungsgrundlage für selbstständige Ausführungen des Zitierenden erscheine, so die Karlsruher Richter weiter (BGH (Exklusivinterview), Rz. 31).

Gegen diese Rechtsauffassung könnte argumentiert werden, dass es die Zitierfreiheit generell nicht erlaubt, die eigenen Äußerungen nur durch fremde Werke anzureichern und sich auf diesem Wege eigene Ausführungen zu ersparen (vgl. Peukert 2023, §25, Rz. 29 m.w.N.). Letztlich wird eine Bewertung hier also – wie so oft bei juristischen Sachverhalten – vom Einzelfall abhängen.

Zwischenergebnis: Die einfache Eingabe eines Themas in eine generative KI erfüllt die Voraussetzungen des Zitatrechts regelmäßig nicht, da es hier an eigenen Gedanken und selbstständigen Ausführungen fehlt.

---

[31] Zur urheberrechtlichen Schutzfähigkeit von Interviewäußerungen: vgl. Landgericht (LG) Hamburg, ZUM-RD 2011, 625; Landgericht (LG) Berlin, ZUM-RD 2012, 37.

[32] Der Duden beschreibt „kreativ" als schöpferisch, Ideen habend und diese gestalterisch verwirklichend. Und „Kreativität" wird als das Schöpferische; Schöpferkraft bezeichnet (Duden 1990, S. 436).

Anders könnte es zu bewerten sein, wenn sich Studierende oder Wissenschaftler ausführliche Gedanken zu einer detaillierten Gliederung machen, sich also quasi „Interviewfragen" für die generative KI überlegen und anschließend ihre Gliederung je nach den entsprechenden Ergebnissen der KI anpassen. Hier könnte man darüber nachdenken, ob das Zitatrecht des § 51 UrhG die Übernahme fremder, urheberrechtlich geschützter Werke rechtfertigt.[33]

3.3.2.2 Quellenangabe

Allerdings: „Damit von einem Zitat überhaupt die Rede sein kann, ist eine **Quellenangabe** gem. § 63 UrhG erforderlich" (Fechner 2023, 5. Kap., Rz. 94; ähnlich: Wirth, in: Eichelberger et al. 2022, § 51, Rz. 2). Und genau hier liegt das Problem für jeden Wissenschaftler. Die generative KI (vor allem ChatGPT) weist entweder keine, falsche oder frei erfundene Quellen für ihren Output aus.[34]

Mittels anderer Hilfsmittel könnten sich Studierende bzw. Wissenschaftler auf die Suche nach den von der KI verwendeten Quellen machen. Mit einem Plagscanner könnte man die Stellen identifizieren, die womöglich aus fremden urheberechtlich geschützten Werken stammen. Mit einer Internet-Suchmaschine dann die entsprechenden Internetquellen finden. Aber was ist mit Quellen aus Büchern, die nicht digitalisiert sind? Sind diese auch im Pool der Trainingsdaten und wurden vielleicht für den bei der KI angeforderten Output verwendet? Lassen sich diese Quellen zuverlässig finden? Obwohl es in der Zwischenzeit auch KI-Tools gibt, die bei der Suche nach Quellen helfen[35], bleibt hier ein gewisser Unsicherheitsfaktor.

Zwischenergebnis: Das Erfordernis des § 63 UrhG, im Rahmen eines Zitats stets die Quelle deutlich anzugeben, bedeutet für die Verwendung generativer KI im Rahmen wissenschaftlicher Arbeiten eine umfassende Recherche, woher bzw. aus welchen Quellen die entsprechenden Texte oder Textteile kommen.

Nebeneffekt: Der Lernprozess bei Studierenden, die eine generative KI für wissenschaftliches Arbeiten verwenden. Wer sich Fragen für die generative KI überlegt, um überhaupt in die „Nähe" einer zulässigen Nutzung nach § 51 UrhG zu kommen, der beschäftigt sich schon eingehend mit dem entsprechenden Thema. Geht der Studierende bzw. der Forschende dann noch auf die Suche nach den erforderlichen Quellen (Stichwort: § 63 UrhG), wird er sich noch eingehender mit seinem Thema beschäftigen und schließlich den gewünschten Lernerfolg aus

---

33 Sollten sich die Studierenden allerdings auch die detaillierte Gliederung von der KI erstellen lassen, fehlt es wieder an den eigenen Gedanken und Ausführungen und damit auch an der Zulässigkeit nach § 51 UrhG.

34 Siehe hierzu oben Punkt 2.3.2.

35 Beispielsweise Wisio.app. Siehe hierzu oben Punkt 1.2.2.

der wissenschaftlichen Arbeit erzielen. Neben neuem Wissen wird er bzw. sie so auch die kritische Bewertung von Quellen erlernen und so ein wesentliches Ziel eines Studiums erreichen. **Bei richtiger und vernünftiger Anwendung kann KI also zum Turbo für das wissenschaftliche Arbeiten werden!**

3.4 Bearbeitungen und Umgestaltungen

Eventuell bedarf es aber keiner Quellenangabe, wenn ein neues Werk geschaffen wird. §23 Abs. 1 UrhG enthält hierzu entsprechende Regelungen. Danach dürfen Bearbeitungen oder andere Umgestaltungen eines Werkes nur mit Zustimmung des Urhebers veröffentlicht oder verwertet werden (§23 Abs. 1 S. 1 UrhG). Wahrt das neu geschaffene Werk einen hinreichenden Abstand zum benutzten Werk, so liegt keine Bearbeitung oder Umgestaltung im Sinne des Satzes 1 vor (§23 Abs. 1 S. 2 UrhG). Ein Urheber muss es nach §23 Abs. 1 S. 2 UrhG also hinnehmen, dass sein Werk anderen Urhebern als **Anregung** dient, wenn der Abstand des in der Benutzung geschaffenen Werkes groß genug ist. Nicht jede Form der Anlehnung eines neuen Werkes an ein geschütztes älteres Werk greift somit in die Urheberrechte an diesem ein (Bullinger, in: Wandtke und Bullinger 2022, §23 UrhG, Rz. 24 m. w. N.).

Das Problem: §23 UrhG spricht von einem „neu geschaffenen Werk". Die Vorschrift setzt also voraus, dass ein neues Werk i. S. d. §2 Abs. 2 UrhG geschaffen wird (Peukert 2023, §22, Rz. 13). Es bestehen berechtigte Zweifel, ob das Ergebnis einer Ausarbeitung durch eine generative KI bzw. durch ChatGPT ein Werk im Sinne des Urheberrechts ist. Nach §2 Abs. 2 UrhG sind Werke im Sinne des Urheberrechts nur **persönliche geistige Schöpfungen**.

3.4.1 Persönliche Schöpfung

Von einer persönlichen Schöpfung wird nur gesprochen, wenn das Werk auf einer **menschlich-gestalterischen Tätigkeit** des Urhebers beruht (Fechner 2023, 5. Kap., Rz. 11). Was eine Maschine produziert oder was ein Programm bewirkt, mag vielleicht interessant und einmalig sein, ist aber nicht persönlich (Risch und Kerst 2011, S. 156 m. w. N.). Kurz gesagt: **Nicht schutzfähig** sind Erzeugnisse von Maschinen und damit sind auch maschinengenerierte Texte nicht urheberrechtlich geschützt (vgl. Peukert 2023, §6, Rz. 12). Texte von ChatGPT oder ähnlichen KI sind also keine persönliche Schöpfung und damit keine Werke im Sinne des Urheberrechts (vgl. Woerlein 2023, ZD-Aktuell

2023, 01205; Hoeren 2023b, MMR 2023, 81, 82; Welser 2023, GRUR-Prax 2023, 57, 58). § 23 Abs. 1 S. 2 UrhG lässt sich also auf sie nicht anwenden.

3.4.2 Juristisches Schlupfloch?

Aber gibt es nicht vielleicht doch ein juristisches Schlupfloch, um § 23 Abs. 1 S. 2 UrhG anzuwenden und damit KI-generierte Texte ohne Quellenangabe legal zu nutzen? Hoffnung machen Rehbinder und Peukert. Ihrer Auffassung nach könnte ein Werk im Sinne des Urheberrechts vorliegen, wenn sich ein Mensch einer Maschine, namentlich eines Computers und Software, bedient, um **seine persönlichen Gedanken und Gefühle** auszudrücken (vgl. Rehbinder und Peukert 2015, Rz. 211). Auch Woerlein sieht das ähnlich: An den Antworten bzw. dem sog. „Output" von ChatGPT könne grundsätzlich kein Urheberschutz im Sinne des UrhG entstehen. Selbiges gelte wohl auch für ein schlichtes Paraphrasieren des Outputs. „Etwas anderes dürfte erst dann gelten, wenn die KI von einem menschlichen Nutzer „konkrete Regieanweisungen" erhält oder der menschliche Urheber eines Textes ChatGPT lediglich als technisches Hilfsmittel einsetzt, er also die KI als reine Inspirationsquelle oder Diskussionspartnerin nutzt und den Output nicht unerheblich weiterentwickelt bzw. verändert" (Woerlein 2023, ZD-Aktuell 2023, 01205).

Folgt man diesen Ansichten, könnte man bei der Ausarbeitung, die von einer KI erstellt wurde, unter Umständen doch von einer persönlichen Schöpfung im Sinne des Urheberrechts ausgehen.

3.4.3 Geistige Schöpfung

Weiterhin muss die persönliche Leistung des Urhebers eine bestimmte **Schöpfungshöhe** erreichen (vgl. Fechner 2023, 5. Kap., Rz. 13). Allerdings stellen Rechtspraxis und herrschende Meinung hier keine hohen Anforderungen. Geschützt werden soll auch die sog. „kleine Münze" (vgl. Peukert 2023, § 6, Rz. 24). Für die Bestimmung der eigenen geistigen Schöpfung des Urhebers wird auf die Originalität abgestellt (vgl. Fechner 2023, 5. Kap., Rz. 13).

Gehen Studierende oder Wissenschaffende bei einer KI-Anwendung nach der oben unter Punkt 3.3.2.1 beschriebenen Art und Weise vor, so könnte man – je nach konkretem Einzelfall – von einer gewissen Originalität und damit von einer eigenen geistigen Schöpfung ausgehen. Die entsprechende Ausarbeitung könnte also die Kriterien eines Werkes im Sinne des Urheberrechts erfüllen.

3.4.4 Problem

§23 Abs. 1 S. 2 UrhG könnte also Anwendung finden. **Aber:** Hierfür müsste das neu geschaffene Werk, also die KI-Ausarbeitung, einen hinreichenden Abstand zum benutzten Werk wahren. Und hier tut sich wieder das schon beschriebene Problem auf: Der Nutzer einer KI weiß nicht genau, welche Quellen für die entsprechende Ausarbeitung von der generativen KI verwendet worden sind. So kann er auch nicht überprüfen, ob „seine" KI-Ausarbeitung einen hinreichenden Abstand zu den benutzten Werken wahrt. Er kennt diese ja nicht. Wie oben unter Punkt 3.3.2.2 bereits erwähnt ist hier eine umfassende Recherche erforderlich, aus welchen Quellen die entsprechenden Texte bzw. Textteile stammen.

Zwischenergebnis: Eine gewisse Unsicherheit hinsichtlich der Gefahr eines Plagiats bleibt.

3.5 Weitere urheberrechtliche Aspekte

Hinzuweisen ist in diesem Zusammenhang noch auf §13 UrhG. Danach hat der Urheber das Recht auf Anerkennung seiner Urheberschaft am Werk. Übernimmt ein Wissenschaftler also ein Werk eines anderen Urhebers, ohne diesen Urheber zu benennen, verletzt er unter Umständen §13 UrhG. Unter diesen Paragraphen, nämlich als Leugnung statt Anerkenntnis der Urheberschaft, können auch Plagiatsvorwürfe eingeordnet werden (Seifert/Wirth, in: Eichelberger et al. 2022, §13 UrhG, Rz. 6). Gerichte haben bei einer Verletzung des §13 UrhG den entsprechenden Urhebern schon **Schadensersatzansprüche** zugesprochen.[36]

Gem. §97 UrhG kommen neben Schadensersatzansprüchen auch Beseitigungs- und Unterlassungsansprüche in Betracht. Schließlich kann derjenige, der ein Plagiat begeht, auch gem. §106 UrhG **strafrechtlich** belangt werden (Ahlberg/Lauber-Rönsberg, in: Götting et al. 2023, §23 UrhG, Rz. 57).

3.6 Ergebnis Urheberrecht

Es gibt verschiedene Möglichkeiten und KI-Tools zur Quellenrecherche und damit zu einer aus urheberrechtlicher Sicht zulässigen Nutzung der KI. Es bleibt bei der Verwendung generativer KI derzeit aber eine gewisse Restunsicherheit hinsichtlich Urheberrechtsverletzungen bzw. Plagiaten.

---

[36] Siehe beispielsweise AG Frankfurt am Main, ZUM-RD 2006, 479 ff.

3.7 Datenschutzrechtliche Aspekte

Im Rahmen einer Anfrage an eine generative KI kann es auch zur Eingabe von Texten in das entsprechende Tool kommen. Dabei könnten auch **personenbezogene** bzw. **unternehmensbezogene Daten** durch die KI verarbeitet werden. Die italienische Datenschutzaufsichtsbehörde ging in diesem Zusammenhang Anfang 2023 einen ziemlich radikalen Weg und untersagte den Zugang zu ChatGPT (vgl. ZD-Aktuell 2023, 01168; DANA 2023a, S. 102, 103). Begründung: Es gebe keine geeignete Rechtsgrundlage für die Erhebung und Verarbeitung personenbezogener Daten. Zudem sei die konkrete Verwendung von Daten intransparent. In der Zwischenzeit ist ChatGPT in Italien[37] unter bestimmten Bedingungen wieder verfügbar (vgl. Woerlein 2023, ZD-Aktuell 2023, 01205).

3.7.1 Personenbezogene Daten

In empirischen wissenschaftlichen Arbeiten beispielsweise könnten personenbezogene Daten, die im Rahmen eines Interviews erhoben wurden, in eine generative KI gelangen, wenn die Studierenden bzw. die Wissenschaftler sich das Interview von der KI zusammenfassen lassen. Hier stellt sich also die Frage, ob eine solche Verarbeitung personenbezogener Daten zulässig ist.

Häufig ist in Vorlesungen zum Datenschutz zu hören, dass die entsprechende Materie trocken und durch die zahlreichen Bestimmungen in der Datenschutz-Grundverordnung (DSGVO) sehr umfangreich sei. Dabei lässt sich der Datenschutz, der künftig neben dem „Recht am eigenen Bild“ sicher zu den wichtigsten Allgemeinen Persönlichkeitsrechten gehört, über **vier grundlegende Regelungsgrundsätze** recht einfach erfassen. Diese vier Grundsätze galten schon vor Einführung der DSGVO (vgl. Kühling et al. 2011, S. 105 ff.) und wurden durch sie im Jahr 2018 noch weiter ergänzt (vgl. Kühling et al. 2021, Rz. 333 ff.):

---

[37] Neben der italienischen Datenschutzaufsichtsbehörde befassen sich auch die Aufsichtsbehörden in Kanada, in den USA, in Frankreich und in Spanien mit datenschutzrechtlichen Aspekten von ChatGPT (vgl. ZD-Aktuell 2023, 01168; DANA 2023b, S. 111).

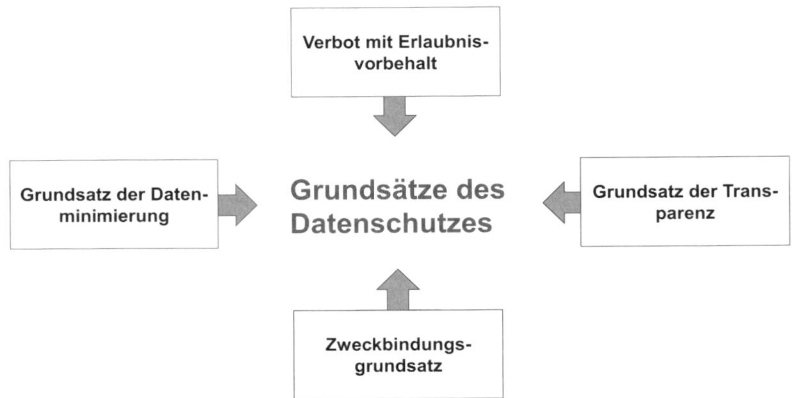

Abbildung 19: Die Grundsätze des Datenschutzrechts (Quelle: Eigene Darstellung).

3.7.1.1 Verbot mit Erlaubnisvorbehalt

Im deutschen Datenschutzrecht war schon vor der Einführung der DSGVO hinsichtlich der Erhebung, der Verarbeitung und der Nutzung personenbezogener Daten das „Verbot mit Erlaubnisvorbehalt" bekannt (vgl. Kühling et al. 2011, S. 106; Schantz, in: Wolff et al. 2021, Art. 5 DSGVO, Rz. 5; Pötters, in: Gola und Heckmann 2022, Art. 5 DSGVO, Rz. 7). Daraus ist durch die DSGVO das „Verbot mit Zulässigkeitstatbeständen" geworden. Danach ist die Verarbeitung personenbezogener Daten **grundsätzlich verboten**. Sie darf nur erfolgen, wenn die betroffene Person **einwilligt** oder ein **sonstiger gesetzlicher Zulässigkeitstatbestand** greift (vgl. Kühling et al. 2021, Rz. 334). Eine solche Zulässigkeit könnte sich aus Art. 6 DSGVO ergeben. Danach ist die Verarbeitung nur rechtmäßig, wenn mindestens eine der in Art. 6 DSGVO erwähnten Bedingungen erfüllt ist.

Für das oben erwähnte wissenschaftliche Interview, das in ChatGPT zur Zusammenfassung eingegeben wird, könnte man also überlegen, ob eine Einwilligung nach Art. 6 Abs. 1 lit. a DSGVO eine Verarbeitung erlaubt. Allerdings definiert Art. 4 Nr. 11 DSGVO, dass die Einwilligung der betroffenen Person **in informierter Weise** erfolgen muss. Denn nur eine betroffene Person, die alle entscheidungsrelevanten Informationen kennt, kann die entsprechenden Risiken und Vorteile der Einwilligung abschätzen und eine entsprechende Entscheidung treffen. Eine Einwilligung kann sich auch nur auf die Umstände beziehen, die bekannt sind. In eine unbestimmte Datenverwendung kann man nicht wirksam einwilligen (vgl. Kühling et al. 2021, Rz. 517). Da bisher aber niemand weiß, wie Daten bei ChatGPT oder anderen generativen KI verarbeitet werden, ist eine Einwilligung in informierter

Weise schwer möglich (ähnlich: Woerlein 2023, ZD-Aktuell 2023, 01205; Schürmann 2022, S. 316, 318).

Unter Umständen könnte im Rahmen von wissenschaftlicher Forschung noch eine Rechtmäßigkeit der Datenverarbeitung nach Art. 6 Abs. 1 lit. e oder lit. f DSGVO in Betracht kommen. Danach ist die Datenverarbeitung rechtmäßig, wenn die Verarbeitung für die Wahrnehmung einer Aufgabe erforderlich ist, die im öffentlichen Interesse liegt (Art. 6 Abs. 1 lit. e DSGVO) oder die Verarbeitung zur Wahrnehmung der berechtigten Interessen des Verantwortlichen oder eines Dritten erforderlich ist, sofern nicht die Interessen oder Grundrechte und Grundfreiheiten der betroffenen Person, die den Schutz personenbezogener Daten erfordern, überwiegen (Art. 6 Abs. 1 lit. f DSGVO).

Grundsätzlich könnte man argumentieren, dass wissenschaftliche Forschung, insbesondere medizinische Forschung, im öffentlichen Interesse oder im berechtigten Interesse des Verantwortlichen liegt. Zumal die Datenverarbeitung zu Forschungszwecken in der DSGVO an verschiedenen Stellen privilegiert wird und auch das Bundesdatenschutzgesetz (BDSG) Vorgaben für die Datenverarbeitung zu wissenschaftlichen Forschungszwecken in § 27 BDSG normiert (vgl. Kühling et al. 2021, Rz. 855, 858). Diese Privilegierungen und Vorgaben für wissenschaftliche Forschungen sind allerdings auf jeden Einzelfall gesondert anzuwenden. Außerdem ist im Rahmen von ChatGPT bzw. generativen KI-Anwendungen ein Aspekt nicht zu vernachlässigen: **„Aufgabe des Datenschutzrechts ist es, für jeden Einzelfall eine befriedigende Antwort zu liefern, ob konkret das Interesse der betroffenen Person am Schutz ihrer personenbezogenen Daten überwiegt oder Einschränkungen im Interesse des Gemeinwohls oder eines Dritten hinzunehmen sind“** (Kühling et al. 2021, Rz. 12). Da derzeit vor allem ChatGPT hinsichtlich der Datenverarbeitung noch eine Black Box[38] ist, dürfte bei einer entsprechenden Abwägung immer das Interesse der betroffenen Person vorrangig sein.

Zwischenergebnis: Eine rechtmäßige Verarbeitung personenbezogener Daten durch generative KI – vor allem durch ChatGPT – ist zur Zeit nicht ersichtlich.

3.7.1.2 Grundsatz der Transparenz

Ein weiterer Grundsatz, mit dem sich der Datenschutz leicht erfassen lässt, ist der Grundsatz der Transparenz. Laut Art. 5 Abs. 1 lit. a DSGVO müssen personenbezogene Daten in einer für die betroffene Person nachvollziehbaren Weise verarbeitet werden. Erwägungsgrund 39 der DSGVO führt dies weiter aus: Für natürliche Personen sollte Transparenz dahingehend bestehen, dass sie betreffende personenbezogene

[38] Siehe hierzu oben Punkt 2.3.9.

Daten erhoben, verwendet, eingesehen oder anderweitig verarbeitet werden und in welchem Umfang die personenbezogenen Daten verarbeitet werden und künftig noch verarbeitet werden. Der Grundsatz der Transparenz setzt voraus, dass alle Informationen und Mitteilungen zur Verarbeitung dieser personenbezogenen Daten **leicht zugänglich** und **verständlich** und **in klarer** und **einfacher Sprache** abgefasst sind. Dies ist erforderlich, um die Kontrolle über die eigenen personenbezogenen Daten zu behalten (vgl. Schantz, in: Wolff et al. 2021, Art. 5 DSGVO, Rz. 11). Denn ohne hinreichende Transparenz würde der Datenschutz leerlaufen, weil dem Betroffenen eventuelle Rechtsverstöße nicht bekannt wären und er seine Rechte nicht geltend machen könnte (vgl. Pötters, in: Gola und Heckmann 2022, Art. 5 DSGVO, Rz. 12).

Da eine entsprechende Transparenz hinsichtlich der Verarbeitung personenbezogener Daten bei generativen KI-Anwendungen bzw. bei ChatGPT derzeit nicht besteht, scheint ein Verstoß gegen den Grundsatz der Transparenz nicht ausgeschlossen (ähnlich: Mohn 2023, S. 538, 541; Schürmann 2022, S. 316, 318).

3.7.1.3 Zweckbindungsgrundsatz

Ein weiterer zentraler und seit jeher im deutschen Datenschutzrecht verankerter Grundsatz ist der Zweckbindungsgrundsatz (vgl. Kühling et al. 2021, Rz. 349; Kühling et al. 2011, S. 110). So müssen personenbezogene Daten für **festgelegte**, **eindeutige** und **legitime Zwecke** erhoben werden und dürfen nicht in einer mit diesen Zwecken nicht zu vereinbarenden Weise weiterverarbeitet werden (Art. 5 Abs. 1 lit. b DSGVO). Erwägungsgrund 39 der DSGVO konkretisiert, dass die bestimmten Zwecke zum Zeitpunkt der Erhebung der personenbezogenen Daten feststehen. Damit dient der Zweckbindungsgrundsatz der Überschaubarkeit und Kontrolle der Datenverarbeitung (vgl. Kühling et al. 2021, Rz. 349). Er wird deshalb auch als „Grundstein des Datenschutzrechts" bezeichnet (vgl. Schantz, in: Wolff et al. 2021, Art. 5 DSGVO, Rz. 12).

Da bisher unklar ist, wie und zu welchen Zwecken personenbezogene Daten im Rahmen von ChatGPT und Co. verarbeitet werden (vgl. Roßnagel, in: DANA 2023a, S. 102, 103), scheinen auch Zweifel hinsichtlich des Zweckbindungsgrundsatzes angebracht. Der Landesbeauftragte für den Datenschutz und die Informationsfreiheit Baden-Württemberg (LfDI)[39] ist auf das Unternehmen OpenAI zugegangen und hat es zur Stellungnahme zu dem von ihm betriebenen Dienst ChatGPT aufgefordert. Nach der DSGVO muss ein Anbieter von Leistungen, bei denen personenbezogene Daten verarbeitet werden, unter anderem er-

[39] Mit Fragenkatalogen zur Datenverarbeitung bei ChatGPT wurden auch die Datenschutzbeauftragten von Hessen und Rheinland-Pfalz aktiv (vgl. ZD-Aktuell 2023, 01168).

klären können, welche Daten wie und zu welchem Zweck verarbeitet werden, so der LfDI. Er lässt sich nun in einem datenschutzrechtlichen Aufsichtsverfahren die Verarbeitung von personenbezogenen Daten im Rahmen von ChatGPT erklären (vgl. LfDI Baden-Württemberg 2023, Pressemitteilung vom 24.04.2023). Ähnlich sieht das der Bundesbeauftragte für den Datenschutz und die Informationsfreiheit (BfDI). Nach dessen Auffassung ist es datenschutzrechtlich nicht möglich, öffentlich zugängliche Daten für alle Zwecke zu verarbeiten (vgl. ZD-Aktuell 2023, 01327).

3.7.1.4 Grundsatz der Datenminimierung

Aus dem früher bekannten Grundsatz der Datenvermeidung und Datensparsamkeit wurde mit der Einführung der DSGVO der Grundsatz der Datenminimierung (vgl. Pötters, in: Gola und Heckmann 2022, Art. 5 DSGVO, Rz. 22). So müssen personenbezogene Daten dem Zweck angemessen und erheblich sowie auf das für die Zwecke der Verarbeitung notwendige Maß beschränkt sein (Art. 5 Abs. 1 lit. c DSGVO). Demnach soll der Umgang mit personenbezogenen Daten so gestaltet werden, dass sie nur im **unbedingt erforderlichen Umfang** verarbeitet werden. Denn: Je mehr personenbezogene Daten verarbeitet werden, desto größer das potenzielle Risiko für die Privatsphäre der betroffenen Person (vgl. Kühling et al. 2021, Rz. 354).

Aufgrund des Black Box-Charakters[40] generativer KI sind auch hier Zweifel angebracht.

3.7.2 Ergebnis personenbezogene Daten

Die obigen Ausführungen und die unterschiedlichen Aktivitäten der verschiedenen Datenschutzbehörden zeigen die derzeitigen Zweifel an der rechtskonformen Verarbeitung personenbezogener Daten durch ChatGPT. Studierende und andere Forschende sollten also bei der Nutzung generativer KI (vor allem bei ChatGPT) im Rahmen ihrer Forschungsarbeiten darauf achten, keine personenbezogenen Daten[41] in diese KI-Tools einzugeben.

---

[40] Siehe hierzu oben Punkt 2.3.9.

[41] Nach Art. 4 Nr. 1 DSGVO sind personenbezogene Daten alle Informationen, die sich auf eine identifizierte oder identifizierbare natürliche Person beziehen; als identifizierbar wird eine natürliche Person angesehen, die direkt oder indirekt, insbesondere mittels Zuordnung zu einer Kennung wie einem Namen, zu einer Kennnummer, zu Standortdaten, zu einer Online-Kennung oder zu einem oder mehreren besonderen Merkmalen, die Ausdruck der physischen, physiologischen, genetischen, psychischen, wirtschaftlichen, kulturellen oder sozialen Identität dieser natürlichen Person sind, identifiziert werden kann.

3.7.3 Unternehmensbezogene Daten

Neben personenbezogenen könnten auch unternehmensbezogene Daten in eine generative KI gelangen. Gerade für Studierende, die während ihres Studiums bei einem Unternehmen angestellt sind (sog. duale Studierende), könnte dies problematisch sein. Bei ihnen ist es im Rahmen von wissenschaftlichen Arbeiten üblich, dass Praxisprobleme aus dem Alltag ihrer Unternehmen mit Hilfe wissenschaftlicher Methoden untersucht werden. Dabei finden oft unternehmensinterne Dokumente und Daten Anwendung. Deshalb sind diese Arbeiten regelmäßig **mit Vertraulichkeitsvermerken** versehen. Der Inhalt dieser Arbeiten darf dann weder als Ganzes noch in Auszügen Personen außerhalb des Prüfungsprozesses und des Evaluationsverfahrens zugänglich gemacht werden, sofern keine anderslautende Genehmigung der Ausbildungsstätte vorliegt (vgl. Verbindliche Richtlinien 2019, S. 1).

Aber auch andere Forschende, die mit firmenspezifischen Daten operieren, sind von dieser Problematik betroffen. Etwa weil sie entsprechende **(Arbeits-) Verträge** unterschrieben haben. Hier ist höchste Vorsicht beim Umgang mit generativen KI geboten, da die Gefahr der Preisgabe von schützenswerten Geschäftsgeheimnissen besteht, wenn diese der KI mitgeteilt werden (vgl. DANA 2023b, S. 111). Kritisch und rechtlich problematisch: Wenn eine öffentlich zugängliche und selbstlernende KI wie ChatGPT verwendet wird, die gestellte Fragen und Antworten speichert, um in künftigen vergleichbaren Anfragen bessere Ergebnisse zu erstellen (vgl. Kalbfus und Schöberle 2023, S. 251, 252).

Zwar findet in solchen Fällen die DSGVO keine Anwendung. Denn gem. Art. 4 Nr. 1 DSGVO sind nur Angaben über natürliche Personen personenbezogene Daten, womit Angaben über juristische Personen nicht unter diesen Begriff und damit nicht in den Schutz der DSGVO fallen (vgl. Gola, in: Gola und Heckmann 2022, Art. 2 DSGVO, Rz. 16; ähnlich: Klabunde, in: Ehmann und Selmayr 2018, Art. 4 DSGVO, Rz. 14; Kühling et al. 2021, Rz. 259). Das bedeutet jedoch nicht, dass entsprechende Verstöße gegen die Vertraulichkeit, etwa durch Eingabe in eine generative KI, folgenlos bleiben. Im Gegenteil.

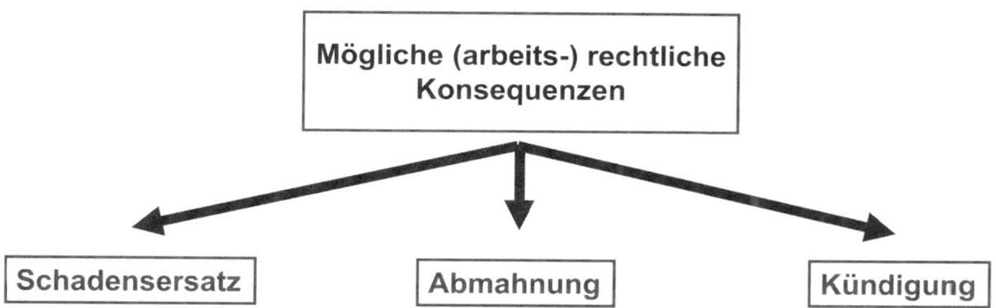

Abbildung 20: Mögliche Konsequenzen bei firmenspezifischen Daten (Quelle: Eigene Darstellung nach Kreitner, in: Küttner 2023, Geschäftsgeheimnis, Rz. 12).

In solchen Fällen drohen **arbeitsrechtliche Konsequenzen**. In Bezug auf Geschäftsgeheimnisse besteht für Arbeitnehmer nämlich regelmäßig die Pflicht zur Verschwiegenheit gegenüber Dritten. Diese Pflicht wird durch die arbeitsvertragliche Treuepflicht und / oder besondere Vereinbarungen in (Arbeits-) Verträgen begründet (vgl. Kreitner, in: Küttner 2023, Geschäftsgeheimnis, Rz. 6 f.). Die Rechtsfolgen von Verstößen des Arbeitnehmers gegen die Verpflichtung zum Geheimnisschutz reichen von **Schadensersatzansprüchen** des Arbeitgebers über eine **Abmahnung** bis zur **Kündigung** durch den Arbeitgeber (vgl. Kreitner, in: Küttner 2023, Geschäftsgeheimnis, Rz. 12).

Ein weiterer interessanter Aspekt in diesem Zusammenhang: Verstößt ein Arbeitnehmer (z. B. aus Bequemlichkeit) bewusst gegen ein Verbot des Arbeitgebers, eine generative KI bei der Arbeit zu nutzen, und wird so beim Arbeitgeber die unzutreffende Annahme hervorgerufen, der Arbeitnehmer habe die Arbeitsaufgabe selbst erledigt, kann dies ebenfalls zu den bereits beschriebenen arbeitsrechtlichen Maßnahmen führen (vgl. Mohn 2023, S. 538).

3.7.4 Ergebnis unternehmensbezogene Daten

Gerade duale Studierende, die während ihres Studiums bei einem Unternehmen angestellt sind, aber auch andere Forschende sollten bei der Eingabe von firmenspezifischen Daten in eine generative KI gründlich prüfen, ob dabei die Gefahr der Preisgabe von schützenswerten Geschäftsgeheimnissen besteht. Ansonsten drohen **arbeitsrechtliche** oder **vertragsrechtliche Konsequenzen**.

4 Nutzung der KI für die wissenschaftliche Arbeit

Wenn Sie die KI im Rahmen einer wissenschaftlichen Arbeit nutzen, dann wollen Sie auf der einen Seite deren Potentiale heben, auf der anderen Seite möchten Sie sich aber kein Fehlverhalten vorwerfen lassen. Sie wollen sich insbesondere keinem der nachfolgenden Vorwürfe aussetzen:

- **Plagiat:** Wenn Sie fremdes Gedankengut übernehmen, dann müssen Sie die Quelle kenntlich machen. Ansonsten wird man Ihnen vorwerfen, dass Sie sich fremde geistige Leistungen anmaßen[42].
- **Urheberrechtsverletzung:** Wenn Sie einen urheberrechtlich geschützten Text wortgetreu wiedergeben, dann stellt dies eine Vervielfältigung (§ 16 UrhG) dar. Vorbehaltlich des Eingreifens von Schranken verletzen Sie daher Urheberrechte (Reinholz und Berlage 2023). Eine dieser Schrankenregelungen ist das Zitieren, weshalb dieses bei einer wissenschaftlichen Arbeit auch ohne Einverständnis des Autors erlaubt ist (urheberrecht.de 2023)[43].
- **Schummeln:** Zu den vielfältigen Formen des Schummelns gehört, Hilfsmittel anzuwenden, die nicht erlaubt sind oder diese in einer unerlaubten Form zu verwenden. Wird bei einer Prüfung beispielsweise die generative KI zum Erzeugen von synthetischen Daten erlaubt, nicht jedoch zur Generierung von Texten, dann wäre letzteres ein unerlaubter Einsatz.
- **Datenschutz-Verletzungen:** Wenn Sie personenbezogene Daten in ein KI-Tool eingeben, ohne dafür ausdrücklich befugt zu sein, dann stellt dies eine Datenschutz-Verletzung dar (Huber 2023). Gleiches gilt, wenn Ihr Prompt sensitive Daten beinhaltet, die auf eine Person bezogen werden können (Huber 2023). Dies könnte beispielsweise bei der qualitativen Analyse von Beschwerdeemails oder von Interviews mit Hilfe der generativen KI der Fall sein[44].
- **Weitergabe von unternehmensinternen Daten / Firmengeheimnissen:** In der Vergangenheit sind verschiedene Fälle publik geworden, in denen unternehmensinterne Daten an die Öffentlichkeit gelangten, da Mitarbeiter*innen diese in ChatGPT eingegeben haben. Sollten Sie unsicher sein, wie ein KI-Tool Ihre Eingaben nutzt, dann gehen

---

42 Siehe hierzu Einleitung Kapitel 3.

43 Siehe hierzu ausführlich oben Punkt 3.3.

44 Siehe hierzu ausführlich oben Punkt 3.7.1.

Sie lieber auf Nummer sicher und achten Sie darauf, dass im Prompt keine unternehmensinternen Daten enthalten sind[45].

- **Verstöße gegen die wissenschaftliche Integrität:** Auch wenn die Liste möglicher Vorwürfe schon ziemlich lang geworden ist, gibt es noch eine Vielzahl weiterer unangemessener Verhaltensweisen. Wird beispielsweise ChatGPT als Quelle angegeben, die Inhalte wurden jedoch von der KI halluziniert und haben keinen Bezug zur Realität, dann müssen Sie die Verantwortung dafür tragen. Denn Inhalte von ChatGPT zu übernehmen, ohne diese vorher zu verifizieren, lässt sich kaum mit der wissenschaftlichen Integrität vereinbaren. Die wissenschaftliche Integrität besteht aus zwei zentralen Aspekten:
  - Auf der einen Seite steht dieses Konzept für eine Reihe von Praktiken. Zu diesen zählen unter anderem die eigenständige Erstellung originärer Arbeiten, die transparente Dokumentation der verwendeten Quellen sowie die Einhaltung von Normen für akademisches Verhalten im Hinblick auf akademische Belohnungen (Cojocariu und Mareş 2022). Konkretisiert werden die Praktiken durch die Grundsätze des guten wissenschaftlichen Arbeitens (siehe Kap. 4.1).
  - Auf der anderen Seite steht die wissenschaftliche Integrität für ein Set verschiedener Werte: Ehrlichkeit, Vertrauen, Fairness, Respekt, Verantwortung und Mut (Cojocariu und Mareş 2022).

Welches Verhalten mit der wissenschaftlichen Integrität vereinbar ist, ist vom Kontext abhängig. Wenn das Ziel einer Lehrveranstaltung darin besteht, das Rechnen zu lernen, dann ist die Verwendung eines Taschenrechners ein unehrliches Verhalten. Denn durch die Lehrveranstaltung sollen in diesem Fall Kompetenzen im Bereich des Rechnens erworben werden. Durch die Nutzung eines Taschenrechners würde damit nicht der Nachweis erbracht werden, dass die Rechenkompetenzen erworben wurden. Ebenso verhält es sich mit der KI. In Abhängigkeit der Lern- / Kompetenzziele einer Lehrveranstaltung sowie der zugelassenen Hilfsmittel wird man auch hier beurteilen, ob die Verwendung von KI-Tools erlaubt ist oder ein unehrliches Verhalten darstellt. Prüfen Sie daher immer, welche Lern- / Kompetenzziele eine Lehrveranstaltung verfolgt und ob die Verwendung der KI das Erreichen und den Nachweis der Ziele untergräbt. Bedenken Sie dabei auch, dass der Zweck einer Prüfung im Nachweis besteht, dass die Lern- / Kompetenzziele erreicht wurden. Zertifikate, die von einer Bildungseinrichtung vergeben werden, sind insbesondere daher wertvoll, als die Arbeitgeber diesen vertrauen. Jedes unehrliche Verhalten geht mit der Gefahr einer Schädigung dieses Vertrauens einher.

---

[45] Siehe hierzu ausführlich oben Punkt 3.7.3.

Die Erlaubnis der Verwendung von KI-Tools ist auf der anderen Seite aber auch kein Freifahrtschein nach dem Motto „Anything goes".

4.1 Grundsätze des guten wissenschaftlichen Arbeitens

Ein wesentliches Element der wissenschaftlichen Integrität bilden eine Reihe von Praktiken, die durch die Grundsätze des guten wissenschaftlichen Arbeitens konkretisiert werden. Die Deutsche Forschungsgemeinschaft hat hierzu einen Codex entwickelt, der verschiedene Leitlinien aufzeigt. Zu den Grundsätzen zählen unter anderem (Deutsche Forschungsgemeinschaft e. V. 2022):

- **Autorenschaft:** Die Anerkennung einer eigenen Autorenschaft erfordert genuine, nachvollziehbare eigene Beiträge mit einer ausreichenden Schöpfungshöhe[46].
- Das **Ehrlichkeitsgebot**. Dieses beinhaltet:
  - Eigene Beiträge von denjenigen strikt abzugrenzen, die von anderen übernommen wurden.
  - Ergebnisse selbst anzuzweifeln.
  - Den Diskurs zuzulassen und zu fördern.
- **Phasenübergreifende Qualitätssicherung:** In allen Phasen des Projektes gilt es, die Qualität zu sichern. Ein wesentliches Fundament dafür ist, dass fachspezifische Standards eingehalten und etablierte Methoden genutzt werden.
- **Forschungsdesign:** Die bisherige Forschung ist bei der Planung des Designs umfassend zu berücksichtigen, was eine sorgfältige Literaturrecherche bedingt.
- **Berücksichtigung rechtlicher und ethischer Rahmenbedingungen:** Neben der Berücksichtigung von gesetzlichen und vertraglichen Vorgaben umfasst dies auch ethische Überlegungen.
- **Methoden und Standards:** Zur Anwendung kommen wissenschaftlich fundierte und nachvollziehbare Methoden. Besteht das Ziel in der Entwicklung neuer Methoden, ergeben sich besonders hohe Ansprüche an die Qualitätssicherung.
- **Transparenzgebot:** Die Dokumentation zielt insb. darauf ab, die Ergebnisse sowie das methodische Vorgehen nachvollziehbar und bewertbar zu machen. Zudem sollten andere Forschende möglichst in der Lage sein, das Vorgehen zu replizieren.

---

[46] Siehe hierzu ausführlich oben Punkt 3.4 und Abbildung 18.

Auf Basis der Grundsätze des guten wissenschaftlichen Arbeitens lassen sich verschiedene Ableitungen bzgl. der Verwendung von KI-Tools treffen. Diese werden im Folgenden ausgeführt.

4.2 Umfang der Nutzung

Lin weist darauf hin, dass der Umfang der Nutzung ein wichtiger Maßstab ist (Lin 2023). So ist beispielsweise die Nutzung von ChatGPT als Lektor bzw. zur Korrektur von sprachlichen Fehlern etwas ganz anderes, als durch den Dienst einen ganzen Absatz schreiben zu lassen und diesen dann zu kopieren (Lin 2023). Während die erste Aufgabe vielfach auch von universitären Schreibzentren angeboten wird, ist Letzteres schlichtweg ein Plagiat (Lin 2023). Derzeit mangelt es jedoch an einer roten Linie, die eine akzeptable Nutzung von einer unerlaubten Hilfe unterscheidet (Lin 2023).

In der Konsequenz hat die zunehmende Verbreitung der KI es notwendig gemacht, die geistige Eigenleistung noch klarer zu definieren, als dies früher der Fall war. Dabei ist die geistige Eigenleistung nicht mit dem Arbeitsaufwand gleichzusetzen. Die geistige Eigenleistung kann hoch sein, obwohl nur wenig Zeit für die Arbeit aufgewendet wurde. Gleichzeitig führt ein hoher Arbeitsaufwand nicht zwingend zu einer hohen geistigen Eigenleistung (beispielsweise, weil die Verarbeitungstiefe der Arbeit nur gering ist). Die Eigenleistung bemisst sich daran, was Sie originär mit Ihrer Arbeit geleistet haben. Dies können beispielsweise neue Erkenntnisse sein, eine neue methodische Vorgehensweise, die Entwicklung einer neuen Perspektive, das Erstellen eines Konzeptes, ein systematischer Überblick über den aktuellen Forschungsstand oder die Entwicklung einer neuen Anwendung. Im Kern geht es also darum, was Sie einem Gebiet hinzugefügt haben, was vorher noch nicht existierte.

Besonders problematisch wird die Nutzung der KI dann, wenn die geistige Eigenleistung gering ist. Dann wird sich aus Sicht des Begutachtenden die Frage stellen, für welche Leistung überhaupt Punkte vergeben werden sollen. Je höher die geistige Eigenleistung ausfällt, umso eher wird die Voraussetzung geschaffen, dass der Einsatz der KI durch die Begutachtenden akzeptiert wird. Man kann vermuten, dass bei einer hohen und klar erkennbaren geistigen Eigenleistung ein wachsender Spielraum für die Nutzung der KI geschaffen wird. Ob dies im Einzelfall gilt, sollten Sie in jedem Fall mit Ihrer Betreuerin / Ihrem Betreuer abstimmen.

Neben dem Umfang des Einsatzes und dessen Relation zur geistigen Eigenleistung ist die Akzeptanz der Nutzung durch die Begutachtenden zudem davon abhängig, wofür bzw. in welcher Form der Einsatz erfolgte und inwiefern dies die Qualität der Arbeit beeinflusst hat. Eine Akzeptanz wird die Nutzung von KI-Tools eher dann finden, wenn deren Einsatz bessere Ergebnisse erzeugt als alternative Möglichkeiten. Zum jetzigen Zeitpunkt ist im Kontext einer empirischen wissenschaftlichen Arbeit die KI dem Menschen bei den meisten Aufgaben noch unterlegen (Poynter 2023). Da eine wissenschaftliche Arbeit auf eine hohe Qualität abzielt, sollten Sie daher genau abwägen, in welcher Form Sie die KI bei Ihrer wissenschaftlichen Arbeit einsetzen.

Ebenso ist natürlich auch genau der gegenteilige Fall denkbar, dass durch die Verwendung der KI die Arbeit zu besseren Ergebnissen gelangen kann. Ein Beispiel dafür wurde im Kapitel 1.1 mit einem KI-basierten Bier-Empfehlungssystem bereits genannt. Mit der wachsenden Leistungsfähigkeit der KI kann damit der Fall auftreten, dass Sie eine gute Begründung aufbauen müssen, wenn Sie die KI nicht einsetzen. Das wäre beispielsweise dann der Fall, wenn Sie ein Regelbasiertes Bier-Empfehlungssystem entwickeln würden.

Die Ausführungen haben hoffentlich deutlich gemacht, dass quantitative und qualitative Aspekte nicht getrennt werden können. Achten Sie insbesondere darauf, dass durch den Einsatz der KI Ihre Eigenleistung nicht verwässert wird. Ansonsten kann es Ihnen passieren, dass Sie zwar einen hohen eigenen Beitrag erbracht haben, diese Leistung jedoch nicht Ihnen, sondern der KI zugeschrieben wird.

4.3 Kritisches Denken

Die zweite Ableitung aus den Grundsätzen des guten wissenschaftlichen Arbeitens ist die Notwendigkeit eines kritischen Denkens. Liest man die von der KI generierten Texte, dann wird die Notwendigkeit dazu vermutlich nicht offensichtlich sein. Die Texte sind gewöhnlich sprachlich glattpoliert und schön verpackt. Das suggeriert uns Qualität. Wenn jemand gut reden kann, dann spricht das entweder für hohe Kompetenz oder für viel Mühe und in vielen Fällen auch für beides. Dieser gelernte Zusammenhang mag ein Trugschluss sein.

Die generative KI kann fabulieren, Fake Informationen verbreiten, die Daten können verzerrt sein, sie können soziale Gruppen diskriminieren oder der Dienst kann eine Frage falsch verstehen, beispielsweise, weil dieser einen anderen Kontext unterstellt. Daher ist ein kritisches Denken notwendig. Wichtig ist dabei, den Output nicht einfach unreflektiert zu übernehmen. Die generative KI ersetzt nicht eigene

Überlegungen und Reflektionen. Aussagen sollten stattdessen hinterfragt werden. Regelmäßig setzt dieses Hinterfragen von Aussagen eigenes Wissen bzw. eigene Kompetenzen voraus. Daher ersetzt die KI weder die Aneignung von Wissen noch den Aufbau von Kompetenzen (Mhlanga 2023). Wer beispielsweise mit den Anforderungen an eine Forschungsfrage nicht vertraut ist, wird kaum die Qualität der Empfehlungen von ChatGPT & Co. einschätzen können. Wer nicht die Tendenz kennt, dass die Forschungsfrage häufig zu breit formuliert wird, und sich der negativen Folgen davon nicht bewusst ist, wird kaum die notwendige Sensibilität besitzen, um kritisch den Output der generativen KI zu reflektieren. Ein wesentlicher Bestandteil des kritischen Denkens ist es, die Aussagen mit dem eigenen Wissen und Standpunkten zu konfrontieren und diese auf Evidenzen hin zu prüfen.

Rutherford stellt eine Verbindung zwischen der Qualität des Denkens und dem Stellen von relevanten, bedeutsamen und notwendigen Fragen her (Rutherford 2018). Das kritische Denken ist ein zielorientiertes, reflektiertes Denken, das die entscheidenden Fragen in den Vordergrund rückt. Nachfolgend finden sich daher eine Reihe von Leitfragen, die auf ein kritisches Denken im Kontext der Nutzung von KI-Tools abzielen:

1. **Prüfung von Aussagen**
   - Liegen zu den Aussagen belastbare Evidenzen vor?
   - Werden die Aussagen durch andere (belastbare) Quellen bestätigt?
   - Gibt es Gründe, die gegen eine Aussage sprechen?
   - Werden zu den Aussagen Quellen angegeben?
   - Sind die Quellen existent?
   - Finden sich in den Quellen die Aussagen?
   - Können die Aussagen einer Konfrontation mit anderen Aussagen bzw. dem eigenem Wissen Stand halten?
   - Welche Annahmen liegen den Aussagen zugrunde?
   - Sind diese Annahmen wahr?
   - Werden die Schlussfolgerungen logisch aus den Prämissen abgeleitet?
   - Gelten die Aussagen auch für den spezifischen Kontext?
   - Falls es sich um Zahlen, Daten bzw. Fakten handelt: Sind diese aktuell? Wer hat diese erhoben? Warum? Sind diese konsistent mit anderen Studien? Wie wurde bei der Erhebung methodisch vorgegangen?

2. **Verständnis**
   - Was sind die zentralen Aussagen des Outputs?
   - Was ist (wirklich) gemeint?
3. **Hinterfragen von Aussagen**
   - Wie sind die Aussagen zustande gekommen?
   - Welche Perspektive liegt den Aussagen zugrunde?
   - Was wurde nicht gesagt?
4. **Weiterdenken**
   - Welche Schlussfolgerungen ergeben sich, wenn man die Aussagen weiterdenkt?
5. **Alternativen erkunden**
   - Gibt es andere Möglichkeiten?
   - Was spricht für diese?
   - Welche Gründe sprechen gegen diese?
6. **Integration in die eigene Argumentation**
   - Wie lassen sich die Aussagen in die eigene Argumentation einbetten?

Die oben genannten Fragen sind lediglich Leitfragen. In Abhängigkeit des Kontextes sowie der Zielsetzung sind weitere Fragen relevant.

4.4 Maximale Transparenz bzgl. der Verwendung von KI-Tools

Die Verwendung der KI im Rahmen des wissenschaftlichen Arbeitens hat vielfach Bedenken aufgeworfen, ob diese aufgrund ihres mangels an Transparenz überhaupt reproduzierbar ist (Bail 2023). Da die Anbieter auf diesem Wachstumsmarkt die Funktionsweise der eigenen Systeme nicht dem Wettbewerb offenlegen wollen, nehmen die KI-Tools aus User-Sicht zumeist die Gestalt einer Black-Box an. Da gleichzeitig der Output bei gleichem Input mehr oder minder große Variationen aufweist, ist die Transparenz, wie die Outputs entstehen und auf welchen Quellen diese basieren, stark eingeschränkt. Zudem leidet die Reproduzierbarkeit einer Studie. Diese Bedenken sollte man sehr ernst nehmen, denn in der wissenschaftlichen Forschung baut eine wissenschaftliche Arbeit auf den vorausgegangenen Studien auf. Studien, die nicht oder eingeschränkt reproduzierbar sind, lassen sich womöglich nicht oder nur schwer überprüfen. Niemand möchte irgendwann feststellen müssen, dass die eigene Arbeit auf einer Studie basiert, die falsche Ergebnisse produziert hat.

Aus diesem Grund sollten die wesentlichen Entscheidungen bzgl. des Designs Ihrer Arbeit durch eine ausführliche Literaturrecherche fundiert werden. Zudem sollten Sie dem Transparenzgebot besondere Aufmerksamkeit widmen. Konkret bedeutet dies, dass im Falle der Nutzung von KI-Tools bei der Erstellung einer wissenschaftlichen Arbeit dies auch transparent gemacht wird (Lin 2023). Denn im Bereich des wissenschaftlichen Arbeitens muss nachvollziehbar sein, welche Gedanken übernommen wurden und wo die geistige Eigenleistung liegt (Hoeren 2023a). Je genauer Sie den Einsatz der KI beschreiben, desto eher vermeiden Sie Unklarheiten und etwaige Missverständnisse bzgl. Ihrer eigenen und der durch die KI erzeugten Leistung. Im Zweifel sollte die Dokumentation lieber ausführlicher als nötig sein.

Um die Transparenz sicherzustellen, sollten Sie die nachfolgenden Punkte in Ihrer Arbeit erläutern:

- Information, welche KI-Tools in der Arbeit verwendet wurden.
- Hinweis, in welcher Form die Nutzung stattfand.
- Beschreibung, wie die Integration der durch KI erzeugten Ergebnisse in die Arbeit erfolgte. Fand z. B. eine Verifizierung der durch die generative KI erzeugten Aussagen statt?
- Mitunter ist auch eine Angabe sinnvoll, in welcher Phase der wissenschaftlichen Arbeit der Einsatz stattfand. So könnte beispielsweise ein Hinweis darauf erfolgen, dass die generative KI ausschließlich in der Konzeptionsphase verwendet wurde.

Wenn Sie ein KI-Tool in Ihrer Arbeit verwenden, dann dokumentieren Sie dessen Einsatz möglichst lückenlos. Sollten Sie beispielsweise ein generatives KI-Tool nutzen, dann geben Sie an, welche Prompts sie zu welchen Zwecken verwendet haben und wie der Output in der Arbeit verwertet wurde.

Neben einer positiven Abgrenzung, wofür die KI verwendet wurde, ist vielfach auch eine Beschreibung sinnvoll, wofür die KI nicht eingesetzt wurde. So könnte bei der Dokumentation beispielsweise darauf Bezug genommen werden, dass die KI lediglich für eine qualitative Datenanalyse genutzt ansonsten jedoch auf deren Einsatz verzichtet wurde.

Sollten Sie Texte der generativen KI in Ihre Arbeit übernehmen, dann machen Sie dies durch eine entsprechende Fußnote kenntlich. In der Fußnote reicht der Hinweis auf das KI-Tool bzw. dessen Anbieter nicht aus. Geben Sie vielmehr in der Fußnote auch den genutzten Prompt an. Gegebenenfalls kann es sinnvoll sein, von den Outputs einen Screenshot zu erstellen und diesen in den Anhang aufzunehmen.

Beispiel:

ChatGPT wurde im Rahmen dieser empirischen Arbeit zur Durchführung einer Stimmungsanalyse eingesetzt. Die Aufgabe von ChatGPT bestand darin, die erhobenen Rezensionen von ehemaligen Studierenden bzgl. ihres Studiums an der DHBW auf einer zehnstufigen Skala (von 1 = sehr negativ bis 10 = sehr positiv) zu verorten. Zu diesem Zweck wurden die 243 Rezensionen entsprechend des nachfolgenden schematischen Prompts ausgewertet: „Rate the sentiment in the following review on a scale of 1 to 10, where 1 is very negative and 10 is very positive: <Rezension>". Für jede Rezension wurde zwei Mal eine Bewertung durchgeführt. Anschließend wurde der Datensatz um die beiden Bewertungen ergänzt.

ChatGPT (OpenAI; GPT-3.5), Prompt: „Welche Modelle gibt es, mit denen man ein Omni Channel Marketing Konzept erstellen kann?", 15. September 2023, Screenshot: siehe Anhang 1.

In vielen Fällen lässt sich die Verwendung der KI nicht sinnvoll einzelnen Aussagen der Arbeit zuordnen. Werden beispielsweise KI-Tools zur Kontrolle von Rechtschreibung und Grammatik sowie zur sprachlichen Verbesserungen genutzt, dann können davon einzelne Sätze, ganze Abschnitte oder auch die komplette Arbeit betroffen sein. In den letzten beiden Fällen macht es wenig Sinn, die Verwendung der KI in einer Fußnote zu dokumentieren. Vielmehr bietet es sich an, die Dokumentation der KI in einem eigenen Abschnitt zu beschreiben.

Beispiel:

Im Rahmen dieser Arbeit wurde DeepL Write zur Kontrolle von Rechtschreibung und Grammatik sowie zur sprachlichen Verbesserung über alle Kapitel hinweg genutzt. Die Autorin/der Autor ist sich bewusst, dass sich durch die Verwendung von DeepL Write Bedeutungsgehalte der Texte verändern können. Alle Verbesserungsvorschläge von DeepL Write wurden daher daraufhin geprüft, dass der Bedeutungsgehalt der Aussagen erhalten bleibt.

4.5 Gerechtigkeitsempfinden / persönliche Entwicklung

Wir Menschen haben ein ausgeprägtes Gerechtigkeitsempfinden, das vermutlich genetisch bedingt ist und wir uns daher mit anderen Primaten teilen (Rettinger und Bertram Gallant 2022). So bewarf ein Kapuzineräffchen in einer wissenschaftlichen Studie den Leiter eines Experiments mit Gurken, nachdem dieses beobachtet hatte, dass ein anderes Äffchen bei der Essensvergabe bevorzugt wurde (Rettinger und Bertram Gallant 2022). Bei der Nutzung der KI sollten Sie daher auf Ihr Gefühl hören. Wenn sich irgendetwas falsch anfühlt, dann ist es dies vermutlich auch.

Ihr Gerechtigkeitsempfinden hat mit Sicherheit schon bei der ein oder anderen Prüfung angeschlagen. Bestimmt fanden Sie eine Prüfung schon einmal als unfair, weil Sie aus Ihrer Sicht nicht richtig auf die Prüfung vorbereitet wurden, die Prüfung viel zu schwer war, andere Studierende für dieselbe Antwort Punkte erhielten und Sie nicht, die Aufgaben in der Prüfung missverständlich formuliert waren und der Stoffumfang bzw. Lernaufwand im Vergleich zu anderen Prüfungen erheblich größer war. Sie wollen gerecht behandelt werden und Sie wollen, dass alle Prüfungsteilnehmenden nach demselben Schema bewertet werden. Niemand kann ein Interesse daran haben, dass die Bewertung nicht fair erfolgt. Denn unfaire Bewertungen durch die Dozierenden schädigen die Motivation der Studierenden und unfaire Praktiken durch die Studierenden untergraben die Bildungseinrichtung, die durch Schummeln und Co. zu einer Zertifikatsdruckmaschine verkommt.

Dies führt zu der Frage, warum das Phänomen akademisches Fehlverhalten überhaupt existiert. Darauf gibt es eine einfache Antwort. Das Fehlverhalten hat sich in der Evolution als eine Strategie zum Überleben entwickelt (Rettinger und Bertram Gallant 2022). Daher traf Bertolt Brecht mit dem Spruch „Erst kommt das Fressen, dann kommt die Moral" einen sensiblen Punkt. Anders ausgedrückt hat die akademische Integrität bestimmte Voraussetzungen und ist ein akademisches Fehlverhalten vom jeweiligen Kontext abhängig.

Im Kontext der Nutzung von KI-Tools sollten Sie sich bewusst sein, dass die Hemmschwelle für ein akademisches Fehlverhalten besonders niedrig ist. Warum das so ist, wird deutlich, wenn wir den Blick auf ein ganz anderes Feld werfen: In der modernen Kriegsführung sitzen die Drohnenpiloten oft tausende von Kilometern vom Einsatz entfernt in Bunkern. Dies hat eine Diskussion entfacht, ob derartige Waffensysteme nicht mit einer sinkenden Hemmschwelle zum Töten per Joystick einhergehenden. Der entscheidende Punkt dieses Exkurses ist, dass es einen Zusammenhang zwischen den genutzten Systemen und dem moralischen Verhalten gibt.

Die KI-Nutzung senkt die eigene Hemmschwelle für ein akademisches Fehlverhalten. Dies wird zukünftig noch deutlich stärker der Fall sein, als es das heute schon ist. Wenn Microsoft, Google und Co. deren Office-Produkte um generative KI-Funktionen ergänzen, dann wird in naher Zukunft die Formulierung von Texten automatisch verbessert, werden Rechtschreib- und Grammatikfehler ungefragt korrigiert und werden zu dem begonnenem Text Vorschläge zu dessen Fortsetzung generiert (Lancaster 2022). Damit verbunden sinkt die Hemmschwelle, derartige Leistungen der KI zu verwenden. Vielleicht sind Sie am Anfang auch nur neugierig, wie die KI Ihren Text fortsetzen würde. Bald schon werden Sie feststellen, dass der von der KI vorgeschlagene Satz gut ist. Also übernehmen Sie diesen – und dann übernehmen Sie noch einen Satz – und noch einen Satz.

Das Positive an derartigen Herausforderungen ist, dass diese zu einer Rückbesinnung führen, was wirklich wichtig ist. Entscheidend ist, dass die wissenschaftliche Arbeit Sie in Ihrer Kompetenzentwicklung weiterbringt und Sie in die Lage versetzt werden, die komplexen, unstrukturierten Probleme, denen Sie im Berufsleben begegnen werden, erfolgreich zu meistern. Daher sollten Sie im Vorfeld Ihrer Arbeit klar für sich bestimmen, wie diese Ihre persönliche Entwicklung fördern kann und soll. An welchen Kompetenzen wollen Sie arbeiten? Welches Fachwissen wollen Sie aufbauen? Wie bringt die wissenschaftliche Arbeit Sie Ihren persönlichen bzw. beruflichen Zielen näher?

Nutzen Sie die Gestaltungsspielräume, die Sie bei Ihrer wissenschaftlichen Arbeit haben, um sich selbst mit der Arbeit voranzubringen. Interessiert Sie beispielsweise das vorgegebene Thema nicht, dann können Sie vielleicht das methodische Vorgehen so wählen, dass Sie damit Ihre analytischen Kompetenzen stärken. Vielleicht gibt Ihnen die wissenschaftliche Arbeit aber auch die Möglichkeit, sich in ein KI-Tool einzuarbeiten. Wenn Sie im Vorfeld Ihre persönlichen Ziele festlegen, dann können Sie mit Ihrer wissenschaftlichen Arbeit darauf hinarbeiten. Zudem werden Sie dies benötigen, um sich selbst zu motivieren. Diese Motivation in Verbindung mit den oben genannten Werten sind ein wichtiges Fundament, um sich mit Ihrer wissenschaftlichen Arbeit persönlich weiterzuentwickeln.

5 Prompts – Leitfaden für die Kommunikation mit der generativen KI

5.1 Allgemeine Hinweise zum Prompting

Das Prompt Engineering befasst sich mit dem Prozess des Designs und dem Finetuning der Eingabe, um eine gewünschte Antwort durch ein KI-Tool zu erhalten (Ekin 2023). Wenn Sie sich Prompting-Kompetenzen aneignen oder diese verbessern wollen, dann finden Sie unter learnprompting.org ein empfehlenswertes Tutorial. Aufgeteilt nach Kompetenzlevel richtet sich das Tutorial an alle KI-User – vom Einsteiger bis zur Expertin. Daher werden Sie sicherlich in dem Tutorial Hinweise finden, die Ihnen bislang unbekannt waren.

Zudem finden Sie im Internet eine ganze Reihe von Prompt-Bibliotheken wie unter anderem DataFit (datafit.ai), PromptVine (promptvine.com), SnackPrompt (snackprompt.com) und flowGPT (flowgpt.com). Dadurch erhalten Sie eine Orientierung, wie andere User deren Prompts aufgebaut haben und welche Potentiale die generative KI bietet. Mit PromptBase ist sogar ein Marktplatz entstanden, auf dem Prompts für ChatGPT, Midjourney, Stable Diffusion & Co. verkauft werden (promptbase.com).

Darüber hinaus gibt es eine Vielzahl an Prompt Building-Tools wie unter anderem Prompt Silo (pheeds.com/PromptSilo.php), GPTPromptTuner (gptprompttuner.com), OpenAI Playground (platform.openai.com/playground) oder Prompt Genie (prompt-genie.com). Die Prompt Building-Tools beanspruchen nicht, ideale Prompts zu generieren. Sie können jedoch wertvolle Anregungen für die Prompt-Optimierung liefern.

Auch die generative KI kann Sie bei der Erstellung von Prompts unterstützen. So können Sie diese beispielsweise darum bitten, Ihnen Beispiele von Prompts auszugeben. Sie können sich zu einem Prompt Feedback geben lassen, die generative KI als Formulierungshilfe nutzen oder diese fragen, welche Informationen Sie zu einer Aufgabe bereitstellen sollen. Statt die Informationen in den ersten Prompt einzugeben, können Sie die generative KI anweisen, diese in Form eines Dialoges abzufragen: „From now on, I would like you to ask me questions to deploy a Python application to AWS. When you have enough information to deploy the application, create a Python script to automate the deployment" (White et al. 2023).

Bei der Nutzung der generativen KI ist die Qualität der Ergebnisse von der Qualität des Prompts abhängig. In der Literatur finden sich eine Reihe von Best Practice Hinweisen zur Gestaltung der Prompts für generative KI-Textgenerierungs-Tools.

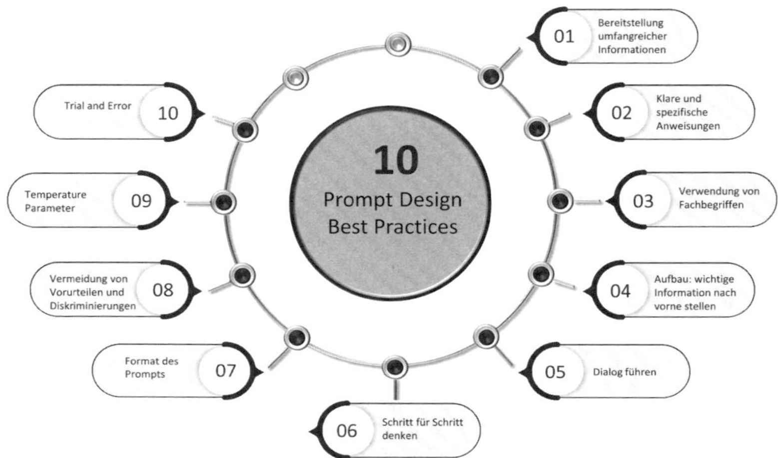

Abbildung 21: Best Practices zur Gestaltung von effektiven Prompts (Quelle: Eigene Darstellung)

Bereitstellung möglichst umfangreicher Informationen

Ein weit verbreiteter Fehler besteht darin, die Gewohnheiten bei der Nutzung von Suchmaschinen auf die generative KI zu übertragen (Schwarcz und Choi 2023). Von Suchmaschinen sind wir es gewohnt, die Anfragen knapp zu halten und lediglich spezifische Schlagwörter in diese einzugeben. Da die generative KI wie eine Komplettierungsmaschine funktioniert (siehe Kapitel 2), kann diese eine möglichst umfangreiche und in ganzen Sätzen formulierte Eingabe besser fortsetzen.

Je mehr Informationen Sie dem Dienst über den Prompt zur Verfügung stellen und je spezifischer diese ausfallen, umso tendenziell besser kann die generative KI die gestellte Aufgabe beantworten. Es gibt kaum einen Fall, bei dem Sie den Prompt nicht ausführlicher gestalten können. Überlegen Sie einmal ganz kurz, wie Sie die generative KI auffordern würden, eine von Ihnen verfasste Email an die Betreuerin / den Betreuer Ihrer Bachelorarbeit zu korrigieren. Der erste Impuls wird vermutlich sein, die Anweisung in knapper Form zu halten: „Korrigiere den nachfolgenden Text: <Text der Email>“. Sie könnten den Prompt aber auch so gestalten: „Wende die Prinzipien aus

Strunk und Whites 'Elements of Style' an, um den nachfolgenden Text zu korrigieren: <Text der Email>" (Schwarcz und Choi 2023).

Da die Qualität der Ausgabe vom Umfang der Eingabe abhängt, wird oftmals empfohlen, sogenannte Mega-Prompts zu verwenden (Hardman 2023). Gemeint sind damit sehr ausführliche Prompts, die den Umfang einer ganzen Din A4-Seite annehmen können. Um den Dienst mit mehr Informationen zu füttern, können die nachfolgenden Punkte eine Orientierung bieten:

- **Rollenzuordnung**: Welche Rolle soll die KI einnehmen (z. B. Rolle eines Konsumenten in einem Supermarkt, der eine Auswahlentscheidung zwischen verschiedenen Pasta-Angeboten treffen soll)?
- **Beschreibung der Aufgabe**: Die Aufgabe sollte so eindeutig und spezifisch wie möglich beschrieben werden (Ray 2023).
- **Beschreibung des Ziels**
- **Kontext der Aufgabe**
- **Einschränkungen/Nebenbedingungen** (z. B. die Aufforderung, wahrheitsgemäß zu antworten bzw. bei Unsicherheit, die Frage nicht zu beantworten).
- **Vorgaben bzgl. der Formatierung bzw. Strukturierung des Outputs** (z. B.: „Präsentiere die Ergebnisse als Tabelle.")
- Bezugnahme auf eine **vorausgehende Aufgabe** / einen **vorausgehenden Dialog**.

Klare und spezifische Anweisungen

Die KI benötigt glasklare und möglichst konkrete Anweisungen. Je exakter Sie Ihre Anweisungen schreiben, umso eher kann die KI diese erfüllen. So können Sie beispielsweise den Umfang des Outputs vorgeben (z. B. „in maximal 100 Worten"). Sie können den Stil bestimmen (z. B. „in einfachen Worten) und die Inhalte des Outputs näher charakterisieren (z. B. „Diskutiere die Vor- und Nachteile der nachfolgenden Forschungsfrage").

Begrifflichkeiten

In vielen Fällen wird Sie die KI auch dann verstehen, wenn Sie keine Fachbegriffe nutzen. Die Verwendung von Fachbegriffen macht es der KI jedoch einfacher, was wiederum die Qualität der Ausgabe verbessern kann (Ekin 2023).

Aufbau des Prompts

Die Begriffe am Anfang des Prompts haben eine größere Bedeutung als die Begriffe, die erst sehr viel später erscheinen (Parra Pennefather 2023). Daher können Sie vielfach bessere Ergebnisse erzielen, wenn Sie wichtige Information nach vorne stellen. Die Bedeutung eines Begriffes kann auch dadurch erhöht werden, dass dieser wiederholt wird (Parra Pennefather 2023).

Dialog

Geht man die ganzen obigen Punkte durch, um einen perfekten Prompt zu entwickeln, dann werden selbst einfache Anfragen an die generative KI sehr aufwendig. Eine andere Möglichkeit ist daher, sich in einem Dialog dem gewünschten Ergebnis anzunähern. Da die generative KI den Kontext beibehält, baut sich mit jeder Eingabe der Umfang der von Ihnen bereitgestellten Informationen auf. Auf diese Weise können Sie allgemein beginnen, um dann immer spezifischer zu werden.

Schritt für Schritt denken

In vielen Fällen zeigt die generative KI bessere Leistungen, wenn man diese auffordert, schrittweise vorzugehen (Kojima et al. 2022). Dies gilt insbesondere für Aufgaben, die aus mehreren Schritten bestehen und aufeinander aufbauen und für Aufgaben, die eine Argumentation erfordern. Wenn Sie beispielsweise durch die generative KI Ideen für eine Forschungsfrage brainstormen lassen, dann können Sie diese anweisen, schrittweise vorzugehen (Prompt-Zusatz: „Denke Schritt für Schritt.“). Dies hat den Vorteil, dass die KI jetzt die verschiedenen Arbeitsschritte durchgeht, die im Rahmen eines Projektes zu Ihrer Forschungsfrage gewöhnlich durchlaufen werden müssen. Auf diese Weise können Sie einen Teil der Ideen schnell verwerfen, weil diese Vorarbeiten benötigen, die noch nicht geleistet wurden. Zudem können Sie die Argumentation der KI prüfen, wenn Sie diese auffordern, schrittweise vorzugehen (Schwarcz und Choi 2023).

Format des Prompts

In der Literatur werden verschiedene Formate unterschieden, wie ein Prompt angelegt werden kann (Learn Prompting 2023, Parra Pennefather 2023):

- **Anweisungen (Instruktionsprompting)**: In diesem Fall besteht der Prompt aus einer Anweisung an den Dienst wie beispielsweise „Summarize the following article: <Artikel>“.
- **Conversational Prompting**: Bei dieser Form formulieren Sie die Eingabe so, als ob Sie mit einem Menschen sprechen.
- **Role Prompting**: Hier wird ChatGPT eine Rolle zugewiesen (z. B. die Rolle eines Konsumenten).
- **Zero Shot Prompting**: Von einem Zero Shot Prompting spricht man, wenn der KI keine Beispiele zur Verfügung gestellt werden, weil man davon ausgeht, dass diese die Aufgabe auch so versteht.

- **Few Shot Prompting**: Hier zeigen Sie dem Dienst verschiedene Beispiele, wobei der Dienst aus diesen die Aufgabe lernen soll. Diese Vorgehensweise funktioniert jedoch nur mit bestimmten Aufgaben. Ein Beispiel dafür ist die Klassifizierung von Texten. Bei diesem werden Beispiele vorgegeben gefolgt von einer Zuordnung zu einer Kategorie:

  „Das Studium hier war eine tolle Erfahrung, die ich nicht missen möchte: positiv.

  Würde ich nochmals studieren, dann würde ich ein anderes Studium wählen: negativ.

  Mein Studium kurz zusammengefasst: Man lernt wenig über viele Dinge: **?**".
- **Many Shot Prompting**: Dem Modell werden mehrere Beispiele gezeigt.

Wenn die KI einfache und klar verständliche Aufgaben durchführen soll, dann müssen Sie sich im Allgemeinen nicht die Mühe machen, dem Modell Beispiele zur Verfügung zu stellen. Bei komplexen Aufgaben bzw. wenn die Beschreibung des gewünschten Outputs schwerfällt, bewährt sich oftmals die Eingabe von Beispielen.

Vermeidung von Vorurteilen und Diskriminierungen

Wie in Kapitel 2.3 ausgeführt unterliegen große Sprachmodelle Verzerrungen, die unter anderem durch die Trainingsdaten verursacht werden. Diese ohnehin schon bestehenden Verzerrungen können durch die Prompts zusätzlich verstärkt werden (Ekin 2023). Wenn Sie beispielsweise synthetische Daten mit Hilfe der generativen KI erzeugen und Sie verwenden bei Ihren Prompts nur eine Geschlechtsform, dann kann dies zu einer Verzerrung / Diskriminierung der anderen Geschlechter führen.

Temperature Parameter

Wenn Sie die Kreativität von ChatGPT beeinflussen oder synthetische Daten erzeugen wollen, dann können Sie den Temperature Parameter bestimmen. Ein hoher Wert führt dazu, dass der Output breit streut, was gewöhnlich das Ziel ist (der maximale Temperature Wert liegt bei 1; Prompt: „Adjust your temperature to 1.0."). Für eine breite Streuung des Outputs können Sie zudem die „Frequency Penalty" festlegen. Bei einem hohen Wert verzichtet der Dienst auf die Wiederholung von Wörtern oder Phrasen. Auch eine hohe Presence Penalty führt zu einer breiteren Streuung der generierten Texte.

Trial and Error

Leider gibt es keine spezifische Prompt-Syntax, mit der man die besten KI-Outputs erzielt (Rowland 2023). Das Prompt Engineering ist vielmehr teils Kunst teils Wissenschaft (Rowland 2023). Für die praktische Anwendung empfiehlt es sich daher, nach dem Trial and Error-Verfahren verschiedene Prompts zu testen und dabei herauszufinden, was funktioniert und was nicht.

5.2 Beispielhafte Prompts im Rahmen einer empirischen Forschungsstudie und deren Evaluierung

Die nachfolgenden Prompts sollen Ihnen Anregungen liefern, wie Sie die generative KI im Rahmen einer empirischen Forschungsstudie verwenden können. Die Beispiele beanspruchen nicht, ideale Prompts zu sein. In der praktischen Anwendung werden diese vielfach nur ein Ausschnitt eines deutlich ausführlicheren Prompts sein. Mit der Erweiterung und Variation der Prompts erhalten Sie ein Gefühl dafür, welche Praktiken sich bewähren und welche nicht.

Neben den Prompt-Beispielen finden Sie zudem Anregungen zur Bewertung des Outputs der generativen KI. Wie in Kapitel 1.1 ausgeführt ändert sich mit dem Einsatz von KI-Tools die Art des wissenschaftlichen Arbeitens. Zu einer wesentlichen Kompetenz wird dabei die Evaluierung des Outputs der generativen KI. Neben dem kritischen Denken setzt dies voraus, dass Sie Anforderungskriterien entwickeln, anhand derer Sie die Evaluierung vornehmen. In diesem Kapitel finden Sie zu den zentralen Aufgaben einer wissenschaftlichen Arbeit entsprechende Kriterien. Diese leiten sich aus dem Zweck der jeweiligen Aufgaben ab. Daneben gibt es noch eine Reihe von generellen Kriterien, die bei den meisten Aufgaben erfüllt sein müssen und daher nachfolgend nicht bei jeder Aufgabe aufgeführt werden:

- **Korrektheit**: Validieren Sie, ob die Aussagen im Output der generativen KI korrekt und unverzerrt sind. Die Korrektheit des Outputs kann auch darunter leiden, dass dieser unvollständig ist.
- **Evidenzen**: Gibt es Evidenzen für die im Output getätigten Aussagen?
- **Aktuell**: Bilden die Aussagen den aktuellen Forschungsstand ab oder sind diese veraltet?
- **Relevanz**: Inwiefern ist der Output für die Beantwortung der Aufgabe sowie für die Arbeit als Ganzes relevant?
- **Konsistenz**: Ist der Output in sich konsistent?
- **Tiefe**: Ist der Output generisch oder geht dieser in die Tiefe?
- **Wissenschaftliche Ansprüche und Konventionen**: Werden die Aussagen wissenschaftlichen Ansprüchen und Konventionen gerecht? Wird z. B. die Fachsprache genutzt?

- **Originalität/Kreativität**: Mit Ihrem wissenschaftlichen Arbeiten sollen Sie einen originären Beitrag zu einem Forschungsgebiet leisten. Gewöhnlich ist der Output der generativen KI nicht sehr kreativ. Die Frage ist jedoch, inwiefern der Output Ihnen Impulse für die eigene Kreativität gibt.

Selbst wenn alle Kriterien erfüllt sind, bedeutet das immer noch nicht, dass sich der Output bzw. Teile davon als Baustein für Ihre wissenschaftliche Arbeit eignen. Die KI generiert immer nur kleine Puzzlesteine. Schnell laufen Sie Gefahr, eine Collage zu erstellen, die keinem durchgängigen Konzept folgt und daher auch keine klare Argumentation aufweist. Viele gute Einzelbestandteile ergeben eben nicht zwingend eine hohe Qualität des gesamten Produktes. Daher müssen die Puzzlesteine gewöhnlich nicht nur überarbeitet, sondern auch in die Arbeit integriert werden. Entsprechend ist die Integrierbarkeit der Puzzlesteine in die wissenschaftliche Arbeit ein wesentliches Anforderungskriterium.

Eine gute wissenschaftliche Arbeit charakterisiert sich unter anderem dadurch, dass zwischen den verschiedenen Bestandteilen umfassende Beziehungen hergestellt werden. So muss beispielsweise der theoretische Teil der Arbeit deutlich machen, welchen Beitrag dieser zur Beantwortung der Forschungsfrage leisten soll. Insofern gilt es, im theoretischen Teil der Arbeit nicht nur den Forschungsstand darzulegen, sondern diesen in den Kontext der Arbeit einzubetten, was entsprechende Bezüge erforderlich macht. Ebenso muss das methodische Vorgehen der Arbeit auf dem Theorieteil aufbauen. Auch dies erfordert die Herstellung von Bezügen und damit das Aufzeigen, wie im praktischen Teil der Arbeit die Theorie konkret genutzt werden soll.

Die in diesem Kapitel genannten Kriterien sind nicht abschließend. In Abhängigkeit von Ihren persönlichen Zielen und dem spezifischen Kontext Ihrer Arbeit werden sicherlich noch zusätzliche Kriterien bedeutsam sein.

Darüber hinaus ist es wichtig, dass Sie verschiedene Alternativen entwickeln. Dies gibt Ihnen die Möglichkeit, diese einander gegenüberzustellen. Dadurch können Sie verschiedene Perspektiven einnehmen, was Ihnen dann bei der Bewertung hilft. Zudem wird Ihr Handlungsspielraum nicht von vornherein eingeschränkt.

Typographische Konventionen

Um Platzhalter in den nachfolgenden Prompts hervorzuheben, beginnen diese mit einem „<“ und enden mit einem „>“. Eine Eingabe des Größer- und Kleinerzeichens in ChatGPT erfolgt nicht. Wenn im nachfolgenden Prompt der Platzhalter <Beschreibung Problemstellung> steht, dann könnte die Eingabe in ChatGPT wie folgt aussehen:

Prompt: Mein Unternehmen bekommt derzeit zu wenig Bewerbungen von Personen, die der Generation Z angehören.

5.2.1 Ideengenerierung

5.2.1.1 Forschungsideen

Brainstorming von Ideen	Aufbau Prompt: „<Beschreibung Problemstellung>. Brainstorme Forschungsideen für <Art der wiss. Arbeit> im Kontext <Kontext>" Beispiel Prompt: „Mein Unternehmen bekommt derzeit zu wenig Bewerbungen von Personen, die der Generation Z angehören. In meiner Bachelorarbeit soll ich einen Beitrag zur Lösung dieses Problems leisten. Brainstorme mögliche Forschungsfragen für meine Bachelorarbeit."
Einzelne Ideen	Beispiel Prompt (Dowling und Lucey 2023): "Write me a 100 word research idea suitable for a good finance academic journal on the topic of: cryptocurrencies, sentiment, and economic uncertainty."
Mind Map möglicher Forschungsideen	Beispiel Prompt: „Erstelle eine Mind Map möglicher Forschungsideen im Bereich der Empfehlungssysteme unter Einsatz von künstlicher Intelligenz."

Evaluierung Output: Anforderungen an die Forschungsfrage

1. Umfang / Machbarkeit

ChatGPT tendiert dazu, die Forschungsfrage viel zu breit zu formulieren. So wurde als Output auf den Prompt (siehe 5.2.1), u. a. die folgende Forschungsfrage ausgegeben: „Welche Faktoren sind für die Generation Z bei der Auswahl potenzieller Arbeitgeber am wichtigsten?". Es stellt sich die Frage, wie diese Forschungsfrage im Rahmen einer studentischen wissenschaftlichen Arbeit beantwortet werden soll. Auf diese Frage schlug ChatGPT einen Mix aus quantitativen und qualitativen Forschungsmethoden vor (wie beispielsweise Umfragen, Fokusgruppen, Interviews sowie eine Literaturrecherche). Ein Mix verschiedener Methoden ist angesichts des engen Bearbeitungszeitraums im Allgemeinen nicht zu empfehlen. Auch die Durchführung einer quantitativen, repräsentativen Umfrage weckt erhebliche Zweifel, ob diese leistbar ist. Qualitative Verfahren machen nur dann Sinn, wenn das Forschungsfeld noch weitgehend unerschlossen ist. Mit den Auswahlfaktoren des Arbeitgebers durch die Generation Z haben sich in der Zwischenzeit jedoch zahlreiche Studien beschäftigt. Der Umfang der wiss. Arbeit sollte so gewählt werden, dass diese vollumfänglich beantwortet werden kann.

2. Theoretische Fundierung

Jede wissenschaftliche Arbeit soll die Wissenschaft zumindest ein kleines bisschen voranbringen. Dieser Beitrag kann unterschiedlich ausfallen. Beispielsweise, indem eine bestehende Theorie an einem konkreten Fall getestet wird, ein neues Forschungsfeld explorativ erschlossen wird oder bislang von einer Theorie unberücksichtigte Zusammenhänge aufgedeckt werden.

3. Nichttrivialität

Die Forschungsfrage sollte eine ergebnisoffene, diskussionswürdige Frage sein, deren Beantwortung eine Herausforderung darstellt.

4. Neuartigkeit

Die Forschungsfrage sollte etwas Neues anstreben. Das kann beispielsweise sein, dass eine Forschungslücke geschlossen wird, eine bestehende Theorie auf ein neues Forschungsgebiet angewandt oder eine neue Methodik entwickelt bzw. erprobt werden soll. Auch replikative Studien haben ihre Berechtigung.

5.2.1.2 Definition

Forschungsfrage bestimmen	Aufbau Prompt: „<Problemstellung beschreiben> <Ziel der wissenschaftlichen Arbeit> Brainstorme mögliche Forschungsfragen für meine Bachelorarbeit." Beispiel Prompt: „Mein Unternehmen bekommt derzeit zu wenig Bewerbungen von Personen, die der Generation Z angehören. In meiner Bachelorarbeit soll ich einen Beitrag zur Lösung dieses Problems leisten. Brainstorme mögliche Forschungsfragen für meine Bachelorarbeit."
Studien finden und auswerten	Beispiel Prompt I: „Gibt es Studien in einem betriebswirtschaftlichen Kontext, die sich mit der mentalen Stärke beschäftigt haben?" Beispiel Prompt II: „Wie sahen die Ergebnisse zu <Nr. Output ChatGPT> konkret aus?" Beispiel Prompt III: „Welche statistischen Verfahren wurden in der Studie <Nr. Output ChatGPT> angewandt?" Beispiel Prompt IV: „Nenne mir Quellen von wissenschaftlichen Studien, die sich mit der mentalen Stärke in einem betriebswirtschaftlichen Kontext beschäftigt haben."
Informationsbedarf	Beispiel Prompt (Dowling und Lucey 2023): "Can you please now describe in about 100 words the data that would be suitable for investigating this research idea? The data should be suitable for publication in a good finance journal."

5.2.2 Theoretische Fundierung

Einlesen in die Thematik	Beispiel Prompt: „Ich möchte mich in das Themenfeld <Themenfeld nennen. Z. B. der Recommender Systeme> einlesen. Welche wissenschaftliche Literatur würdest du mir empfehlen?"
Einschlägige Literatur identifizieren	Beispiel Prompt: „Welche Autoren sind auf dem Forschungsfeld der <Themenfeld: z. B. Recommender Systeme> einschlägig?"
Allgemeine Hilfe zur Durchführung einer Literatursuche (Macdonald et al. 2023)	Beispiel Prompt: „In meiner wissenschaftlichen Arbeit setze ich mich mit folgender Forschungsfrage auseinander: <Forschungsfrage>. Nenne mir Studien, die sich mit einer ähnlichen Forschungsfrage beschäftigt haben."
Schlagwörter für eine Literaturrecherche identifizieren	Beispiel Prompt: „Ich suche nach Literatur zu folgendem Thema: <Thema>. Welche englischen Schlagwörter würdest du mir für die Literatursuche empfehlen?"
Erstellung einer Abfrage für die Literatursuche	Beispiel Prompt in Anlehnung an (Wang et al. 2023): "For a systematic review titled "Use of ChatGPT by students for writing an empirical scientific paper", can you generate a systematic review Boolean query to find all included studies on Google Scholar for the review topic?" Beispiel Prompt II (Wang et al. 2023): "You are an information specialist who develops Boolean queries for systematic reviews. You have extensive experience developing highly effective queries for searching the medical literature. Your specialty is developing queries that retrieve as few irrelevant documents as possible and retrieve all relevant documents for your information need. Now you have your information need to conduct research on {review_title}. Please construct a highly effective systematic review Boolean query that can best serve your information need."
Zusammenfassung der Literatur	Beispiel Prompt (Dowling und Lucey 2023): "Now write me a 300-word literature review which justifies the research idea. Please only use real articles as references, do not make anything up."
Suche nach einem geeigneten Modell	Beispiel Prompt: „Welche Modelle gibt es, mit denen man ein Omni Channel Marketing Konzept erstellen kann?"

Evaluierung Output: Theoretische Fundierung

Der Theorieteil der Arbeit verbindet die Forschungsfrage mit dem praktischen Teil. Er schafft eine Brücke zwischen der Forschungsfrage auf der einen Seite und dem methodischen Vorgehen auf der anderen Seite. Um dies zu erreichen, muss der theoretische Teil der Arbeit vier verschiedene Leistungen erbringen:

1. Abgrenzung der thementragenden Begriffe: Zu praktisch jedem Begriff finden sich in der wissenschaftlichen Literatur unterschiedliche Definitionen. Mit der Abgrenzung der thementragenden Begriffe wird festgelegt, was durch die Arbeit untersucht wird und was nicht.

2. Modelle: Welches Modell soll in der Arbeit verwendet werden? Durch die Auswahl des Modells wird bestimmt, mit welchen Aspekten der Realität eine Auseinandersetzung stattfinden soll und welche Aspekte nicht berücksichtigt werden. Zudem ist ein Modell zur Interpretation der Ergebnisse notwendig.

3. Methodisches Vorgehen: Welches Vorgehen wurde in anderen Arbeiten verwendet, die eine ähnliche Forschungsfrage bearbeitet haben?

4. Forschungsstand: Welche Erkenntnisse liegen zur Forschungsfrage vor. Aus dem Erkenntnisinteresse auf der einen Seite und dem Forschungsstand auf der anderen Seite ergibt sich dann das Delta, das durch die Arbeit geschlossen werden soll.

Aus diesen Aufgaben heraus leiten sich verschiedene Kriterien ab:

1. Vollständigkeit der theoretischen Fundierung

Wurden die oben genannten Leistungen vollständig erbracht? Das mag selbstverständlich klingen, ist es aber nicht. In zahlreichen studentischen Arbeiten fehlt z. B. eine Auseinandersetzung mit dem methodischen Vorgehen vorausgegangener Studien. Folglich schließt das methodische Vorgehen der Arbeit nicht an dem an, was vorherige Arbeiten geleistet haben. Das hat unter anderem die Konsequenz, dass Fehler wiederholt werden.

2. Produktive Nutzung der Theorie

Der theoretische Teil der Arbeit ist kein einführendes Lehrbuch in die Thematik, sondern soll einen produktiven Beitrag zur Beantwortung der Forschungsfrage leisten. Insofern gilt es, diesen Beitrag klar herauszuarbeiten.

3. Argumentation

Der theoretische Teil der Arbeit ist gut strukturiert und es wird eine Basis aufgebaut, auf der sich das nachfolgend dargestellte methodische Vorgehen gut begründen lässt. Die Begründung des methodischen Vorgehens setzt immer ein Denken in Alternativen voraus: Warum wird so vorgegangen und keine andere Vorgehensweise gewählt, die man sich auch denken könnte?

4. Verwendung der aktuellen, einschlägigen Fachliteratur

Die Bestimmung des Deltas zwischen Erkenntnisinteresse und Forschungsstand setzt eine Auseinandersetzung mit der aktuellen Fachliteratur voraus.

Evaluierung Output: Auswahl eines geeigneten Modells

In vielen Fällen existieren im Kontext der wissenschaftlichen Arbeit in der Literatur zahlreiche Modelle. Bei der Auswahl eines Modells bieten die nachfolgenden Kriterien eine Orientierung:

1. Hat sich das Modell bewährt?

Da eine wissenschaftliche Arbeit eine praktische Relevanz anstrebt, wird man im Allgemeinen den Modellen den Vorzug geben, die sich in der Praxis bewährt haben.

2. Passung zum Ziel und zum Kontext der Arbeit

Das Ziel und der Kontext können sehr heterogen ausfallen. So wird man beispielsweise in Branchen, in denen kein Kundenkontakt zw. den Mitarbeitenden und den Kunden erfolgt, nicht das Auftreten und das Erscheinungsbild der Mitarbeitenden bei der Messung der Kundenzufriedenheit berücksichtigen müssen.

3. Pragmatische Überlegungen

Mitunter beinhalten Modelle zahlreiche Faktoren, die eine umfangreiche Datenerhebung erforderlich machen. Bei der Auswahl eines Modells stellt sich daher die Frage, ob die zur Anwendung des Modells benötigten Daten vorliegen und falls nicht, mit welchem Aufwand deren Erhebung verbunden ist. Beispiel: Liegen für eine SWOT-Analyse keine Daten vor, dann ist der Aufwand der Datenerhebung regelmäßig viel zu groß, als dass dies in einer Bachelorarbeit leistbar wäre.

4. Argumentation

Lässt sich die Auswahl des Modells hinreichend begründen? Wie kann eine Argumentation aufgebaut werden, die beschreibt, warum ein bestimmtes Modell gewählt wurde und andere Modelle unberücksichtigt blieben?

5. Vergleiche

In vielen Fällen sind die Ergebnisse der Anwendung eines Modells nur bedingt aussagekräftig, wenn keine Vergleiche gezogen werden können. So liefert beispielsweise die Messung der Kundenzufriedenheit mittels des Net Promotor Scores einen Punktwert, dessen absoluter Wert meist nicht allzu viel aussagt. Erst der Vergleich mit früheren Werten oder den Werten der Wettbewerber ermöglicht eine Einordnung des erzielten Wertes.

6. Methodisches Vorgehen

Im Gegensatz zu Modellen aus der Praxis werden im wissenschaftlichen Bereich die Modelle meist vollständig beschrieben und mit einer methodischen Vorgehensweise bzgl. deren Anwendung verbunden. So wird beispielsweise definiert, welche Faktoren in dem Modell enthalten sind und wie man diese operationalisieren kann. Für Modelle aus der Praxis gilt dies häufig nicht. Hier werden vielfach Faktoren mit Begriffen beschrieben, die eine unterschiedliche Interpretation und ganz verschiedene Operationalisierungen erlauben.

7. Verwertung der Ergebnisse

Zudem sollten Überlegungen angestellt werden, wie die Verwertung der Ergebnisse stattfinden soll. Meist wird mit einer wissenschaftlichen Arbeit nur ein kleiner Ausschnitt eines größeren Projektes bearbeitet. Innerhalb dieses übergeordneten Projektes gibt es einen Input, der in die wissenschaftliche Arbeit eingeht und einen Output, der durch diese erzeugt werden soll. Daher sollte geprüft werden, ob die Anwendung des Modells den Output erzeugt, der für die nachfolgende Phase des übergeordneten Projektes als Input notwendig ist.

5.2.3 Design der Studie

Forschungsdesign	Aufbau Prompt: „In der Studie soll der Zusammenhang zwischen <Einflussfaktor(en)> und <Zielgröße> bestimmt werden. Wie kann ein Forschungsdesign dazu aussehen?“ Beispiel Prompt (Dönmez et al. 2023): "How do factors such as gender, ethnicity, and socioeconomic status affect students' STEM motivation and how are these factors addressed in STEM teaching? How can we create a research design for the problem?"
Identifizierung von Störfaktoren und Verzerrungen	Aufbau Prompt: „<Beschreibung Experiment>. Welche Störfaktoren können bei diesem Experiment auftreten?“
Fragebogen	Aufbau Prompt: „Welchen Fragebogen kann ich verwenden, um <Zielgröße> <Zielgruppe> zu erheben?“ Beispiel Prompt: „Welchen Fragebogen kann ich verwenden, um die Zufriedenheit meiner Kunden zu erheben?“
Fragebogen-erstellung	Aufbau Prompt: „Erstelle einen Fragebogen mit dem <Konstrukt> erfasst wird.“ Beispiel Prompt: „Erstelle einen Fragebogen mit dem die AI Literacy Kompetenz erfasst wird.“

Evaluierung Output: Forschungsdesign

Das Forschungsdesign beschreibt die grundlegenden Entscheidungen, die im Bereich der Datenerhebung und -analyse getroffen werden (Flick 2022).

- Fokus: Ein gutes Forschungsdesign hat einen klaren Fokus.
- Folgt einer Leitidee. Die Leitidee fasst die vielfältigen Überlegungen in einem Bild oder einer kurzen Geschichte zusammen. Die Leitidee gibt eine Richtung vor, sie begeistert die Zielgruppe der Studie und weckt deren Neugierde. Hier gibt es eine Analogie zur Synthese-Phase im Design Thinking bzw. zu einer kommunikativen Leitidee.
- Innovativ: Sofern keine replikative Studie durchgeführt werden soll, benötigt das Forschungsdesign ein innovatives Element (d.h. es wird etwas inhaltlich oder methodisch Anderes gemacht als in bisherigen Studien).
- Verhältnis praktischer Nutzen / Ressourceneinsatz: Die Studie sollte einen hohen praktischen Nutzen mit wenig Ressourcen anstreben.
- Die Entscheidungen sind untereinander stimmig (z.B. Grundgesamtheit der Studie und verwendetes Auswahlverfahren).
- Erfolgsaussichten: Es gibt viele Gründe, warum empirische Studien scheitern oder weit hinter dem zurückbleiben, was man sich erhofft hatte. Das Design muss daher eine Antwort darauf geben, warum die Studie funktionieren sollte.
- Theoretische Fundierung: Setzt auf dem aktuellen Stand der Forschung auf und nutzt die Theorie für eigene Zwecke.

Evaluierung Output: Fragebogen

Häufig finden Sie zur Messung der Größen, für die Sie sich interessieren, nicht nur ein Instrument, sondern viele unterschiedliche Verfahren. So wurden z.B. zur Messung der Kundenzufriedenheit dutzende Verfahren entwickelt. Dies führt zur Notwendigkeit der Auswahl eines Messverfahrens. Bevor Sie sich für ein Verfahren entscheiden, sollten Sie verschiedene Überlegungen anstellen (bestimmen Sie dabei, auf welcher Ebene die Überlegungen stattfinden sollen. Dies kann auf der Ebene des Fragebogens oder auf der Ebene einzelner Fragen sein):

- Theoretisch fundiert: Die Forderung einer theoretischen Fundierung ergibt sich alleine schon aus den Grundsätzen des guten wissenschaftlichen Arbeitens.
- Berücksichtigung der Theorie zur Fragebogengestaltung: In den letzten Jahrzehnten haben sich zahlreiche Studien mit dem Fragebogenaufbau der Formulierung von Fragen sowie der Eignung der verschiedenen Fragetypen in Abhängigkeit des Kontextes befasst.

Diese Erkenntnisse können zur Bewertung eines Fragebogens verwendet werden.

- Check der häufigsten Probleme aus Theorie und Praxis: Auch zu den Problemen eines Fragebogens wie einzelner Fragen liegen häufig Erfahrungen aus vorausgegangenen Erhebungen vor. Sie werden am Ende einer Erhebung nicht feststellen wollen, dass andere vor Ihnen bereits dieselben Schwierigkeiten mit dem Fragebogen hatten wie Sie.
- Bewährung im Pretest: Bei einer wiss. Studie gehört die Durchführung eines Pretests zum Pflichtprogramm. Angesichts der Fülle an Problemen, die auftreten können, wäre alles andere grob fahrlässig. Dies gilt selbst für einen Fragebogen, der sich in tausenden anderen Studien bewährt hat. Denn in dem spezifischen Setting ist dies keinesfalls zwingend der Fall.
- Hat sich der Fragebogen / haben sich die Fragen in der Praxis bewährt?
- Welchen Beitrag leisten die Fragen zur Beantwortung der Forschungsfrage? In der Wissenschaft wie in der Praxis gibt es eine Tendenz dazu, viele Fragen zu stellen, die bei der Datenanalyse gar keine Beachtung mehr finden (wodurch am Ende sogenannte Datenfriedhöfe entstehen).
- Wie sollen die Ergebnisse der einzelnen Fragen verwertet werden?

Die Qualität des Fragebogens korrespondiert mit der Qualität der Daten und damit mit dem praktischen Nutzen der Studie. Daher ist bei jeder empirischen Studie eine Auseinandersetzung mit der Güte der Daten notwendig. Zentrale Begriffe sind dabei die Objektivität, Reliabilität und Validität einer Messung:

- Objektivität: Die Objektivität eines Messvorganges ist dann gegeben, wenn die Messergebnisse unabhängig vom Untersuchungsleiter sind. Eine objektive Messung liegt dann vor, wenn mehrere Personen, die unabhängig voneinander Daten erheben zum selben Untersuchungsergebnis gelangen.
- Reliabilität: Als Reliabilität bezeichnet man das Ausmaß, in dem wiederholte Messungen mit einem Messinstrument die gleichen Werte liefern. Ein anderer Begriff für die Reliabilität ist die Zuverlässigkeit. Misst ein IQ-Test bei einer Person in einem ersten Test einen IQ von 130, dann wird man bei einem Wert von 90 im zweiten Test die Reliabilität des Instruments in Frage stellen (vorausgesetzt alle anderen Faktoren sind identisch).
- Validität: Unter der Validität versteht man das Ausmaß, in dem ein Instrument tatsächlich das misst, was es messen soll.

Die Reliabilität lässt sich in einem Fragebogen insbesondere durch die Art der Fragen beeinflussen. So wird geschlossenen Fragen eine höhere Reliabilität zugeschrieben als offenen Fragen (Möhring und Schlütz 2019).

Im Fokus der Entwicklung und Prüfung eines Fragebogens steht die Validität (Kreis et al. 2021). Diese ist eine zentrale Voraussetzung für den Erfolg einer Erhebung. Denn mit dieser soll sichergestellt werden, dass die Erhebung das misst, was gemessen werden soll. Dies bezeichnet man auch als Konstruktvalidität. Das Problem an dieser Stelle ist nur, wie wir die Konstruktvalidität ermitteln sollen. Denn schließlich kennen wir den wahren Wert in der Regel gar nicht. Würden wir diesen kennen, dann wäre die Sache einfach. Dann könnten wir den wahren Wert mit dem gemessenen Wert vergleichen (Kreis et al. 2021). Eine Person mit einem IQ von 130 müsste bei unserem Fragebogentest mit 130 abschneiden. Da der wahre Werte jedoch meist unbekannt ist, bricht man die Validität in die folgenden vier Aspekte herunter und überprüft diese (Kreis et al. 2021):

1. Inhaltsvalidität: Gewöhnlich sind die Größen, für die wir uns interessieren, nicht eindimensional (was auch das Beispiel IQ deutlich macht. So setzt sich die Intelligenz aus verschiedenen Fähigkeiten wie bswp. das räumliche Vorstellungsvermögen, Rechenfähigkeiten und dem logischen Denken zusammen). Mit der Inhaltsvalidität prüfen wir, ob die verschiedene Items, mit der wir eine Größe messen, geeignet und vollständig sind.

2. Kriterienvalidität: Bei der Kriterienvalidität nutzen wir eine andere Größe, von der wir wissen, dass diese mit der zu messenden Größe in Beziehung steht. So wird in der Literatur zum Beispiel ein Zusammenhang zwischen der Kundenzufriedenheit und der Kundentreue hergestellt. Messen wir beide Größen in unserer Erhebung dann sollte sich ein positiver Zusammenhang zwischen den beiden Größen zeigen.

3. Konvergenzvalidität: Messen zwei valide Messinstrumente dieselbe Größe, dann sollten diese auch zum selben Ergebnis gelangen.

4. Diskriminanzvalidität: Die Messung unterschiedlicher Größen mit demselben Typ an Messinstrument sollte dagegen zu unterschiedlichen Ergebnissen führen.

5.2.4 Datenerhebung

Erzeugen synthetischer Daten	Erzeugen von Prompts auf deren Basis ein synthetischer Datensatz generiert werden kann: Beispiel Prompt (Tang et al. 2023): "Provide five concise prompts or templates that can be used to generate data samples of [Task Descriptions]."

Evaluierung Output: Erzeugen synthetischer Daten

Entscheidend ist, dass die synthetischen Daten dieselben Charakteristiken wie reale Daten haben (z. B. dieselbe Verteilung der Altersstruktur). Vielfach basieren synthetische Daten daher auf Datensätzen mit realen Daten, in denen die KI nach Mustern sucht. Das Muster wird dann dazu verwendet, um weitere Datensätze zu generieren bzw. bestimmte Merkmale zu schätzen (z. B. bei sensiblen Merkmalen). Der Abgleich zw. den Charakteristiken der realen und der synthetischen Daten kann dann zur Einschätzung der Qualität verwendet werden.

5.2.5 Datenanalyse

Auswahl eines geeigneten Verfahrens	Aufbau Prompt: „<Kontext beschreiben><Wie liegen die Daten vor?><Frage nach dem geeigneten statistischen Verfahren>" Beispiel Prompt: „Ich habe eine Experimental- und eine Kontrollgruppe und möchte bestimmen, ob die Experimentalgruppe mehr aus der Vorlesung mitgenommen hat. Die Daten liegen metrisch vor. Welches statistische Verfahren eignet sich zur Messung von Mittelwertunterschieden zwischen den beiden Gruppen?"[47]

[47] Im Internet finden sich eine Reihe von Websites, die den gesamten Prozess der Anwendung eines statistischen Verfahrens Schritt für Schritt durchgehen. Die Erläuterungen sind dabei vielfach deutlich ausführlicher und beinhalten meist auch die entsprechenden Screenshots von SPSS. Beispiele sind statistikguru.de und die Dokumentation zu SPSS unter https://www.ibm.com/docs/de/spss-statistics. Zur Datenanalyse mit SPSS finden sich zudem zahlreiche empfehlenswerte Lehrbücher. So unter anderem Janssen, J. / Laatz, W. (2017): Statistische Datenanalyse mit SPSS. DOI 10.1007/978-3-662-53477-9 oder Field, A. (2018): Discovering Statistics Using IBM SPSS Statistics. ISBN: 978-1526419521. Ist ChatGPT besser geeignet als die oben genannten Quellen, um sich mit einem statistischen Verfahren vertraut zu machen? In aller Regel wird das mit einem klaren Nein zu beantworten sein. Das liegt alleine schon daran, dass die oben genannten Quellen mit Screenshots und Abbildungen arbeiten und damit die statistischen Verfahren und deren Anwendung sehr viel anschaulicher erläutern.

Anwendungsvoraussetzungen	Aufbau Prompt: „Welche Anwendungsvoraussetzungen müssen bei der Berechnung des <statisches Verfahren/statistische Kennzahl eingeben: z. B. T-Test> berücksichtigt werden?"
Datenanalyse	Für die Analyse quantitativer Daten ist ChatGPT nicht geeignet. Es kann jedoch die Analyse qualitativer Daten unterstützen. Aufbau Prompt: „<Beschreibung in welcher Form die Analyse stattfinden soll><Zu analysierender Text>" Beispiel Prompt: „Rate the sentiment in the following review on a scale of 1 to 10, where 1 is very negative and 10 is very positive: Das Studium hier war sehr schön. Leider konnte ich nur die Hälfte des Studiums in Präsenz genießen. Während Corona war Online-Vorlesung angesagt. Das Onlinekonzept wurde damals innerhalb von 1 Woche realisiert für unseren Fachbereich. Der Studiengang der Wirtschaftsinformatik ist absolut zu empfehlen." (Rezension: Jannik H. über das Studium an der DHBW https://goo.gl/maps/gVV5rsZBx3FNskA8 A; Abruf: 09.06.2023)
Erzeugen von Code zur Datenanalyse	Zwar ist ChatGPT für die Analyse quantitativer Daten nicht geeignet. Es kann jedoch Code erzeugen, mit dem quantitative Daten analysiert werden können. Beispiel Prompt: „Stelle dir vor Du bist ein Data Scientist. Du möchtest die Antworten auf die Frage analysieren, wie bedeutsam ethisch-moralische Aspekte bei der Verwendung der generativen AI sind. Diese Frage wurde auf einer fünfstufigen Skala erhoben wobei 1 für „gar nicht wichtig" steht und 5 für „sehr wichtig". Erzeuge einen Code, mit dem die Daten analysiert und visualisiert werden können."
Auswahl des für die Datenvisualisierung geeigneten Diagrammtyps	Aufbau Prompt: „Welcher Diagrammtyp eignet sich am besten zur <Zielsetzung>? <Beschreibung Kontext: In welcher Form liegen die Daten vor?>" Beispiel Prompt: „Welcher Diagrammtyp eignet sich am besten zur Prüfung von Mittelwertunterschieden zwischen Kontroll- und Experimentalgruppe? Die Daten liegen metrisch skaliert vor."

Evaluierung Output: Auswahl eines geeigneten Verfahrens

Bei der Auswahl eines geeigneten statistischen Verfahrens zur Auswertung der Daten sollten Sie die nachfolgenden Kriterien berücksichtigen:

- Eignung zur Beantwortung der Forschungsfrage: Welches statistische Verfahren zur Anwendung kommt, ist maßgeblich von der Forschungsfrage abhängig.
- Statistische Power (Teststärke): Wahrscheinlichkeit des Aufdeckens eines Effektes, wenn dieser auch existiert.
- Anwendungsvoraussetzungen: Gerade in der schließenden Statistik sind in Abhängigkeit des verwendeten statistischen Verfahrens bestimmte Anwendungsvoraussetzungen zu berücksichtigen. Sind diese nicht gegeben oder durch die Arbeit nicht leistbar (da z. B. ein Mindestumfang an Fallzahlen vorliegen muss), dann macht die Anwendung des Verfahrens in der Arbeit keinen Sinn.
- Robustheit: Hier stellt sich u. a. die Frage, wie stark das verwendete Verfahren durch Ausreißer oder durch Verletzungen der Anwendungsvoraussetzungen beeinträchtigt wird.
- Interpretierbarkeit: Mitunter spielt auch die Interpretierbarkeit der Ergebnisse eine Rolle. Insbesondere im Bereich der künstlichen Intelligenz fällt es oftmals schwer, die Ergebnisse eines Modells konsistent vorherzusagen und diese zu erklären.
- Vergleichbarkeit mit anderen Studien: Vielfach wird ein Vergleich mit anderen Studien angestrebt, da absolute Werte mitunter nur eine geringe Aussagekraft haben (so ist beispielsweise ein NPS-Zufriedenheitsscore von 16 nur bedingt aussagekräftig).

5.2.6 Berichterstellung

Titel der Arbeit	**Aufbau Prompt: „Erstelle einen Titel zu der nachfolgenden wiss. Arbeit: <Beschreibung Inhalt der Arbeit: Einflussgröße(n), Zielgröße(n) sowie verwendetes methodisches Vorgehen>“**
Ergebnisse der Analysen	**Beispiel Prompt: „Erstelle mir eine Mustervorlage für den Ergebnisteil einer wissenschaftlichen Arbeit, bei dem die Ergebnisse eines T-Tests für unabhängige Stichproben ausgegeben werden.“[48]**

[48] Wollen Sie Ihre Gutachterin / Ihren Gutachter beeindrucken? Dann formatieren Sie den Bericht noch etwas. ChatGPT gibt die Mustervorlage ohne Formatierungen aus. Bei wissenschaftlichen Berichten gibt es aber ein paar Konventionen, die man bzgl. der Formatierung berücksichtigen sollte. Wenn Sie statistische Parameter (wie beispielsweise die Standardabweichung) angeben, dann werden deren Abkürzungen kursiv gedruckt (so wird z. B. die Standardabweichung mit der kursiv geschriebenen Abkürzung *sd* und die Fallzahl der Studie mit *n* berichtet). Verwenden Sie griechische Buchstaben, dann werden diese nicht kursiv gesetzt.

Feedback zum Bericht	Aufbau Prompt: „Gebe mir Feedback zu meinem verfassten Text über <Thema>. Achte auf die folgenden Kriterien: <Kriterien nennen. Z. B. Struktur, Klarheit, Beweise, Konsistenz der Terminologie und die Berücksichtigung möglicher Gegenargumente>. Zudem hätte ich gerne eine Meinung zur Breite der behandelten Themen und zur Qualität der unterstützenden Beispiele. Gib ein konstruktives Feedback und erstelle Vorschläge zur Verbesserung des Textes."
Analyse der Schwächen des Berichts	Aufbau Prompt: „Analysiere die Schwächen des nachfolgenden Textes: <Text>"

Evaluierung Output: Titel der Arbeit

Anforderungen an den Titel

- Kongruenz Inhalt / Titel: Der Titel sollte mit möglichst wenigen Worten den Inhalt treffend beschreiben. Die Einfluss- und Zielgröße(n) bzw. die diskutierten theoretischen Konzepte sollten klar aus dem Titel hervorgehen. Der Titel sollte zudem die Methode aufgreifen, wenn diese zentral für die Beantwortung der Forschungsfrage ist (z. B. Meta-Analyse).
- Einhaltung Konventionen:
  - Der Titel sollte aus maximal zwölf Worten bestehen (diese Konvention wird an manchen Hochschulen wie beispielsweise der DHBW häufig verletzt, da der Titel vielfach mit dem Zusatz „am Beispiel der …" abgeschlossen wird).
  - Verwendung von Substantivausdrücken.
  - Verzicht auf die Verwendung von Abkürzungen.

Evaluierung Output: Was charakterisiert einen guten Ergebnisteil?

Zeiger fast die Anforderungen an den Ergebnisteil einer wiss. Arbeit wie folgt zusammen „write short, meaty, and clear papers" (Peat 2009):

- Prägnant: Die Ausführungen geben kurz und treffend wieder, was zu den forschungsleitenden Fragen / den Hypothesen herausgefunden wurde. Es wird auf die Darstellung von Nebensächlichkeiten verzichtet.
- Sachlich: Im Ergebnisteil werden die Daten sachlich präsentiert, ohne diese mit einer Interpretation zu verbinden.
- Redundanzen werden vermieden: So z. B. eine nochmalige ausführliche Darstellung der Ziele der Studie.
- Verständlich: Die verwendete Sprache sollte nicht komplexer als notwendig sein.

5.2.7 Sonstiges

Strukturierung des Forschungsprojektes	Beispiel Prompt: „Nenne mir die Phasen einer wissenschaftlichen Arbeit."
Ablaufplan zu einzelnen Aufgaben	Aufbau Prompt Datenbereinigung: „<Beschreibung der vorliegenden Daten> Wie sollte ich bei der Datenbereinigung vorgehen? Erstelle eine Liste mit der Abfolge der einzelnen Schritte."
Plan	Beispiel Prompt: „Erstelle mir einen Projektplan für eine Bachelorarbeit in übersichtlicher Form. Die Arbeit geht über 12 Wochen. Der Plan sollte die wichtigsten Meilensteine enthalten."
Denken in Alternativen	Die Verwendung der generativen AI kann zum kritischen Denken anregen. Eine Möglichkeit dazu besteht darin, sich verschiedene Standpunkte ausgeben zu lassen. Beispiele Prompt (Poynter 2023): "Write a blog about why personas are a good tool for segmenting the users of public transport." "Write a short blog about why personas are a bad tool for segmenting the users of public transport."

6 Nutzung von Softwarequellen und generativer KI in der Softwareentwicklung

Insbesondere in den Fachgebieten der Wirtschaftsinformatik und Informatik, aber auch in anderen Disziplinen wie der Elektrotechnik, der technisch orientierten Betriebswirtschaft oder im Wirtschaftsingenieurwesen, wird Software als Teil von Prüfungsleistungen oder im Rahmen von wissenschaftlichen Arbeiten entwickelt. Daneben hat die Softwareentwicklung für (Wirtschafts-)Informatikerinnen und -Informatikern in der beruflichen Praxis einen bedeutenden Stellenwert und stellt für Teile dieser Berufsgruppe ein Haupttätigkeitsfeld dar. Bei der Softwareentwicklung kommen im Regelfall Softwarequellen Dritter zum Einsatz, die in den eigenen Quellcode eingebunden oder deren Quellcode kopiert und angepasst wird. Daneben kommen heutzutage auch vermehrt generative KI-Werkzeuge wie bspw. GitHub-Copilot zum Einsatz, um den Softwareentwicklungsprozess zu unterstützen. Daher ist es wichtig, den korrekten Umgang mit Softwarequellen einerseits und die Einsatzpotenziale und -risiken von generativer KI andererseits im Kontext der Softwareentwicklung näher zu beleuchten. So soll die Basis für einen verantwortungsvollen, rechtskonformen und ethisch vertretbaren Umgang mit Softwarequellen Dritter sowie generativer KI ermöglicht werden.

Um die Einsatzgebiete von KI in der Softwareentwicklung besser verstehen zu können, ist es zweckmäßig, zunächst auf die zentralen Phasen des Softwareentwicklungsprozesses einzugehen. Dies erfolgt im ersten Unterkapitel dieses Abschnitts. Aufbauend darauf werden im zweiten Unterkapitel der korrekte Umgang mit Softwarequellen diskutiert und entsprechende Handlungsempfehlungen, auch für die berufliche Praxis, gegeben. Um dritte Softwarequellen im eigenen Projekt rechtskonform nutzen zu können, ist es auch wichtig, die Grundzüge von Lizenzierungsfragen von Softwarequellen zu kennen und verstanden zu haben. Ein entsprechender Überblick hierzu erfolgt im dritten Unterkapitel. Zum Abschluss dieses Kapitels wird im vierten Unterkapitel auf den Einsatz von generativen KI-Werkzeugen eingegangen. Anhand von GitHub-Copilot wird der Aufbau und die Funktionsweise entsprechender Werkzeuge erklärt. Dabei wird allen voran auf die Herausforderungen beim Einsatz dieser Werkzeuge eingegangen.

Konkret werden Sie die folgenden Dinge in diesem Kapitel lernen, die von hohem Nutzen für das Studium sowie die betriebliche Praxis sind:

- Phasen des Softwareentwicklungsprozesses und potenzielle Einsatzgebiete von generativer KI kennen
- Verstehen, warum und wie Softwarequellen korrekt kenntlich gemacht werden, um damit rechtkonforn und ethisch korrekt zu handeln
- Grundfragestellungen der Softwarelizenzierung und der Nutzung von Free- and Open-Source-Softwarelizenzen verstehen
- Die Nutzung von generativer KI im Softwareentwicklungsprozess kennenlernen und kritisch-reflektiert anwenden können

6.1 Konzeption des Softwareentwicklungsprozesses

Der Softwareentwicklungsprozess wird gewöhnlicherweise als mehrstufiger Prozess konzeptionalisiert, wobei die Benennung und die Anzahl der Aktivitäten sich je nach Modell, Methodik und Autoren unterscheiden. Der Softwareentwicklungsprozess kann wasserfalltypisch als lineare Abfolge von Aktivitäten (klassische Methodik), als Modell sich überlappender und mit Rücksprüngen versehender Phasen oder als dynamisch-iterativer Kreislauf mit parallelisierbaren Aktivitäten (agile Methodik) konzeptionalisiert werden.[49]

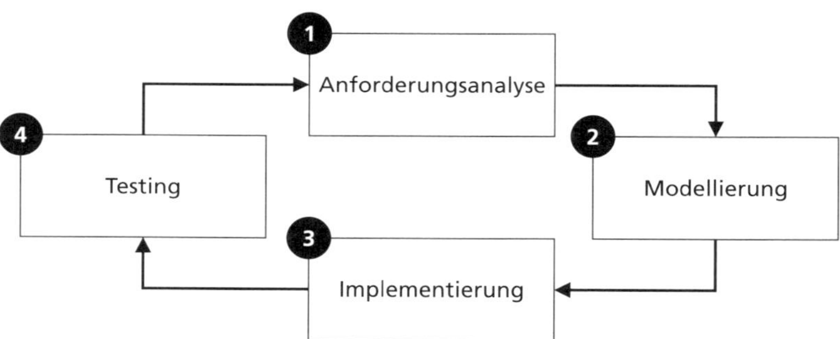

Abbildung 22: Konzeptionalisierung des Softwareentwicklungsprozesses in vier Phasen (Quelle: Eigene Darstellung)

Gewöhnlicherweise umfasst die Softwareentwicklung zunächst die zentrale Aktivität der Anforderungsanalyse. Hierbei werden die funk-

[49] Für einen guten Überblick der Thematik und verschiedener Vorgehensmodell vgl. Laudon et al. (2010), S. 904 ff.

tionalen- und nicht-funktionalen Anforderungen, und damit auch die Akzeptanzkriterien, an die zu entwickelnde Software erhoben und dokumentiert (1). Aus den Anforderungen kann im nächsten Schritt im Rahmen der Softwaremodellierung die Softwarespezifikation bzw. der Systementwurf abgeleitet werden. Hierbei entsteht u. a. ein technisches Design der Software inklusive der angestrebten Lösungsarchitektur. Dabei können auch Prototypen sowie sog. Proof-of-Concepts in unterschiedlicher Breite und Tiefe zum Einsatz kommen (2). Auf Basis der Modellierung erfolgt in der Phase der Implementierung die eigentliche softwaretechnische Umsetzung im Sinne der Programmierung, d. h. es erfolgt die Erstellung von Software-Quellcode (3). Schon während der Programmierung oder gar schon in der Phase der Modellierung können auf Basis der Softwarespezifikation entsprechende Testfälle abgeleitet und als automatisierbare Softwaretests hinterlegt werden (Stichwort: „Testgetriebene Entwicklung"). Mindestens im Anschluss an die Implementierung sollte das Produkt im Testing auf seine korrekte Funktionsweise und die Übereinstimmung mit den gestellten Anforderungen (Akzeptanztests) geprüft werden (4). Zu jeder Zeit können sich weitere Anforderungen ergeben, die dann in der Phase der Anforderungsanalyse untersucht und der weiteren Entwicklung zugeführt werden.

Die Ausführungen zeigen, dass der Softwareentwicklungsprozess aus weit mehr als der eigentlichen Programmierung im Sinne der Entwicklung von Software-Quellcode besteht. Entsprechend breiter als die Unterstützung der Phase der eigentlichen Implementierung kann damit auch der potenzielle Einsatz von generativer KI sein, so zum Beispiel bei der Unterstützung der Phasen der Modellierung oder des Testens. Hierauf soll, insbesondere mit Hinblick auf die testgetriebene Entwicklung, später konkreter eingegangen werden. Damit aber der Einsatz von generativer KI korrekt und nachhaltig erfolgt, ist eine Reihe von Aspekten zu beachten. Ein zentraler Punkt dabei ist die Frage der Kenntlichmachung von genutzten Software-Quellen, um die es im folgenden Unterkapitel gehen soll.

6.2 Korrektes Zitieren von Softwarequellen

In der Softwareentwicklung werden oft Quellen Dritter in Form von Quellcode, Programmierbibliotheken, Software-Dokumentationen, Software-Tutorials, Stack-Overflow-Beiträgen usw. verwendet. Daneben kommen auch zunehmend generative KI-Werkzeuge (bspw. GitHub-Copilot) zum Einsatz. Es stellt sich die Frage, wie sich ein korrektes Zitieren dieser Quellen gestaltet. Im Folgenden wird hierüber Auskunft gegeben und das Vorgehen anhand mehrerer Beispiele verdeutlicht. Es werden die rechtlichen Grundlagen und weitere Gründe, die eine Kenntlichmachung der Entnahme verlangen, diskutiert.

6.2.1 Urheberrecht und Kennzeichnung der Entnahme

Das deutsche Urheberrecht legt fest, dass die Nutzung fremden geistigen Eigentums stets deutlich kenntlich gemacht werden muss.[50] Zudem hat der Urheber das Recht auf Anerkennung seiner Urheberschaft am Werk, so dass eine Nennungspflicht besteht.[51] Dabei meint „fremdes geistiges Eigentum" alles, was nicht Ergebnis der eigenen geistigen Schöpfung ist und über eine gewisse Schöpfungshöhe[52] verfügt. Die Kenntlichmachung geschieht, wie aus anderen Kontexten bekannt, durch eine Kennzeichnung der Entnahme im Rahmen des Zitierens. Die Nutzung von Software-Quellcode, Programmierbibliotheken, Software-Dokumentationen usw. besitzt hier keine Sonderrolle, „Computerprogramme" werden explizit vom Urheberrecht als geschützte Werke benannt.[53] So handelt es sich bei den vorstehend genannten Quellentypen genauso um Quellenmaterial, wie es bei Fachartikeln, Monographien sowie Ton- und Bildmaterial der Fall ist. Entsprechend gelten auch hier die Regelungen des deutschen Urheberrechts sowie die Standards guter wissenschaftlicher Praxis.

Daneben gibt es noch weitere Gründe, warum eine Kenntlichmachung der Entnahme erfolgen muss. So kann beispielsweise der genutzte Software-Quellcode einer Softwarelizenz unterliegen, die die Angabe und sogar noch weitere Dokumentationspflichten und/oder Bedingungen bei einer Nutzung verlangt.[54] Hierauf wird vertieft im

---

[50] Vgl. § 63 Abs. 1 UrhG

[51] Vgl. § 13 UrhG. Das Namensnennungsrecht steht grundsätzlich jedem Urheber bzw. jeder Urheberin zu, auch z. B. Programmiererinnen und Programmierern von Software (vgl. Eichelberger/Wirth/Seifert, 4. Auflage 2022, UrhG § 13 Rn. 1 m. w. N.).

[52] Der Begriff der Schöpfungs- oder auch Gestaltungshöhe ist das zentrale Kriterium bei der Beantwortung der Frage, ob es sich im jeweiligen Falle, also bei einer persönlichen geistigen Schöpfung, um ein geschütztes Werk handelt oder nicht (vgl. Wandtke/Bullinger/Bullinger, 6. Auflage 2022, UrhG § 2 Rn. 23–25). Die Schöpfungshöhe wird am Grad der Individualität bestimmt, wobei die Bestimmung dieses Grads nicht trivial sein kann und die Schwelle für verschiedene Werkarten auch unterschiedlich ausfallen kann (vgl. ebenda). Sollte keine Sicherheit über das Erreichen der Schwelle der Schöpfungshöhe bestehen, so empfiehlt es sich im Zweifelsfall, von einem Urheberschutz auszugehen und die Entnahme kenntlich zu machen (vgl. https://www.uni-regensburg.de/assets/rechtsgrundlagen/Urheberrecht/Urheberrecht_in_der_Lehre.pdf, 25.5.23). Ferner sei auf die Ausführungen zur „kleinen Münzen" im folgenden Unterkapitel verwiesen.

[53] Vgl. § 2 Abs. 1 Nr. 1 UrhG

[54] Ein Beispiel hierfür ist die Apache 2.0 License (vgl. https://www.apache.org/licenses/LICENSE-2.0.html, 19.5.23), die bspw. u. a. verlangt, dass Code-

Folgekapitel eingegangen werden. Ferner dient im Rahmen von Prüfungsprozessen die Kenntlichmachung der Transparenzstiftung, um die Eigen- von einer Fremdleistung abzugrenzen. Sie dient ferner auch aus studentischer Sicht zum eigenen Schutz, um den Verdacht einer etwaigen Nutzung generativer KI-Werkzeuge, die ggf. für Prüfungsleistungen als Hilfsmittel ausgeschlossen wurden, von vornherein entkräften zu können. In der betrieblichen Praxis ist die Dokumentation von Entnahmen zudem sehr bedeutsam, damit die Nutzung fremder Software-Quellcodes und fremder Programmierbibliotheken über den Softwarelebenszyklus hinweg nachvollzogen werden kann. Dies ist insbesondere aus Sicherheitsgründen und aus rechtlichen Aspekten hinsichtlich Lizenzierungsfragen, so zum Beispiel bei der Nutzung von FOSS[55], wichtig. Zuletzt kann argumentiert werden, dass die Dokumentation einer Entnahme aus ethischen Gründen erfolgen sollte, um die Leistung der Urheberinnen und Urheber zu würdigen und ihre Arbeit, von der man profitieren darf, anzuerkennen („to give credit").

6.2.2 Vorgehen bei der Kenntlichmachung einer Entnahme

Ähnlich wie beim Umgang mit Texten können die bekannten Regeln des direkten und indirekten Zitierens auf die Nutzung von Software-Quellen und entsprechender Dokumentationen übertragen werden. Das Zitieren eines fremden Software-Quellcodes erfolgt hierbei durch eine Kommentierung im eigenen Quellcode und zwar an Ort und Stelle der Übernahme. Die folgenden Dinge sind für jede Entnahme festzuhalten:

1. Anfang und Ende der Übernahme kennzeichnen
2. Art und Höhe der Übernahme ausführen
3. Quellenverweis (URL) auf das Repository / die Homepage / den Ursprungsort setzen
4. Datum des Abrufs dokumentieren
5. ggf., d. h. wenn vorhanden, Softwarelizenz nennen
6. ggf. weitere durch die Softwarelizenz geforderten Angaben vornehmen

Die Dokumentation der Art und des Umfangs der Übernahme ist eine qualitative Beschreibung. Durch diese Beschreibung kann auch eine direkte Entnahme (direktes Zitat – wortwörtlich) von einer sinngemäßen Entnahme (indirektes Zitat – dem Sinn nach) unterschieden

---

Übernahmen immer nur unter Weitergabe des Lizenztexts erfolgen können und Code-Änderungen im Quellcode dokumentiert werden müssen.

[55] Abkürzung für „Free and Open Source Software", das Thema wird weiter unten behandelt.

werden. Sollte der genutzte fremde Software-Quellcode einer Lizenz unterliegen, dann ist diese im Regelfall anzugeben und, je nach Bedingungen der Lizenz, sind ggf. auch noch weitere Angaben zu tätigen, so zum Beispiel die Nennung der Autorinnen und Autoren des Werks oder die Wiedergabe des Lizenztexts im Quellcode selbst. Auch ist darauf zu achten, ob der übernommene Quellcode lizenztechnisch gesehen überhaupt kompatibel mit dem eigenen Projekt ist und dort verwendet werden darf bzw. unter welchen Bedingungen.[56]

Als Hilfestellung, sofern die o.g. Punkte eingehalten werden, kann folgende Syntax für die Kenntlichmachung der Entnahme verwendet werden. Zur einfachen Zuordnung kann direkt beim Start der Entnahme eine ganzzahlige Identifikationsnummer [id] vergeben werden, um die Passagen eindeutig zuzuordnen.

```
/* Code citation start [id]
* Description of quality of citation and resource link
*
* Author (if available, else delete): <String>
* Publication date (if available, else delete): <Date>
* Title of resource (if available, else delete): <String>
* Resource link (if available, else delete): <String>
* Accessed on: <Date>
* Software license (if available, else delete): <String>
* Link to software license (if available, else delete):
<String>
* Further license statements (if demanded by license,
else delete): <String>
*/

Code being cited

/*
* Code citation end [id]
*/
```

Um die Lesbarkeit des Codes nicht durch zu viele Kommentare zu beeinträchtigen, ist es auch möglich, einen Kurzvermerk [id] zu setzen und die Detailangaben dann in einem zentralen Quellenverzeichnis, bspw. in einer separaten Datei „SOURCES.txt“, zu bündeln. Das hat auch den Vorteil, dass Quellen mehrfach genutzt werden können, ohne die Daten jeweils redundant anzugeben. Eine Angabe würde dann wie folgt aussehen:

```
// Code citation start [1]
// Description of quality of citation

Code being cited

// Code citation end [1]
```

[56] Vgl. hierzu die Ausführungen im folgenden Unterkapitel

Im Quellenverzeichnis in der Datei „SOURCES.txt“ werden dann die Details wiedergegeben:

```
Sources

[1] author, publication date, title, resource link, ac-
cessed on dd.mm.yy, software license, link to software
license, further license statements
...
[i] ...
...
[n] ...
```

6.2.3 Beispiel: Kennzeichnung einer Entnahme aus einer API-Dokumentation mittels Freiform

Abbildung 23 zeigt ein Beispiel einer Übernahme eines Code-Schnipsels aus einer API-Dokumentation der Softwarebibliothek OpenPGP.js (vgl. https://docs.openpgpjs.org). Anhand der Kommentierung im eigenen Quellcode sind der Start und das Ende der Entnahme ersichtlich. Ferner wird dargelegt, wie es sich mit der Art und Höhe der Übernahme verhält. Die URL der Quelle wird angegeben, ebenso das Abrufdatum sowie die Softwarelizenz inkl. Verweis auf den Lizenztext.

```
function encrypt(nachricht) {
  let time_start = Date.now();
  /*
   * Parts of the following code have been taken, adapted and extended from the OpenPGP.js
   * API documentation here: https://docs.openpgpjs.org/ (31.3.23). The code provided by
   * the OpenPGP.js API documentation is licensed under the GNU Lesser General Public
   * License (3.0 or any later version). Please take a look at the LICENSE file for more
   * information: https://github.com/openpgpjs/openpgpjs/blob/main/LICENSE.
   */
  (async () => {
    //reading the public key
    const publicKey = await openpgp.readKey({ armoredKey: pub_key });
    const message_text = nachricht.inhalt;
    //encrypt data using public key provided
    const encrypted = await openpgp.encrypt({
      message: await openpgp.createMessage({ text: message_text }),
      encryptionKeys: publicKey,
    });
    /*
     * End of code taken, adapted and extended from OpenPGP.js API documentation.
     */
    let time_stop = Date.now() - time_start;
    document.getElementById("log-ausgabe").innerHTML =
      time_stop + " Millisekunde(n) zum Verschlüsseln benötigt.";
  })();
}
```

Abbildung 23: Kennzeichnung der Entnahme als Kommentar mit Anfang und Ende und weiteren Angaben

6.2.4 Beispiel: Kennzeichnung einer Entnahme aus Medium-Post mittels Angabesyntax

Abbildung 24 zeigt das Beispiel einer Code-Übernahme von einem Beitrag auf der Plattform „medium.com“ (vgl. https://medium.com/analytics-vidhya/understanding-oscillators-python-2813ec38781d).[57] Zur Kennzeichnung wird die Syntax, die oben vorgestellt wurde, genutzt. Die Qualität der Übernahme wurde kenntlich gemacht, ebenso ist der Quellenverweis (per URL) gegeben. Ferner wurden der Autor der Quelle sowie das Publikationsdatum, der genaue Titel sowie das Abrufdatum angegeben, Anfang und Ende der Übernahme sind ersichtlich. Da keine Lizenzinformation vorliegt, wurde dies so angegeben. Hier ist Vorsicht geboten, denn aufgrund der fehlenden Lizenzinformation ist nicht klar, ob der Quellcode genutzt werden darf. Es empfiehlt sich daher eine schriftliche Anfrage beim Urheber zu stellen.

Start of code citation [1].

The following code is based on and in parts taken from Medium: Understanding Oscillators (Python)

- author: gabijdh
- published on: Apr 20, 2021
- title: Understanding Oscillators (Python)
- resource link: https://medium.com/analytics-vidhya/understanding-oscillators-python-2813ec38781d
- accessed: May 23, 2023
- license: no license information available

Create a damped oscillator with a given damping factor and frequency.

```
# import libraries
import numpy as np
import pandas as pd
from scipy.integrate import solve_ivp
import matplotlib.pyplot as plt
```

```
t = np.linspace(0,30,10000)
y = [0,1]
# damping constant
gamma = 0.05
# frequency of oscillation
omega_sqr = 5

# function to solve
def sho(t,y):
    solution = (y[1],(-gamma*y[1]-omega_sqr*y[0]))
    return solution

solution = solve_ivp(sho, [0,10000], y0 = y, t_eval = t)
```

End of code citation [1].

Abbildung 24: Kennzeichnung der Entnahme mit Detailvermerk entsprechend der Angabesyntax

[57] Wir danken Herrn Jonas Michel für das Beispiel, das aus einem Praxisprojekt stammt.

Abbildung 25 zeigt die Entnahme bei der Nutzung von Kurzvermerken (s. o.). Die Detailangaben sind dann in einem separaten Quellenverzeichnis zu hinterlegen. Im Header des Quellcodes ist auf das Quellenverzeichnis hinzuweisen, so dass die Kurzvermerke zweifelsfrei zugeordnet werden können. Der entsprechende Eintrag im Quellenverzeichnis ist in Abbildung 26 dargestellt.

Please see SOURCES.txt for further source information.

Start of code citation. The following code is based on and in parts taken from the source [1].

Create a damped oscillator with a given damping factor and frequency.

```
# import libraries
import numpy as np
import pandas as pd
from scipy.integrate import solve_ivp
import matplotlib.pyplot as plt
```

```
t = np.linspace(0,30,10000)
y = [0,1]
# damping constant
gamma = 0.05
# frequency of oscillation
omega_sqr = 5

# function to solve
def sho(t,y):
    solution = (y[1],(-gamma*y[1]-omega_sqr*y[0]))
    return solution

solution = solve_ivp(sho, [0,10000], y0 = y, t_eval = t)
```

End of code citation [1].

Abbildung 25: Kennzeichnung der Entnahme mittels Kurzvermerk

```
Sources

[1] gabijdh, 20.4.21, Understanding Oscillators (Python),
    https://medium.com/analytics-vidhya/understanding-oscillators-python-2813ec38781d,
    accessed 23.5.23, no license information available

[2] ...

[3] ...

...

```

Abbildung 26: Quellenverzeichnis (SOURCES.txt) mit Detailvermerken

6.3 Lizenzfragen bei der Nutzung von Softwarequellen

Wir alle nutzen Software und oftmals sogar unbewusst, das heißt, wenn wir nicht gerade am Computer oder Smartphone sind. Software ist heute in vielen Geräten des Alltags verbaut. Autos, Haushaltsgeräte, technische Infrastruktur während der Arbeit oder in der Schule, Software ist überall. Insbesondere kommt heutzutage sog. Free- und Open-Source-Software (FOSS) zum Einsatz. Der Einfachheit halber soll damit zunächst Software bezeichnet werden, deren Quellcode einsehbar (das heißt nicht „closed") ist, später erfolgt eine genauere Definition und Abgrenzung. Durch die einfache Einsehbarkeit und Weiternutzung des Quellcodes kann ein hoher Grad an Wiederverwendung und Reife entstehen, der für die effektive und effiziente Entwicklung neuer Softwareprodukte förderlich ist. So kommt FOSS oft auch in studentischen Projekten, entsprechenden Prüfungsleistungen sowie in der beruflichen Praxis zum Einsatz. Viele Produkte, die wir heute nutzen, bedienen sich FOSS, noch mehr, viele dieser Produkte wären ohne FOSS gar nicht denkbar.[58] FOSS ist ein wesentlicher Innovationstreiber in unserer Welt geworden. Dies wird besonders deutlich, wenn man einen Blick auf die Entwicklung von digitalen Produkten und Diensten wirft. Doch wie geht man richtig mit FOSS im Kontext wissenschaftlicher Arbeiten und Prüfungsleistung um? Das ist Inhalt dieses Unterkapitels.

Software als Schutzgegenstand im Urheberrecht

Prinzipiell handelt es sich bei Software um Werke, die dem Urheberrecht unterliegen und dadurch einen entsprechenden Schutz genießen. Sie werden als Schutzgegenstand im Urheberrecht explizit genannt („Computerprogramme" § 2 Abs. 1 Nr. 1 UrhG). Der Schutz bezieht sich sowohl auf den eigentlichen Quellcode als auch auf den ausführbaren Binärcode. Das Gesetz legt fest, dass schon das „Entwurfsmaterial" (§ 69a Abs. 1 UrhG) urheberrechtlich geschützt ist, das heißt der Quellcode muss nicht zwingenderweise vollständig funktionsfähig oder gar fertiggestellt worden sein (Stichwort: „Code-Schnipsel").[59] „Ideen und Grundsätze, die einem Element eines Computerprogramms zugrunde liegen" (§ 69a Abs. 2 UrhG) sind jedoch nicht geschützt, dies würde zu weit gehen, da es allgemeine Prinzipien und weit verbreitete Methoden und Entwurfsmuster umfassen würde. Der Urheberrechtsschutz von

[58] Zwei Beispiele hierzu: In den Unterlagen zum eigenen Smartphone findet sich sicherlich eine Lizenzinformation zu den von der Smartphone-Software verwendeten FOSS-Komponenten. Oder man sucht bspw. in seiner Spotify-App unter „Infos" nach der „Drittanbieter-Software".

[59] Vgl. Schuster und Hunzinger (2020a), S. 1770 ff. sowie Schuster und Hunzinger (2020b), S. 1772

Computerprogrammen tritt automatisch mit der Anfertigung ein, das heißt, wenn „[Computerprogramme] individuelle Werke in dem Sinne darstellen, daß [!] sie das Ergebnis der eigenen geistigen Schöpfung ihres Urhebers sind" (§69a Abs. 3 UrhG). Dabei gilt das Prinzip der „kleinen Münze", das heißt, Schutz erfahren auch Werke mit geringer Schöpfungshöhe, so dass selbst einfache (aber wiederrum nicht ganz zu einfache) Computerprogramme unter den Urheberrechtsschutz fallen.[60]

Softwarelizenzen

Eine rechtskonforme Nutzung von urheberrechtlich geschützten Werken kann durch eine Lizenzierung erfolgen. Das deutsche Urheberrecht kennt das Wort „Lizenz" nicht, trifft jedoch beispielsweise Aussagen zu den Nutzungsrechten. Hieraus leitet sich die Möglichkeit zur Lizenzierung von geschützten Werken ab. Mit dem Begriff der Lizenz ist ein Vertrag gemeint, der die Bedingungen regelt, unter denen ein Werk genutzt werden darf (vgl. §31 UrhG). So heißt es in §31 Abs. 1 UrhG: „Der Urheber kann einem anderen das Recht einräumen, das Werk auf einzelne oder alle Nutzungsarten zu nutzen (Nutzungsrecht). Das Nutzungsrecht kann als einfaches oder ausschließliches Recht sowie räumlich, zeitlich oder inhaltlich beschränkt eingeräumt werden." Die Unterscheidung zwischen einem „einfachem Nutzungsrecht" sowie einem „ausschließlichem Nutzungsrecht" wird in §31 Abs. 2 und Abs. 3 UrhG konkretisiert. Ein „einfache[s] Nutzungsrecht berechtigt den Inhaber, das Werk auf die erlaubte Art zu nutzen, ohne dass eine Nutzung durch andere ausgeschlossen ist" (§31 Abs. 2 UrhG). Ein „ausschließliches Nutzungsrecht" hingegen „berechtigt den Inhaber, das Werk unter Ausschluss aller anderen Personen auf die ihm erlaubte Art zu nutzen und Nutzungsrechte einzuräumen. Es kann bestimmt werden, dass die Nutzung durch den Urheber vorbehalten bleibt." (§31 Abs. 3 UrhG). Auf Basis dieser getroffenen Regelungen sind somit verschiedene Spielarten der Einräumung von Nutzungsrechten im Rahmen von Lizenzen denkbar. Das trifft selbstverständlich auch auf die Gestaltung von Softwarelizenzen zu.

Grundsätzlich und aus Vereinfachungsgründen können bei Softwarelizenzen zwei Grundtypen von Lizenzformen unterschieden werden, die im Folgenden näher erklärt werden sollen:[61]

- Proprietäre Lizenzen

---

60 Vgl. Schuster und Hunzinger (2020c), S. 1774 f.

61 Der folgende Wikipedia-Artikel gibt einen Überblick verschiedener Softwarelizenzarten, wobei zur weiteren Auseinandersetzung mit der Thematik die dort verlinkten Primärquellen empfohlen werden: https://en.wikipedia.org/wiki/Software_license (Abruf vom 28.9.23)

- Free- und Open-Source-Lizenzen
  - Strenge Lizenzen (sog. "copyleft licenses") → Free Software Movement)
  - Freizügige Lizenzen (sog. "permissive licenses") → Open-Source-Software

Zunächst sollen die beiden Grundlizenzierungsformen voneinander abgegrenzt werden.

Proprietäre Lizenzen

Nach Meeker (2017, S. 267) beschreibt der Begriff der proprietären Lizenz „eine Lizenz, wie eine Endnutzerlizenz, die eingeschränkte Rechte, welche gewöhnlich nicht das Recht zum Empfang, zur Modifikation oder zur Verteilung des Quellcodes umfassen, gewähren." Typische Beispiele hierfür sind Endnutzerlizenzen für Softwareprodukte wie Microsoft Office oder Adobe Acrobat. Softwarelizenzen sind heute vielerorts eine Standardform der Lizenzierung mit sehr unterschiedlichen und in der Regel sehr restriktiven Lizenzverträgen. In diesen Lizenzverträgen (End User License Agreement / EULA) finden sich u. a. Regelungen zu den Rechten und Pflichten der Nutzerinnen und Nutzer. Da diese Lizenzverträge im Regelfall sehr individuell sind, ist eine juristische Prüfung aufwändig und eine Nutzung des Quellcodes entsprechend lizenzierter Software erschwert bzw., je nach Vertragstext, ohnehin ausgeschlossen. Aufgrund ihrer Individualität ist es möglicherweise auch wenig sinnvoll, diese Lizenzform in weitere Unterklassen unterteilen zu wollen.

FOSS-Lizenzen

Im Gegensatz zu den proprietären Lizenzen räumen FOSS-Lizenzen den Nutzerinnen und Nutzern weitergehende Rechte ein. Diese beinhalten in der Regel das Recht, den Quellcode einsehen und unter bestimmten Bedingungen nutzen, anpassen und weitergeben zu dürfen.[62] Wichtig ist zunächst festzuhalten, dass es *die* FOSS-Lizenz nicht gibt. FOSS-Lizenz ist nicht gleich FOSS-Lizenz, d. h. es gibt viele FOSS-Lizenztypen, die von den Nutzerinnen und Nutzern unterschiedliche Rechte und Pflichten verlangen. Auch hier muss man sich also am jeweiligen Lizenztext orientieren, um die Nutzungsbedingungen in Erfahrung zu bringen. Im Gegensatz zum hohen Individualisierungsgrad bei den proprietären Lizenzen ist es so, dass die Menge der geläufigen FOSS-Lizenzen übersichtlich ist und man daher in der

[62] Für eine detaillierte Definition sei auf die offizielle Definition der Open Source Initiative verwiesen: https://opensource.org/osd/ (Abruf vom 15.9.23)

Praxis oft wiederkehrende FOSS-Lizenzen antrifft.[63] Kennt und versteht man eine Reihe wichtiger Lizenztypen und Grundprinzipien, dann erleichtert dies die Arbeit enorm. Dies sowohl als Person, die FOSS nutzt, als auch als Person, die Software erzeugt, die als FOSS lizenziert werden soll.

Grundsätzlich werden bei FOSS-Lizenzen die sog. „strengen Lizenzen" (im Englischen auch als sog. "copyleft licenses" bezeichnet), von den sog. „freizügigen Lizenzen" (im Englischen als "permissive licenses" bezeichnet), unterschieden. Diese Unterscheidung soll nun weiter ausgeführt werden.

Strenge Lizenzen/Copyleft-Lizenzen

Um das Wort „streng" in „strenge Lizenz" und das damit zusammenhängende Prinzip des „Copyleft" zu verstehen, es ist es sinnvoll, sich über den Begriff der „freien Software" zu nähern. Ein Programm wird von der Free Software Foundation, der maßgeblichen Stiftung für freie Software, als „frei" bezeichnet, wenn es den Nutzerinnen und Nutzern die folgenden vier Grundfreiheiten gewährt, welche von Vertreterinnen und Vertretern der Freien-Software-Bewegung als elementar angesehen werden:

- „Die Freiheit, das Programm auszuführen wie man möchte, für jeden Zweck (Freiheit 0).
- Die Freiheit, die Funktionsweise des Programms zu untersuchen und eigenen Datenverarbeitungbedürfnissen anzupassen (Freiheit 1). Der Zugang zum Quellcode ist dafür Voraussetzung.
- Die Freiheit, das Programm zu redistribuieren und damit Mitmenschen zu helfen (Freiheit 2).
- Die Freiheit, das Programm zu verbessern und diese Verbesserungen der Öffentlichkeit freizugeben, damit die gesamte Gesellschaft davon profitiert (Freiheit 3). Der Zugang zum Quellcode ist dafür Voraussetzung."[64]

Die strenge Einhaltung der o. g. Freiheiten erfordert von den Entwicklerinnen und Entwicklern, dass der Quellcode bei Weitergabe eines Programms offengelegt wird, d. h. der Quellcode bzw. der Zugriff darauf mit den Binärdateien mitgeliefert wird. Ferner hat die strenge Einhaltung zur Konsequenz, dass Quellcode, der diesen vier Freiheiten unterliegt und in weiterer Software verbaut wird, dazu führt, dass auch diese Software den vier Freiheiten unterliegen muss, da ja sonst

[63] Vgl. hierzu die von der Open Source Software Initiative geprüften FOSS-Lizenzen, die eine besonders hohe Verbreitung und Community-Unterstützung haben: https://opensource.org/licenses/?categories=popular-strong-community (Abruf vom 28.9.23)

[64] https://www.gnu.org/philosophy/free-sw.html (Abruf vom 14.9.23)

die vier Freiheiten für den übernommenen Quellcode nicht mehr gewährleistet wären. In der Praxis wird in diesem Zusammenhang oft vom „viralen Effekt“ strenger Lizenzen gesprochen[65], da der eigene Quellcode durch die Nutzung entsprechend lizenzierter Quellcodes „angesteckt“ wird in dem Sinne, dass man zur Offenlegung bzw. zur Gewährleistung der vier Freiheiten für den eigenen Quellcode „gezwungen“ wird, wenn man den integrierten GPL-Code rechtskonform nutzen möchte.[66] Diesen Mechanismus bezeichnet auch der Begriff „Copyleft“, der als Anspielung bzw. Umkehrung des Begriffs „Copyright“ verstanden werden kann. Die Free Software Foundation definiert den Begriff wie folgt: „Copyleft ist eine allgemeine Methode, ein Programm (oder ein anderes Werk) frei (im Sinne von Freiheit, nicht „Nullpreis“ [gemäß der oben diskutierten vier Freiheiten]) zu machen und zu verlangen, dass alle modifizierten und erweiterten Programmversionen ebenfalls frei sind.“[67] Ferner heißt es zum Begriff des Copyleft: „Entwickler proprietärer Software verwenden Copyright, um Nutzern Freiheit zu nehmen; wir verwenden Copyright, um ihre Freiheit zu garantieren. Deshalb haben wir den Namen umgekehrt und *Copyright* in *Copyleft* geändert.“[68]. Copyleft-Lizenzen können in verschiedenen Strengegraden auftreten, was die Durchsetzung der o. g. Grundfreiheiten anbetrifft. So gibt es beispielsweise neben der strengen GPL (Version 2 und 3) auch noch die strengere Affero GPL, aber auch die schwächere GNU Lesser General Public License (LGPL).[69]

Freizügige Lizenzen / permissive licenses

Ein Hauptunterscheidungsmerkmal zwischen strengen und freizügigen Lizenzen ist, dass freizügige Lizenzen „entspannter“ sind, was die durchgängige Einhaltung der vier o. g. diskutierten Freiheiten betrifft. Der Grad der „Entspannung“ ist in den jeweiligen Lizenztexten geregelt. Freizügige Lizenzen verfügen nicht über das Copyleft-Prinzip, was sie damit eindeutig von den strengen Lizenzen unterscheidet. In der

[65] Vgl. bspw. Wilmer (2021), S. 276 ff.
[66] Wie Meeker 2017, S. 61 ff. ausführt, ist die Verwendung des Begriffs des „viralen Effekts“ im Zusammenhang mit „Copyleft“ irreführend, da proprietärer Code streng genommen nicht „angesteckt“ werden kann. Das heißt es gibt keinen rechtlichen Mechanismus, wie GPL-Code die Lizenz eines proprietären Codes ändern kann, lediglich Verletzungen der GPL sind die Folge und damit möglicherweise eine Klage wegen einer Urheberrechtsverletzung. Zudem mag jeder für sich selbst entscheiden, ob die Verwendung dieser Metapher gerechtfertigt ist oder nicht. Vertreterinnen und Vertreter der Freien-Software-Bewegung lehnen den Begriff des „viralen Effekts“ aufgrund seiner negativen Konnotation und seiner häufigen Verwendung in negativen Bedeutungskontexten ab.
[67] https://www.gnu.org/copyleft/ (Abruf vom 15.9.23)
[68] Ebd.
[69] Vgl. bspw. https://github.com/readme/guides/open-source-licensing (Abruf vom 28.9.23)

Regel erlauben freizügige Lizenzen den Nutzerinnen und Nutzern eine Vielzahl von Dingen (ggf. sogar im Sinne von „do whatever you want"), sofern sich diese an die Lizenztext definierten bzw. mit dem Lizenztext verbundenen Bedingungen halten (Meeker 2017, S. 33). Wie auch bei den strengen Lizenzen wird bei freizügigen Lizenzen die Software „as-is" mit keinerlei Garantien gegeben, teilweise müssen auch die Autorinnen und Autoren genannt werden (vgl. ebd.). Populäre freizügige Lizenzen sind die MIT License, die Apache License 2.0 sowie die BSD License.[70]

Lizenzkompatibilität

In der Softwareentwicklung bedient man sich gewöhnlicherweise Softwarekomponenten Dritter, so beispielsweise in Form von Programmierbibliotheken oder von Quellcode. Dies dient der Aufwandsreduktion und der Qualitätssteigerung. In der Regel handelt es sich bei diesen Drittanbieter-Komponenten um FOSS. Da die FOSS-Komponenten in der Regel nicht derselben Lizenz unterliegen und man ggf. für sein eigenes Projekt entweder eine proprietäre Lizenzierung oder eine FOSS-Lizenzierung verfolgt, stellt sich die Frage der Lizenzkompatibilität.[71] Das heißt, sind die verwendeten FOSS-Komponenten lizenztechnisch untereinander kompatibel und/oder sind diese mit dem eigenen Code, und wenn ja, unter welchen Bedingungen, kompatibel? Die verschiedenen Herausforderungen sind in Abbildung 27 anschaulich und zusammengefasst dargestellt.

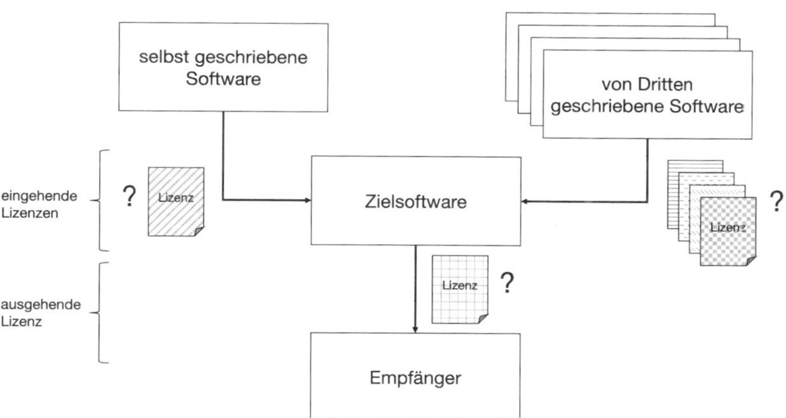

Abbildung 27: Veranschaulichung der Herausforderungen der Lizenzkompatibilität (Quelle: Eigene Darstellung in Anlehnung an Meeker (2017), S. 52 ff.)

[70] Vgl. bspw. https://github.com/readme/guides/open-source-licensing (Abruf vom 28.9.23)

[71] Vgl. bspw. auch Wilmer (2021), S. 276 ff.

Die Prüfung der Lizenzkompatibilität erfolgt über eine Analyse der in das Produkt eingehenden Lizenzen, hierbei ist zunächst ein näheres Verständnis der Einzellizenzen wichtig.[72] Proprietäre Lizenzen erzeugen typischerweise Nutzungsbeschränkungen, während FOSS-Lizenzen primär Nutzungsbedingungen aufstellen (vgl. Meeker 2017, S. 53). Eine Analyse der einzelnen Lizenztexte zeigt, ob es tatsächliche lizenzrechtliche Kollisionen gibt. Ferner besteht in bestimmten Szenarien auch die Möglichkeit, über die Wahl Lizenzierungsform der Zielsoftware, also über die ausgehende Lizenz, etwaige Inkompatibilitäten aufzulösen.

Während die Arbeit mit proprietärer Software im Regelfall eine aufwändige lizenztechnische Analyse erfordert, ist dies bei FOSS leichter zu bewerkstelligen. Da es die Natur von FOSS ist, der nutzenden Person großzügige Freiheiten einzuräumen, kommen Inkompatibilitäten weniger häufig vor. Insbesondere trifft dies auf die Arbeit mit Software zu, die unter freizügigen Lizenzen lizenziert ist. Auch bei FOSS ist die Frage entscheidend, unter welcher ausgehenden Lizenz man die Zielsoftware lizenzieren will, da hierüber auch die Kompatibilität gesteuert werden kann. Generell gilt, dass die ausgehende Lizenz (die der Zielsoftware), die mit den meisten Bedingungen sein sollte, d. h. die Bedingungen der eingehenden Lizenzen umfassen sollte (vgl. Meeker 2017, S. 52 ff.).

Während bei den gängigen freizügigen Lizenzen unter sich in der Regel keine Inkompatibilitäten auftreten, stellt sich die Situation in Zusammenhang mit Copyleft-Lizenzen anders dar. Hier ist Vorsicht geboten, denn je nach Copyleft-Lizenz werden Bedingungen aufgestellt, die sich mit denen anderer Lizenzen ausschließen, was insbesondere auf die Verwendung von Software zutrifft, die unter GPL oder LGPL lizenziert ist (vgl. Meeker 2017, S. 55 ff.). Um sich dem Thema aus Praxissicht zu nähern, kann auf die Liste der Free Software Foundation zurückgegriffen werden, die Auskunft über die Kompatibilität gängiger FOSS-Lizenzen gibt.[73] Ferner sei auf den Kurzaufsatz von David Wheeler hingewiesen, der eine weitere Orientierung bietet.[74] Auch bietet der Fachartikel von Wilmer (2021) einen praktisch orientierten Einstieg.

Zum Abschluss: FOSS = kostenlos?

Abschließend soll noch auf ein häufiges Missverständnis eingegangen werden. Häufig trifft man in Theorie und Praxis die Auffassung an,

---

[72] Als Hilfsmittel für eine erste Kurzanalyse einer FOSS-Lizenz kann beispielsweise auf das folgende Werkzeug zurückgegriffen werden: https://www.tldrlegal.com/ (Abruf vom 28.9.23)

[73] https://www.gnu.org/licenses/license-list.html (Abruf 15.9.23)

[74] https://dwheeler.com/essays/floss-license-slide.html (Abruf 15.9.23)

dass FOSS immer (und notwendigerweise?) „kostenlos“ sei. Das „frei“ in „Freie Software“ bezieht sich aber auf die o.g. Eigenschaften im Sinne der vier Grundfreiheiten, nicht aber zwangsläufig auf die Eigenschaft „kostenlos“ zu sein. Sprich auch freie Software kann kommerziell sein, so könnte man beispielsweise Kopien einer freien Software verkaufen, um damit die Entwicklung zu finanzieren (“Think of ‘free speech,’ not ‘free beer.’”).[75] Ebenso verhält es sich mit Software, die einer freizügigen Lizenz unterliegt.

6.4 Nutzung von generativer KI in der Softwareentwicklung

Werkzeuge generativer KI zur Unterstützung der Softwareentwicklung, insbesondere bei der Programmierung, erfreuen sich zunehmender Popularität. Maßgeblich beigetragen dazu hat der Dienst Copilot der bekannten GitHub-Plattform. Mittels Copilot können anhand natürlichsprachlicher Eingaben zu Programmierproblemen Lösungen in Form von Quellcode-Schnipseln generiert werden.[76] Copilot autovervollständigt Code-Fragmente / Nutzereingaben, indem der jeweilige Text- und Programmierkontext betrachtet wird, um dann auf Basis des unterliegenden Modells zu schließen, welche Antwort am wahrscheinlichsten ist. Dabei unterstützt Copilot gängige Programmiersprachen wie beispielsweise Python. So kann Copilot als Assistent / Begleiter bei der Programmierung – aber auch darüber hinaus, so zum Beispiel bei der Testvorbereitung – genutzt werden.

Neben dem bekannten Dienst GitHub-Copilot gibt es weitere Werkzeuge generativer KI, die in der Softwareentwicklung unterstützen können.[77] Hierzu zählen beispielsweise Tabnine[78], replit[79], GPT-Code-Clippy[80], CodeWhispherer[81] oder Intellicode[82].[83] Die folgenden Ausführungen konzentrierten sich auf GitHub-Copilot, um anhand dieses Werkzeugs stellvertretend für alternative Werkzeuge die Grundherausforderungen der Verwendung generativer KI in der Softwareentwicklung zu thematisieren, um dann konkrete Einsatzszenarien in

[75] Vgl. https://www.gnu.org/philosophy/selling.en.html (Abruf vom 14.9.23)
[76] Vgl. hierzu und im Folgenden https://github.com/features/copilot (Abruf vom 20.9.23)
[77] Vgl. bspw. die Auflistung unter https://www.tabnine.com/blog/github-copilot-alternatives/ (Abruf vom 18.9.23)
[78] https://www.tabnine.com/ (Abruf vom 18.9.23)
[79] https://replit.com/ (Abruf vom 18.9.23)
[80] https://github.com/CodedotAl/gpt-code-clippy (Abruf vom 18.9.23)
[81] https://aws.amazon.com/codewhisperer/ (Abruf vom 18.9.23)
[82] https://visualstudio.microsoft.com/services/intellicode/ (Abruf vom 18.9.23)
[83] Vgl. auch die Ausführungen in Kapitel 1.2.7. Übersicht KI-Tools.

Studium und Beruf zu diskutieren. Bitte beachten Sie auch, dass die Nutzung von GitHub-Copilot kostenpflichtig ist.

Grundherausforderungen und Funktionsweise

Um ein besseres Verständnis für die Verwendung von GitHub-Copilot und ähnlicher Dienste und die damit verbundenen Herausforderungen zu erlangen, wird im Folgenden näher auf den Aufbau und die Funktionsweise eingegangen. Diese ist in Abbildung 28 dargestellt.

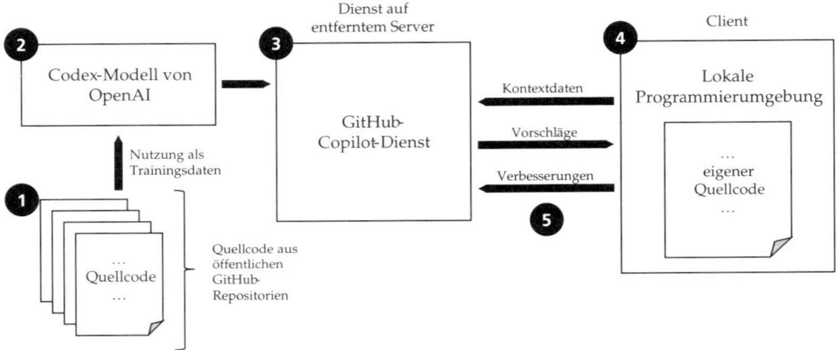

Abbildung 28: Funktionsweise von GitHub-Copilot (Quelle: Eigene Darstellung in Anlehnung an Kakal (2021))

Das Herzstück des GitHub-Copilot-Diensts ist das sog. Codex-Modell (2). Dieses trainierte Machine-Learning-Modell wurde maßgeblich von Mitarbeiterinnen und Mitarbeitern der amerikanischen Firma OpenAI entwickelt und im Rahmen einer Evaluationsstudie in einem Fachartikel 2021 vorgestellt (Chen et al., 2021). Das Codex-Modell wurde anhand von Python-Quellcode in 54 Millionen öffentlich zugänglichen Software-Repositorien der Plattform GitHub mit einer Gesamtmenge von 179 Gigabyte Quellcode trainiert (1). Der GitHub-Copilot-Dienst nutzt dieses Modell (bzw. optimierte Varianten hiervon), um anhand der Kontextdaten aus der Programmierumgebung den Nutzerinnen und Nutzern entsprechende Code-Vorschläge zu unterbreiten (3). Es handelt sich bei GitHub-Copilot um eine Server-Anwendung, die in verschiedenen Cloud-Rechenzentren der Welt betrieben wird. Die lokale Programmierumgebung der Nutzerinnen und Nutzer bildet als Client das Gegenstück und kann entsprechende Anfragen an den Dienst stellen, sofern in der Programmierumgebung eine Unterstützung des Dienstes aktiviert ist (4). Durch den Client werden Kontextdaten, die bspw. den bereits vorhandenen Quellcode, natürlichsprachliche Kommentare im Quellcode und einzelne Tastenanschläge umfassen können, an den Dienst übertragen. Dieser wiederrum erzeugt auf Basis des Codex-Modells entsprechende Quellcode-Vorschläge für das gelieferte Programmierproblem und liefert diese zurück. Durch die Nutzerinnen und Nutzer vorgenommene Verbesserungen des eigenen Quellcodes auf Basis der durch GitHub-Copilot gemachten Vorschläge werden zur Dienstverbesserung genutzt.

Die Übertragung von Nutzereingaben an den Dienst sowie die permanente Auswertung des Nutzungskontexts auf externen Infrastrukturen, auch außerhalb der europäischen Union, wirft kritische Fragen hinsichtlich der Gewährleistung von Datenschutz und Vertraulichkeit auf, insbesondere auch beim Einsatz in der betrieblichen Praxis. Hierzu geben die FAQs[84] und die Datenschutzerklärung[85] von GitHub-Copilot nähere Auskunft. Hat man beispielsweise die Telemetrieeigenschaft von GitHub-Copilot aktiviert, werden die Prompts und die Lösungsvorschläge dauerhaft auf den Instrastrukturen von GitHub-Copilot gespeichert und möglicherweise zur Analyse und/oder Produktverbesserung genutzt. Unabhängig von der Telemetrieeigenschaft können von GitHub-Copilot personenbezogene Daten zur Nutzung („user engagement data") verarbeitet werden, so die Angaben des Dienstes.

Neben der Frage der Gewährleistung von Datenschutz und Vertraulichkeit ist eine offene Kontroverse auch die Frage danach, ob GitHub-Copilot nicht Urheberrechtsverletzungen begeht bzw. die Nutzerinnen und Nutzer des Diensts dies tun. So wird GitHub-Copilot seitens der Software Freedom Conservancy vorgeworfen, durch das Training auf öffentlich zugänglichen GitHub-Repositorien, die auch strengen FOSS-Lizenzen wie der GPL unterliegen, Urheberrechtsverletzungen begangen zu haben.[86] Ein Streitpunkt ist dabei, ob das trainierte Codex-Modell auf FOSS-lizenziertem Code basiert und damit das von den strengen Lizenzen formulierte Copyleft angewandt werden muss. Entsprechende gerichtliche Urteile stehen aus. Es wurde allerdings schon mehrfach festgestellt, dass Copilot tatsächlich GPL-lizensierten Quellcode wortwörtlich in Codeschnipseln ausgibt und dabei die Referenz auf die GPL nicht nennt bzw. sogar eine andere nicht-Copyleft-Lizenz angibt. Somit liegt das Risiko unwissentlich Urheberrechtsverletzungen zu begehen letztendlich bei den Nutzerinnen und Nutzern, auch da Copilot festhält „the output belongs to the operator".

Kommen wir nun zur Leistungsfähigkeit des Diensts. In der Studie von Chen et al. (2021) wird die Leistungsfähigkeit des Codex-Modells sowie einer weiterentwickelten Variante (Codex-S-Modell) bei der Lösung verschiedener Programmieraufgaben in der Sprache Python

84 Vgl. https://github.com/features/copilot/#faq (Abruf vom 18.9.23)
85 Vgl. https://docs.github.com/en/site-policy/privacy-policies (Abruf vom 18.9.23)
86 Vgl. hierzu und auch im Folgenden https://sfconservancy.org/blog/2022/feb/03/github-copilot-copyleft-gpl/ (Abruf vom 18.9.23)

untersucht. Hierbei wurde aus einem standardisierten Evaluationsdatensatz aus sog. Docstrings (natürlichsprachliche Kommentare, die Programmbestandteile beschreiben) durch das Modell Programmcode automatisch erzeugt, wobei 28,8 % (und 37,7 % für das Codex-S-Modell) der gestellten Aufgaben korrekt gelöst werden konnten. Durch die Generierung weiterer Lösungsvorschläge konnte die Wahrscheinlichkeit gesteigert werden, dass der generierte Code eine passende funktionale Lösung enthält. In ihrer Studie führen die Entwickler des Codex-Modells folgende Risiken sowie Einschränkungen im Zusammenhang mit der Nutzung dieser generativen KI aus: (vgl. Chen et al., 2021, S. 10 ff.)

- Das Modell kann Code produzieren, der oberflächlich korrekt aussieht, aber in der Tiefe inkorrekt ist, d. h. das gestellte Problem nicht löst oder gar Sicherheitsprobleme verursacht. Durch fehlende menschliche Reflexion des produzierten Codes entstehen Risiken, was gerade für Anfängerinnen und Anfänger ein Problem darstellt („Over-reliance"). Das Problem wurde beispielsweise auch in einer Studie von Perry et al. (2022) untersucht. Die Autoren konnten zeigen, dass Nutzerinnen und Nutzer, die die KI nutzten, objektiv betrachtet signifikant unsichereren Quellcode produzierten als die Kontrollgruppe. Bemerkenswerterweise war eine in der Tendenz veränderte Selbstwahrnehmung dieser KI-Nutzerinnen und Nutzer festzustellen, das heißt sie gaben mit höherer Wahrscheinlichkeit an, aufgrund der KI-Nutzung sichereren Quellcode zu schreiben. Allerding zeigte die Studie auch, dass Nutzerinnen und Nutzer mit einer kritischeren Haltung und einem besseren Verständnis für das Prompting, Quellcode mit weniger Anfälligkeiten erzeugen konnten. Finnie-Ansley et al. (2022) untersuchten die Lösungsfähigkeit des Codex-Modells für Probleme aus typischen Einführungsveranstaltungen im Fach Programmieren. Die Ergebnisse zeigen, dass das Codex-Modell bessere Lösungen als die meisten Studierenden für diese relativ einfachen und bekannten Aufgaben produziert. Neben dem Risiko der „over-reliance" betonen die Autoren die Herausforderung von generativer KI in der Softwareentwicklung hinsichtlich der Einhaltung akademischer Integrität (Täuschungsversuche / Nutzung von Plagiaten).
- Versatzfehler („Misalignment"), d. h. das Modell schlägt aufgrund eines leicht fehlerhaften Nutzerinputs falsche Lösungen vor, obwohl das Modell prinzipiell in der Lage wäre, die richtige Lösung zu nennen.
- Aufgrund der Natur der genutzten Trainingsdaten können Verzerrungen („Bias and representation") auftreten, so dass das Modell Code generiert, der Stereotypen des Geschlechts, der Kultur usw. enthält.

- Auswirkungen auf die Volkswirtschaft und menschliche Arbeit in dem Sinne, dass Codex die Arbeit sowie die Entlohnung von Entwicklerinnen und Entwicklern verändern kann („Economic and labor market impacts").
- Herausforderungen der Sicherheit, da Codex verwundbaren Code sowie Code mit Versatzfehlern produzieren kann („Security implications"). Dies wird auch durch eine Studie von Pearce et al. (2021) gestützt, die in einer von GitHub-Copilot produzierten Stichprobe ca. 40% verwundbaren Code im Sinne gängiger Sicherheitslücken (MITRE's Top 25 Common Weakness Enumeration list) fanden.
- Umweltprobleme, da das Training und die Nutzung von Codex hohe Energieaufwände verursachen („Environmental impacts").

Die Schwierigkeit im Umgang mit Diensten wie Copilot wird auch durch eine Studie von Vaithilingam et al. (2022) hervorgehoben. Die Autoren stellten in ihrer Studie fest, dass Copilot in realitätsnahen Szenarien nicht notwendigerweise die Fertigstellungszeit oder die Erfolgrate beim Programmieren beeinflusste. Ferner zeigen die Untersuchungsergebnisse, dass Nutzerinnen und Nutzer Schwierigkeiten hatten, die vom Copilot-Dienst generierten Code-Schnipsel zu verstehen, anzupassen und in das eigene Programm zu integrieren, was die Gesamteffektivität einschränkte. Gerade das Thema der Integration in den eigenen Code ist in der Praxis ein bekanntes und nicht zu unterschätzendes Thema.

Konkrete Einsatz- und Nutzenpotenziale in der Praxis

Anhand mehrerer Beispiele sollen nun im Folgenden konkrete Einsatzszenarien für generative KI in der Sofwareentwicklung mittels des Werkzeugs „GitHub-Copilot" aufgezeigt werden, die den o.g. ausgeführten Herausforderungen Rechnung tragen. Insgesamt beschränken sich die Einsatzszenarien dabei auf einfache Aufgabenstellungen bei denen nicht die intellektuelle Schöpfung, sondern die Reduktion von repetitiven Aufgaben im Vordergrund steht. Zudem beschränken sich die Einsatzszenarien auf Anwendungsfälle zur Inspiration bzw. Einführung in neue Softwarebibliotheken oder Programmiersprachen.

In der beruflichen Praxis, aber auch im Studium, können generative KI-Anwendungen in der Softwareentwicklung insbesondere in den folgenden Aspekten einen Nutzen – eine kritisch-reflektierte Verwendung vorausgesetzt – leisten:

- Generelle Nutzung als Auto-Vervollständiger beim Programmieren, um so die „Fleißaufgaben" beim Programmieren besser und schneller bewältigen zu können, so zum Beispiel das Anlegen von Klassenrümpfen, Konstruktoren sowie Getter- und Setter-Methoden oder die Entwicklung von Logging-Statements

- Dokumentation von Quellcode
- Hilfestellung bei der Benutzung von neuen Programmierbibliotheken
- Hilfestellung beim Erlernen neuer Programmiersprachen
- Unterstützung bei der Anfertigung von Softwaretests
- Unterstützung bei einer testgetriebenen Softwareentwicklung

Für alle diese Anwendungsfelder ist es wichtig, dass GitHub-Copilot den jeweiligen Kontext bestmöglich erkennen und auswerten kann. Dies setzt voraus, dass sprechende und konsistente Benennungen für Programmbestandteile (Funktionen, Methoden, Variablen, Klassen usw.) verwendet werden. Ferner setzt es voraus, dass Notationen konsistent verwendet werden. Im Folgenden werden zur Inspiration und Illustration ein paar einfache Beispiele anhand der Programmiersprache Java gezeigt.

J Car.java ●

J Car.java

```
public class Car {
    private String name;
    private String color;
    private int speed;
    private int price;

    public Car(String name, String color, int speed, int price) {
        this.name = name;
        this.color = color;
        this.speed = speed;
        this.price = price;
    }

    public String getName() {
        return name;
    }

    public String getColor() {
        return color;
    }

    public int getSpeed() {
        return speed;
    }

    public int getPrice() {
        return price;
    }
}
```

Abbildung 29: Nutzung von GitHub-Copilot zur Generierung von Klassenrümpfen

Abbildung 29 zeigt, dass einfache Klassenrümpfe generiert werden können, die Eingabe „`public class Car`" reicht schon aus, dass GitHub-Copilot einen möglicherweise passenden Rumpf für die Klasse vorschlägt. Dieser Vorschlag enthält bereits typische Variablen, einen entsprechenden Konstruktor sowie die passenden Getter-Methoden. In der Folge schlägt GitHub-Copilot auch entsprechende Setter-Methoden vor, was Abbildung 30 zeigt. Vorschläge für Methoden zur

Konvertierung zwischen Geschwindigkeitseinheiten werden ebenso automatisch erzeugt, wenn man alleine schon „`public double getSpeedIn`" eingibt. Auch hilft GitHub-Copliot bei der Dokumentation des Quellcodes (bspw. javadoc), indem bereits durch Eingabe von „/**" erkannt wird, dass eine Dokumentation angefertigt werden soll.

```
    public void setName(String name) {
        if (name.length() > 0) {
            this.name = name;
        }
    }

    public void setColor(String color) {
        if (color.length() > 0) {
            this.color = color;
        }
    }

    public void setSpeed(int speed) {
        if (speed > 0) {
            this.speed = speed;
        }
    }
    < 1/1 > Accept Tab Accept Word Ctrl + RightArrow ···
    public void setPrice(int price) {
        if (price > 0) {
            this.price = price;
        }
    }
}
```

```
    public double getSpeedInKm() {
        return speed * 1.6;
    }
}

    /**
     * Returns the speed of the car in km/h
     * @return speed in km/h
     */
    public double getSpeedInKm() {
        return speed * 1.6;
    }
}
```

Abbildung 30: Generierung von Methoden sowie von Vorschlägen für die Dokumentation (javadoc)

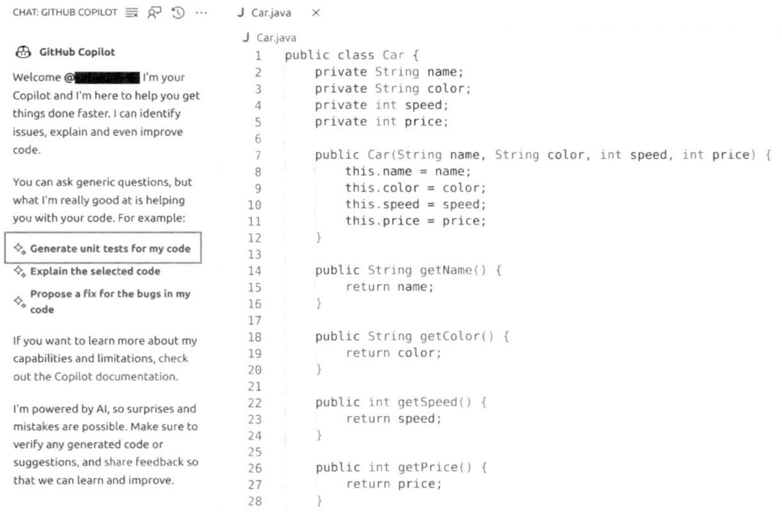

Abbildung 31: Chat-Möglichkeit mit GitHub-Copilot sowie automatische Generierung von Unit-Tests

GitHub Copilot

Sure, I can help you with that. Based on the code you provided, I suggest writing the following unit tests:

```
import org.junit.Test;
import static org.junit.Assert.*;

public class CarTest {
    @Test
    public void testGetSpeedInMPH() {
        // Create a new Car object and set its speed to 100 KPH
        Car car = new Car();
        car.setSpeed(100);

        // Call the getSpeedInMPH() method and assert that it returns the expected value
        double expectedSpeed = 62.1371;
        double actualSpeed = car.getSpeedInMPH();
        assertEquals(expectedSpeed, actualSpeed, 0.001);
    }

    @Test
    public void testSetSpeed() {
        // Create a new Car object and set its speed to a negative value
        Car car = new Car();
        car.setSpeed(-100);

        // Assert that the speed is not negative
        int expectedSpeed = 0;
        int actualSpeed = car.getSpeed();
        assertEquals(expectedSpeed, actualSpeed);
    }

    @Test
    public void testSetPrice() {
        // Create a new Car object and set its price to a negative value
        Car car = new Car();
        car.setPrice(-100000);

        // Assert that the price is not negative
        int expectedPrice = 0;
        int actualPrice = car.getPrice();
        assertEquals(expectedPrice, actualPrice);
```

Abbildung 32: Unit-Test-Vorschläge, die von GitHub-Copilot generiert wurden

Daneben kann man mit GitHub-Copilot auch einen Chat führen und Fragen stellen, so zum Beispiel um Erklärungen des Quellcodes oder Hilfestellungen zur Fehlerbehebung zu erhalten. Dies zeigt Abbildung 31. Zudem können auch Vorschläge für Softwaretests von GitHub-Copilot automatisch erstellt werden, die anschließend in das eigene Projekt übernommen werden können. Wichtig ist hier, dass man die Tests tatsächlich auf ihre Logik prüft und nicht einfach blind übernimmt. So ist bei den Testvorschlägen in Abbildung 32 beispielsweise zu sehen, dass Tests für eine Methode „`getSpeedInMPH()`“ vorgeschlagen werden, obwohl diese Methode gar nicht in der Klasse „`Car.java`“ existiert. Auch kann GitHub-Copilot dafür eingesetzt werden, Logging-Statements zu entwickeln, was in Abbildung 33 exemplarisch gezeigt ist. Es reicht, einfach „`logger.` “ einzugeben und anhand der Kontextinformationen schlägt GitHub-Copilot ein möglicherweise passendes Logging-Statement vor.

```
    public void setName(String name) {
        if (name.length() > 0) {
            logger.info("Setting name to " + name);
            this.name = name;
        }
    }
```

Abbildung 33: Vorschlag von Logging-Statements durch GitHub-Copilot

Fazit und letzte Hinweise

Gemessen an der eingeschränkten Leistungsfähigkeit von GitHub-Copilot bei komplexeren bzw. spezifischeren Aufgabenstellungen sowie in Anbetracht der Risiken, scheint es sinnvoll zu sein, generative KI in der Softwareentwicklung nur zu Inspirationszwecken oder für die Reduktion von einfachen „Fleißaufgaben" zu nutzen. So betonen selbst die Entwickler des Codex-Modells in Chen et al. (2021, S. 11): „human oversight and vigilance is required for safe use of code generation systems like Codex." Was die eingeschränkte Leistungsfähigkeit anbetrifft, so ist davon auszugehen, dass es weitere Fortschritte bei der Modellentwicklung geben wird. So zeigt das von Yujia et al. (2022) entwickelte Modell AlphaCode eine wesentliche Verbesserungquote bei schwierigen Aufgabenstellungen, die ein tieferes Verständnis erfordern. Insofern stellt dieses Fazit eine Momentbetrachtung dar und muss ggf. zu einem späteren Zeitpunkt überdacht bzw. angepasst werden.

Zusammenfassend lässt sich sagen, dass KI-generierter Quellcode aus mehrerlei Gründen problematisch ist. KI-generierter Quellcode, ebenso wie anderer fremder Quellcode (z. B. Übernahme von Stack-Overflow etc.), kann zunächst Sicherheitslücken und/oder unerwünschtes Verhalten in das eigene Programm einbringen und sollte daher nicht unreflektiert übernommen werden. Auch wenn der generierte Code im Sinne des Input-Output-Verhaltens erwünscht funktioniert, heißt das nicht, dass der Code kein unerwünschtes Verhalten besitzt, so zum Beispiel unter Randbedingungen. Auch heißt das nicht, dass der Code effizient ist, gut testbar oder wartbar ist. Ferner ist fraglich, welchen rechtlichen Bestimmungen (Lizenz) der generierte Code unterliegt, da die KI sich zahlreicher Quellcode-Fragmente Dritter in ihren Trainingsdatensätzen bedient und hierüber und damit über die primäre Urheberschaft keine Transparenz besteht. Entsprechend sind Verletzungen des Urheberrechts nicht auszuschließen. Auch gibt man unter Umständen interne Informationen an die KI bzw. den dahinterstehenden Anbieter preis, wenn diese beim Programmieren „mithorchen" darf. Dies ist insbesondere aus betrieblicher Sicht kristisch. Zuletzt schränkt die Nutzung generativer KI-Werkzeuge die individiuelle Eigenleistung ein, da die entsprechenden Bestandteile des Werks nicht die eigene geistige Schöpfung, sondern die Schöpfung Dritter sind.

Alle diese Gründe sprechen dafür, generative KI-Werkzeuge in der Softwareentwicklung nur eingeschränkt, und zwar für einfache Aufgabenstellungen („Fleißaufgaben“) und/oder für Inspirationszwecke einzusetzen. Die Verwendung muss immer durch die Nutzerinnen und Nutzer kritisch begleitet und reflektiert werden. Auch sollte die Verwendung zur späteren Nachvollziehbarkeit dokumentiert werden, das heißt der Name und die Version des verwendeten Werkzeugs sowie das Datum der Benutzung (Zeitpunkt der Generierung) und der Nutzungsumfang sollten in der Kommentierung des Quellcodes vermerkt werden.

Zum Weiterlesen

Zum wissenschaftlichen Arbeiten

Klein, Andrea (2023): Wissenschaftliche Arbeiten schreiben. Ganz einfach und Schritt für Schritt zur erfolgreichen Bachelor- und Masterarbeit. Praktischer Leitfaden mit über 100 Software-Tipps inkl. KI-Tools. 3. Auflage. Frechen: mitp Verlags GmbH & Co.KG (mitp Professional).

Goldenstein, Jan; Hunoldt, Michael; Walgenbach, Peter (2018): Wissenschaftliche(s) Arbeiten in den Wirtschaftswissenschaften. Wiesbaden: Springer Fachmedien Wiesbaden.

Zur Künstlichen Intelligenz

Russell, Stuart; Norvig, Peter (2023): Künstliche Intelligenz. 4. Auflage. München: Pearson Studium ein Imprint von Pearson Deutschland (Pearson Studium – IT).

Taulli, Tom (2022): Grundlagen der Künstlichen Intelligenz. Berlin, Heidelberg: Springer Berlin Heidelberg.

Eine Sammlung von KI-Tools

Future Tools: futuretools.io

Ein Tutorial zum Prompting

Learn Prompting: https://learnprompting.org/docs/intro

Literaturverzeichnis

AlAfnan, Mohammad Awad; Dishari, Samira; Jovic, Marina; Lomidze, Koba (2021): ChatGPT as an Educational Tool: Opportunities, Challenges, and Recommendations for Communication, Business Writing, and Composition Courses. In: JAIT. DOI: 10.37965/jait.2023.0184.

Albrecht, Steffen (2023): ChatGPT und andere Computermodelle zur Sprachverarbeitung – Grundlagen, Anwendungspotenziale und mögliche Auswirkungen.

Argyle, Lisa P.; Busby, Ethan C.; Fulda, Nancy; Gubler, Joshua R.; Rytting, Christopher; Wingate, David (2023): Out of One, Many: Using Language Models to Simulate Human Samples. In: Polit. Anal. 31 (3), S. 337–351. DOI: 10.1017/pan.2023.2.

Avaamo (2023): Rage Against the Machine: The lawsuit tsunami and the impact of ChatGPT on Fair Use and Copyright Laws. Online verfügbar unter https://avaamo.medium.com/rage-against-the-machine-the-lawsuit-tsunami-and-the-impact-of-chatgpt-on-fair-use-and-copyright-c793d2c25243, zuletzt geprüft am 14.06.2023.

Aydın, Ömer; Karaarslan, Enis (2022): OpenAI ChatGPT Generated Literature Review: Digital Twin in Healthcare. In: SSRN Journal. DOI: 10.2139/ssrn.4308687.

Baidoo-Anu, David; Owusu Ansah, Leticia (2023): Education in the Era of Generative Artificial Intelligence (AI): Understanding the Potential Benefits of ChatGPT in Promoting Teaching and Learning. In: SSRN Journal. DOI: 10.2139/ssrn.4337484.

Bail, Christopher A. (2023): Can Generative AI Improve Social Science?: Center for Open Science.

Benke, Nikolaus; Meissel, Franz-Stefan (2021): Juristenlatein, 2900 lateinische Fachausdrücke und Redewendungen der Juristensprache, 4. Auflage, Wien, München, Bern: Manz, Beck, Stämpfli.

Bisht, Saurabh (2022): What is Prompt Injection. Online verfügbar unter https://www.redsentry.com/blog/what-is-prompt-injection, zuletzt geprüft am 19.09.2023.

Brand, James; Israeli, Ayelet; Ngwe, Donald (2023): Using GPT for Market Research. In: SSRN Journal. DOI: 10.2139/ssrn.4395751.

Brown, T.; Mann, B.; Ryder, N.; Subbiah, M.; Kaplan, J. D.; Dhariwal, P.; … & Amodei, D. (2020): Language models are few-shot learners: Advances in neural information processing systems, 33, 1877-1901.

Bucher, Ulrich; Holzweißig, Kai (2023): How to prepare students for the AI era? In Proceedings of the 2nd DHBW AI Transfer Congress, 29 Sept. 2023, Heilbronn. (im Erscheinen)

Burger, Bastian; Kanbach, Dominik K.; Kraus, Sascha; Breier, Matthias; Corvello, Vincenzo (2023): On the use of AI-based tools like ChatGPT to support management research. In: EJIM 26 (7), S. 233–241. DOI: 10.1108/EJIM-02-2023-0156.

Chen, Mark et al. (2021): Evaluating Large Language Models Trained on Code. Unter: https://arxiv.org/pdf/2107.03374 (Abruf vom 14.9.23).

Cojocariu, Venera-Mihaela; Mareş, Gabriel (2022): Academic Integrity in the Technology-Driven Education Era. In: Liliana Mâţă (Hg.): Ethical Use of Information Technology in Higher Education. Singapore: Springer Singapore (EAI/Springer Innovations in Communication and Computing), S. 1–16.

Cooper, Grant (2023): Examining Science Education in ChatGPT: An Exploratory Study of Generative Artificial Intelligence. In: J Sci Educ Technol 32 (3), S. 444–452. DOI: 10.1007/s10956-023-10039-y.

Cooper, Kindra (2021): OpenAI GPT-3: Everything You Need to Know. Online verfügbar unter https://www.springboard.com/blog/artificial-intelligence/machine-learning-gpt-3-open-ai/, zuletzt geprüft am 15.06.2023.

DANA (2023a): Datenschutz Nachrichten der deutschen Vereinigung für Datenschutz e. V. (DVD), Datenschutzaufsicht stellt Fragen an OpenAI wegen ChatGPT, Heft 2/2023, S. 102 f.

DANA (2023b): Datenschutz Nachrichten der deutschen Vereinigung für Datenschutz e. V. (DVD), Datenschutz ermittelt gegen OpenAIs ChatGPT, Heft 2/2023, S. 111.

Darics, E.; Poppel, L. (2023): Debate: ChatGPT offers unseen opportunities to sharpen students' critical skills. The Conversation. Online verfügbar unter https://theconversation.com/debate-chatgpt-offers-unseenopportunities-to-sharpen-students-critical-skills-199264, zuletzt geprüft am 01.06.2023.

Deutsche Forschungsgemeinschaft e. V. (2022): Leitlinien zur Sicherung guter wissenschaftlicher Praxis. Stand: April 2022 / korrigierte Version 1.1. Online verfügbar unter https://www.dfg.de/download/pdf/foerderung/rechtliche_rahmenbedingungen/gute_wissenschaftliche_praxis/kodex_gwp.pdf, zuletzt geprüft am 14.06.2023.

Dölling, Hanna (2018): Informationskompetenz an Deutschen Hochschulen. Online verfügbar unter https://edoc.ub.uni-muenchen.de/22825/7/doelling_hanna.pdf.

Dönmez, İsmail; Idin, Sahin; Gülen, Salih (2023): Conducting Academic Research with the AI Interface ChatGPT: Challenges and Opportunities. In: Journal of STEAM Education 6 (2), S. 101–118. DOI: 10.55290/steam.1263404.

Dowling, Michael; Lucey, Brian (2023): ChatGPT for (Finance) research: The Bananarama Conjecture. In: Finance Research Letters 53, S. 103662. DOI: 10.1016/j.frl.2023.103662.

Dreier, Thomas; Schulze, Gernot (2022): UrhG, Urheberrechtsgesetz, Kommentar, 7. Auflage, München: Beck.

Duden (1990): Das Fremdwörterbuch, 5. Auflage, Mannheim, Wien, Zürich: Dudenverlag.

Ehmann, Eugen; Selmayr, Martin (2018): DS-GVO, Kommentar, 2. Auflage, München: Beck.

Eichelberger, Jan; Wirth, Thomas; Seifert, Fedor (2022): UrhG, Urheberrechtsgesetz, Handkommentar, 4. Auflage, Baden-Baden: Nomos.

Ekin, Sabit (2023): Prompt Engineering For ChatGPT: A Quick Guide To Techniques, Tips, And Best Practices: Institute of Electrical and Electronics Engineers (IEEE).

Fechner, Frank (2023): Medienrecht, 22. Auflage, Tübingen: Mohr Siebeck.

Fechner, Frank; Rösler, Albrecht (2021): Fälle und Lösungen zum Medienrecht, 4. Auflage, Tübingen: Mohr Siebeck.

Finnie-Ansley, James et al. (2022): The Robots Are Coming: Exploring the Implications of OpenAI Codex on Introductory Programming. In Australasian Computing Education Conference (ACE '22), February 14–18, 2022, Virtual Event, Australia. ACM, New York, NY, USA, 10 pages. https://doi.org/10.1145/3511861.3511863.

Flick, Uwe (Hrsg.) (2022): The Sage handbook of qualitative research design. 1st ed. Thousand Oaks, California: Sage Publications.

Götting, Horst-Peter; Lauber-Rönsberg, Anne; Rauer, Nils (2023): BeckOK Urheberrecht, 38. Edition, Stand: 01.05.2023, München: Beck.

Gola, Peter; Heckmann, Dirk (2022): Datenschutz-Grundverordnung, Bundesdatenschutzgesetz, Kommentar, 3. Auflage, München: Beck.

Graham, Steve; Kiuhara, Sharlene A.; MacKay, Meade (2020): The Effects of Writing on Learning in Science, Social Studies, and Mathematics: A Meta-Analysis. In: Review of Educational Research 90 (2), S. 179–226. DOI: 10.3102/0034654320914744.

Günther, Ann-Kathrin (2023): ChatGPT: PowerPoint-Präsentation erstellen lassen – so geht's. Online verfügbar unter https://praxistipps.chip.de/chatgpt-powerpoint-praesentation-erstellen-lassen-so-gehts_155657, zuletzt geprüft am 04.06.2023.

Gurman, M. (2023): Samsung Bans Staff's AI Use After Spotting ChatGPT Data Leak. Hg. v. Bloomberg. Online verfügbar unter https://www.bloomberg.com/news/articles/2023-05-02/samsung-bans-chatgpt-and-other-generative-ai-use-by-staff-after-leak?leadSource=uverify%20wall, zuletzt geprüft am 13.06.2023.

Haman, Michael; Školník, Milan (2023): Using ChatGPT to conduct a literature review. In: Accountability in research, S. 1–3. DOI: 10.1080/08989621.2023.2185514.

Hardman, P. (2023): Introducing: ChatGPT Edu-Mega-Prompts. Online verfügbar unter https://drphilippahardman.substack.com/p/introducing-chatgpt-edu-mega-prompts, zuletzt geprüft am 07.07.2023.

Hassani, Hossein; Silva, Emmanuel Sirmal (2023): The Role of ChatGPT in Data Science: How AI-Assisted Conversational Interfaces Are Revolutionizing the Field. In: BDCC 7 (2), S. 62. DOI: 10.3390/bdcc7020062.

Heesen, Bernd (2014): Wissenschaftliches Arbeiten. Methodenwissen für das Bachelor-, Master- und Promotionsstudium. 3., durchges. u. ergänzte Aufl. 2014. Berlin, Heidelberg: Springer Berlin Heidelberg. Online verfügbar unter http://nbn-resolving.org/urn:nbn:de:bsz:31-epflicht-1601613.

Hill, Jürgen (2023): Microsofts Bing-KI größter Stromfresser mit 7.200 MWh. Online verfügbar unter https://www.computerwoche.de/a/microsofts-bing-ki-groesster-stromfresser-mit-7-200-mwh,3615009, zuletzt geprüft am 10.08.2023.

Hoeren, Thomas (2023a): Rechtsgutachten zum Umgang mit KI-Software im Hochschulkontext. In: Salden, P.; Leschke, J. (2023): Didaktische und rechtliche Perspektiven auf KI-gestütztes Schreiben in der Hochschulbildung, S. 22–40.

Hoeren, Thomas (2023b): „Geistiges Eigentum" ist tot – lang lebe ChatGPT, MMR 2023, 81 f.

Horton, John J. (2023): Large Language Models as Simulated Economic Agents: What Can We Learn from Homo Silicus? Online verfügbar unter http://arxiv.org/pdf/2301.07543v1.

Hsu, Tiffany; Thompson, Stuart A. (2023): Disinformation Researchers Raise Alarms About A.I. Chatbots. Hg. v. New York Times. Online verfügbar unter https://www.nytimes.com/2023/02/08/technology/ai-chatbots-disinformation.html, zuletzt geprüft am 13.06.2023.

Huber, Daniel S. (2023): Vorsicht: Der Einsatz von ChatGPT verstößt aktuell gegen den Datenschutz. Online verfügbar unter https://www.it-recht-kanzlei.de/chatgpt-datenschutz-verbot-aufsichtsbehoerde-empfehlungen-personenbezogene-daten.html, zuletzt geprüft am 12.08.2023.

Hudson, V. (2023): Perspective: ChatGPT and the dawn of the new Dark Ages. Online verfügbar unter https://www.deseret.com/2023/1/23/23562681/chatgpt-artificial-intelligence-critical-thinking-dark-ages, zuletzt geprüft am 10.02.2023.

Hurlburt, George (2023): What If Ethics Got in the Way of Generative AI? In: IT Prof. 25 (2), S. 4–6. DOI: 10.1109/MITP.2023.3267140.

Huyen, Chip (2023): RLHF: Reinforcement Learning from Human Feedback. Online verfügbar unter https://huyenchip.com/2023/05/02/rlhf.html, zuletzt geprüft am 11.06.2023.

IfD Allensbach (2023): Beliebteste Reiseziele der Deutschen (Urlaubsziele in den letzten 12 Monaten) in den Jahren 2021 bis 2023 [Graph]. In Statista. Online verfügbar unter https://de.statista.com/statistik/daten/studie/170822/umfrage/tourismus-beliebteste-urlaubsziele-der-letzten-12-monate/, zuletzt geprüft am 19.09.2023.

Jain, Varsha; Rai, Himanshu; Parvathy; Mogaji, Emmanuel (2023): The Prospects and Challenges of ChatGPT on Marketing Research and Practices. In: SSRN Journal. DOI: 10.2139/ssrn.4398033.

Jentzsch, Sophie; Kersting, Kristian (2023): ChatGPT is fun, but it is not funny! Humor is still challenging Large Language Models. Online verfügbar unter https://arxiv.org/pdf/2306.04563.

Kakal, Shoaib (2021): Can Github Copilot Replace Developers. Unter: https://towardsdatascience.com/can-githubs-copilot-replace-developers-b89f28007c05 (Abruf vom 14.9.23).

Kalbfus, Michael; Schöberle, Andreas (2023): Arbeitsrechtliche Fragen beim Einsatz von KI am Beispiel von ChatGPT, ArbRAktuell 2023, S. 251 ff.

Karp, Alexander C.; Hiesserich, Jan; Cipierre, Paula (2023): Von Artificial zu Augmented Intelligence. Was wir von der Kunst lernen können, um mit Software die Zukunft zu gestalten. Frankfurt, New York: Campus Verlag. Online verfügbar unter https://www.content-select.com/index.php?id=bib_view&ean=9783593453606.

Kojima, Takeshi; Gu, Shixiang Shane; Reid, Machel; Matsuo, Yutaka; Iwasawa, Yusuke (2022): Large Language Models are Zero-Shot Reasoners. Online verfügbar unter http://arxiv.org/pdf/2205.11916v4.

Kolly, M.-J.; Flügel, M. (2023): Chatbots wie GPT können wunderbare Sätze bilden. Genau das macht sie zum Problem. Online verfügbar unter https://www.republik.ch/2023/04/11/chatbots-wie-gpt-koennen-wunderbare-saetze-bilden-genau-das-macht-sie-zum-problem, zuletzt geprüft am 07.06.2023.

Krakowski, Sebastian; Luger, Johannes; Raisch, Sebastian (2023): Artificial intelligence and the changing sources of competitive advantage. In: Strategic Management Journal 44 (6), S. 1425–1452. DOI: 10.1002/smj.3387.

Kreis, Henning; Wildner, Raimund; Kuß, Alfred (2021): Marktforschung. Wiesbaden: Springer Fachmedien Wiesbaden.

Kühling, Jürgen; Klar, Manuel; Sackmann, Florian (2021): Datenschutzrecht, 5. Auflage, Heidelberg: Müller.

Kühling, Jürgen; Seidel, Christian; Sivridis, Anastasios (2011): Datenschutzrecht, 2. Auflage, Heidelberg: Müller.

Küttner, Wolfdieter (2023): Personalbuch 2023, Arbeitsrecht, Lohnsteuerrecht, Sozialversicherungsrecht, 30. Auflage, München: Beck.

Lancaster, Tomas (2022): The Past and Future of Contract Cheating. In: Cheating academic integrity. Lessons from 30 years of research. Hoboken, NJ, S. 45–63.

Laudon, Kenneth C. et al. (2010): Wirtschaftsinformatik : Eine Einführung. 2., aktualisierte Auflage. Pearson.

Learn Prompting (Hrsg.) (2023): Learn Prompting: Basics. Online verfügbar unter https://learnprompting.org/docs/category/-basics, zuletzt geprüft am 12.06.2023.

LfDI Baden-Württemberg (2023): LfDI informiert sich bei OpenAI, wie ChatGPT datenschutzrechtlich funktioniert, Pressemitteilung vom 24. April 2023, abrufbar unter: https://www.baden-wuerttemberg.datenschutz.de/lfdi-informiert-sich-bei-openai-wie-chatgpt-datenschutzrechtlich-funktioniert/ (Abruf: 24.09.2023).

Li, Yujia et al. (2022): Competition-Level Code Generation with AlphaCode. Unter: https://arxiv.org/pdf/2203.07814.pdf (Abruf vom 18.9.23).

Lin, Zhicheng (2023): Why and how to embrace AI such as ChatGPT in your academic life: Center for Open Science.

Lund, Brady D.; Wang, Ting; Mannuru, Nishith Reddy; Nie, Bing; Shimray, Somipam; Wang, Ziang (2023): ChatGPT and a new academic reality: Artificial Intelligence-written research papers and the ethics of the large language models in scholarly publishing. In: Asso for Info Science & Tech 74 (5), S. 570–581. DOI: 10.1002/asi.24750.

Macdonald, Calum; Adeloye, Davies; Sheikh, Aziz; Rudan, Igor (2023): Can ChatGPT draft a research article? An example of population-level vaccine effectiveness analysis. In: Journal of global health 13, S. 1003. DOI: 10.7189/jogh.13.01003.

Meeker, Heather (2017): Open Source for Business : A Practical Guide to Open Source Software Licensing, 2nd edition, CreateSpace Independent Publishing Platform.

Mhlanga, David (2023): Open AI in Education, the Responsible and Ethical Use of ChatGPT Towards Lifelong Learning. In: SSRN Journal. DOI: 10.2139/ssrn.4354422.

Möhring, Wiebke; Schlütz, Daniela (2019): Die Befragung in der Medien- und Kommunikationswissenschaft. Eine praxisorientierte Einführung. 3., vollständig überarbeitete Auflage. Wiesbaden: Springer VS (Springer eBooks Social Science and Law).

Mohn, Matthias (2023): Dürfen Arbeitnehmer ChatGPT zur Erledigung ihrer Aufgaben einsetzen?, NZA 2023, 538 ff.

Narayanan, Arvind (2022): Twitter post. Online verfügbar unter https://twitter.com/random_walker/status/1598385725363261441?s=20&t=_dnuOM_AA5EgxWpGAS-8cw, zuletzt geprüft am 13.06.2023.

Nicholson, Josh M.; Mordaunt, Milo; Lopez, Patrice; Uppala, Ashish; Rosati, Domenic; Rodrigues, Neves P. et al. (2021): scite: A smart citation index that displays the context of citations and classifies their intent using deep learning. In: Quantitative Science Studies 2 (3), S. 882–898. DOI: 10.1162/qss_a_00146.

Noy, Shakked; Zhang, Whitney (2023): Experimental Evidence on the Productivity Effects of Generative Artificial Intelligence. In: SSRN Journal. DOI: 10.2139/ssrn.4375283.

Oehri, I. (2023): Chat GPT & Co. – Was sagt das Urheberrecht? Online verfügbar unter https://hub.hslu.ch/management-and-law/2023/04/05/chat-gpt-co-was-sagt-das-urheberrecht/, zuletzt geprüft am 13.06.2023.

OpenAI (2023a): Educator considerations for ChatGPT. Online verfügbar unter https://platform.openai.com/docs/chatgpt-education, zuletzt geprüft am 01.06.2023.

OpenAI (2023b): GPT-4 System Card. Online verfügbar unter https://cdn.openai.com/papers/gpt-4-system-card.pdf, zuletzt geprüft am 13.06.2023.

OpenAI (2023c): OpenAI announced the beta launch of “custom instructions” for ChatGPT. Online verfügbar unter https://openai.com/blog/custom-instructions-for-chatgpt, zuletzt geprüft am 03.08.2023.

Ouyang, Long; Wu, Jeff; Jiang, Xu; Almeida, Diogo; Wainwright, Carroll L.; Mishkin, Pamela et al. (2022): Training language models to follow instructions with human feedback. Online verfügbar unter https://arxiv.org/pdf/2203.02155, zuletzt geprüft am 11.06.2023.

Palmquist, Mike (2021): WAC and Critical Thinking: Exploring Productive Relationships. In: Bruce Morrison (Hg.): English across the curriculum. Voices from around the world. Fort Collins, Colorado, Louisville, Colorado: The WAC Clearinghouse; University Press of Colorado (International exchanges on the study of writing), S. 207–222.

Parra Pennefather, Patrick (2023): Creative Prototyping with Generative AI. Berkeley, CA: Apress.

Paul, J.-A.; Belitz, O. (2023): So nutzen Sie generative AI/KI rechtssicher. Hg. v. Computerwoche Online. Online verfügbar unter https://www.computerwoche.de/a/so-nutzen-sie-generative-ai-ki-rechtssicher,3614461, zuletzt geprüft am 13.06.2023.

Paul, Justin; Ueno, Akiko; Dennis, Charles (2023): ChatGPT and consumers: Benefits, Pitfalls and Future Research Agenda. In: Int J Consumer Studies 47 (4), S. 1213–1225. DOI: 10.1111/ijcs.12928.

Pearce, Hammond et al. (2021): Asleep at the Keyboard? Assessing the Security of GitHub-Copilot's Code Contributions. Unter: https://arxiv.org/pdf/2108.09293.pdf (Abruf vom 13.9.23).

Peat, Jennifer (2009): Scientific writing. Easy when you know how. 6th print. London: BMJ Books.

Peng, Sida; Kalliamvakou, Eirini; Cihon, Peter; Demirer, Mert (2023): The Impact of AI on Developer Productivity: Evidence from GitHub-Copilot.

Perrigo, B. (2023): Exclusive: The $2 per hour workers who made ChatGPT safer. Online verfügbar unter https://time.com/6247678/openai-chatgptkenya-workers/, zuletzt geprüft am 01.06.2023.

Perry, Neil et al. (2022): Do Users Write More Insecure Code with AI Assistants? Unter: https://arxiv.org/pdf/2211.03622.pdf (Abruf vom 13.9.23).

Peukert, Alexander (2023): Urheberrecht und verwandte Schutzrechte, 19. Auflage, München: Beck.

Poynter, R. (2023): ChatGPT and Market Research the First 100 Days. Online verfügbar unter https://newmr.org/wp-content/uploads/sites/2/2023/03/NewMR-ChatGPT-and-Market-Research-March-2023.pdf, zuletzt geprüft am 07.06.2023.

Qasem, Fawaz (2023): ChatGPT in scientific and academic research: future fears and reassurances. In: LHTN 40 (3), S. 30–32. DOI: 10.1108/LHTN-03-2023-0043.

Rahman, Mizanur; Terano, Harold Jan R.; Rahman, Nafizur; Salamzadeh, Aidin; Rahaman, Saidur (2023): ChatGPT and Academic Research: A Review and Recommendations Based on Practical

Examples. In: J. Educ., Mngt., and Dev. Studies 3 (1), S. 1–12. DOI: 10.52631/jemds.v3i1.175.

Ray, Partha Pratim (2023): ChatGPT: A comprehensive review on background, applications, key challenges, bias, ethics, limitations and future scope. In: Internet of Things and Cyber-Physical Systems 3, S. 121–154. DOI: 10.1016/j.iotcps.2023.04.003.

Rehbinder, Manfred; Peukert, Alexander (2015): Urheberrecht, 17. Auflage, München: Beck.

Reimann, R. P. (2023): Bias: Unterdrückt ChatGPT Kritik an OpenAI? Online verfügbar unter https://theonet.de/2023/02/16/bias-unterdrueckt-chatgpt-kritik-an-openai/, zuletzt geprüft am 12.06.2023.

Reinholz, Fabian; Berlage, Konstantin (2023): KI und Copyright – wie hält es ChatGPT mit dem Urheberrecht? Online verfügbar unter https://haerting.de/wissen/ki-und-copyright-wie-haelt-es-chatgpt-mit-dem-urheberrecht/, zuletzt geprüft am 12.08.2023.

Rettinger, David A.; Bertram Gallant, Tricia (2022): Cheating Academic Integrity: Lessons from 30 Years of Research. In: Cheating academic integrity. Lessons from 30 years of research. Hoboken, NJ, S. 1–9.

Risch, Mandy; Kerst, Andreas (2011): Eventrecht kompakt, 2. Auflage, Berlin, Heidelberg: Springer.

Rowland, David R. (2023): Two frameworks to guide discussions around levels of acceptable use of generative AI in student academic research and writing. In: 1 17 (1), T31–T69. Online verfügbar unter https://journal.aall.org.au/index.php/jall/article/view/915.

Rutherford, Albert (2018): Models for critical thinking. A fundamental guide to effective decision making, deep analysis, intelligent reasoning, and independent thinking. [Place of publication not identified]: independently published.

Salden, Peter; Leschke, Jonas (2023): Didaktische und rechtliche Perspektiven auf KI-gestütztes Schreiben in der Hochschulbildung, März 2023, Ruhr-Universität Bochum; abrufbar unter https://doi.org/10.13154/294-9734 (Zugriff: 26.07.2023)

Salden, Peter; Lordick, Nadine; Wiethoff, Maike (2023): KI-basierte Schreibwerkzeuge in der Hochschule: Eine Einführung. KI-basierte Schreibwerkzeuge in der Hochschule: Eine Einführung. In: Salden, P.; Leschke, J. (2023): Didaktische und rechtliche Perspektiven auf KI-gestütztes Schreiben in der Hochschulbildung, S. 4–21. Ruhr-Universität Bochum.

Salvagno, Michele; Taccone, Fabio Silvio; Gerli, Alberto Giovanni (2023): Can artificial intelligence help for scientific writing? In: Critical care (London, England) 27 (1), S. 75. DOI: 10.1186/s13054-023-04380-2.

Schürmann, Kathrin (2022): Datenschutz-Folgenabschätzung beim Einsatz Künstlicher Intelligenz, ZD 2022, S. 316 ff.

Schulman, John (2023): Reinforcement Learning from Human Feedback: Progress and Challenges. Online verfügbar unter https://www.youtube.com/watch?v=hhiLw5Q_UFg, zuletzt aktualisiert am 11.06.2023.

Schuster, Fabian; Hunzinger, Sven (2020a): d) Entwurfsmaterialien. In: F. Schuster und M. Grützmacher (Hrsg.): IT-Recht : EU-Verordnungen, Nationale Gesetze, weitere einschlägige Regelungen. Verlag Dr. Otto Schmidt.

Schuster, Fabian; Hunzinger, Sven (2020b): e) Programmbestandteile. In: F. Schuster und M. Grützmacher (Hrsg.): IT-Recht : EU-Verordnungen, Nationale Gesetze, weitere einschlägige Regelungen. Verlag Dr. Otto Schmidt.

Schuster, Fabian; Hunzinger, Sven (2020c): a) Schutz nach kleiner Münze. In: F. Schuster und M. Grützmacher (Hrsg.): IT-Recht : EU-Verordnungen, Nationale Gesetze, weitere einschlägige Regelungen. Verlag Dr. Otto Schmidt.

Schwarcz, Daniel B.; Choi, Jonathan H. (2023): AI Tools for Lawyers: A Practical Guide. In: SSRN Journal. DOI: 10.2139/ssrn.4404017.

Selz, Dorian (2020): From electronic markets to data driven insights. In: Electron Markets 30 (1), S. 57–59. DOI: 10.1007/s12525-019-00393-4.

Shaji George, A.; Hovan George, A. S.; Gabrio Martin, A. S. (2023): The Environmental Impact of AI: A Case Study of Water Consumption by Chat GPT. In: Partners Universal International Innovation Journal 1 (2), S. 97–104. DOI: 10.5281/zenodo.7855594.

Smith, G. (2023): OpenAI Is Faulted by Media for Using Articles to Train ChatGPT. Hg. v. Bloomberg. Online verfügbar unter https://www.bloomberg.com/news/articles/2023-02-17/openai-is-faulted-by-media-for-using-articles-to-train-chatgpt?leadSource=uverify%20wall, zuletzt geprüft am 14.06.2023.

Spitzer, Manfred (2008): Selbstbestimmen. Gehirnforschung und die Frage: was sollen wir tun? [Nachdr.]. Heidelberg: Spektrum Akad. Verl. (Spektrum Taschenbuch).

Srivastava, Aarohi; Rastogi, Abhinav; Rao, Abhishek; Shoeb, Abu Awal Md; Abid, Abubakar; Fisch, Adam et al. (2023): Beyond the Imitation Game: Quantifying and extrapolating the capabilities of language models. In: Transactions on Machine Learning Research. Online verfügbar unter http://arxiv.org/pdf/2206.04615v3.

Sühl-Strohmenger, Wilfried (2022): Digitale Kompetenz, Informationskompetenz, Medienkompetenz, Datenkompetenz, Schreibkompetenz …? Was sollen wissenschaftliche Bibliotheken fördern und für wen? In: Bibliotheksdienst 56 (12), S. 729–751. DOI: 10.1515/bd-2022-0116.

Tang, Ruixiang; Han, Xiaotian; Jiang, Xiaoqian; Hu, Xia (2023): Does Synthetic Data Generation of LLMs Help Clinical Text Mining?

Thaichon, Park; Quach, Sara (Hg.) (2023): Artificial intelligence for marketing management. London: Routledge (Routledge Studies in Marketing). Online verfügbar unter https://www.taylorfrancis.com/books/9781003280392.

Tilley, Aaron; Kruppa, Miles (2023): Apple Restricts Employee Use of ChatGPT, Joining Other Companies Wary of Leaks. Online verfügbar unter https://www.wsj.com/articles/apple-restricts-use-of-chatgpt-joining-other-companies-wary-of-leaks-d44d7d34, zuletzt geprüft am 19.09.2023.

urheberrecht.de (Hrsg.) (2023): Zitate im Urheberrecht: Wann ist eine Verwendung zulässig? Online verfügbar unter https://www.urheberrecht.de/zitate/, zuletzt geprüft am 13.08.2023.

Vaithilingam, Priyan et al. (2022): Expectation vs. Experience: Evaluating the Usability of Code Generation Tools Powered by Large Language Models. In Extended Abstracts of the 2022 CHI Conference on Human Factors in Computing Systems (CHI EA '22). Association for Computing Machinery, New York, NY, USA, Article 332, 1–7. https://doi.org/10.1145/3491101.3519665.

Verbindliche Richtlinien (2019): Verbindliche Richtlinien und Hinweise für das Anfertigen von schriftlichen Arbeiten, Fakultät Wirtschaft, Studiengang BWL-Dienstleistungsmanagement (Consulting & Services/ Consulting & Sales; International Services Management; Logistikmanagement/ Logistik- und Supply Chain Management; Non-Profit-Organisationen, Verbände und Stiftungen; Sportmanagement), Stand: 09/2019.

Villalobos, Pablo; Sevilla, Jaime; Heim, Lennart; Besiroglu, Tamay; Hobbhahn, Marius; Ho, Anson (2022): Will we run out of data? An analysis of the limits of scaling datasets in Machine Learning. Online verfügbar unter https://arxiv.org/pdf/2211.04325.

Voss, Rödiger (2020): Wissenschaftliches Arbeiten. … leicht verständlich! 7., überarbeitete Auflage. München, Tübingen, Stuttgart: UVK Verlag; Narr Francke Attempto Verlag; UTB GmbH (utb-studi-e-book, 8447). Online verfügbar unter https://elibrary.utb.de/doi/book/10.36198/9783838587745.

Wandtke, Artur-Axel; Bullinger, Winfried (2022): Praxiskommentar Urheberrecht: UrhR, 6. Auflage, München: Beck.

Wang, Shuai; Scells, Harrisen; Koopman, Bevan; Zuccon, Guido (2023): Can ChatGPT Write a Good Boolean Query for Systematic Review Literature Search?

Webb, M. (2023): Exploring the potential for bias in ChatGPT. Hg. v. National centre for AI. Online verfügbar unter https://nationalcentreforai.jiscinvolve.org/wp/2023/01/26/exploring-the-potential-for-bias-in-chatgpt/, zuletzt geprüft am 13.06.2023.

Welser, Marcus von (2023): ChatGPT und Urheberrecht, GRUR-Prax 2023, 57 ff.

Weßels, D.; Mundorf, M.; Wilder, N. (2022): Blogbeitrag: ChatGPT ist erst der Anfang. Hg. v. Hochschulforum Digitalisierung. Online verfügbar unter https://hochschulforumdigitalisierung.de/de/blog/ChatGPT-erst-der-anfang, zuletzt geprüft am 19.07.2023.

Wilmer, Thomas (2021): Rechtliche Fallstricke des Einsatzes von Open Source Software und freier Software – Hinweise für die Praxis. HMD 58, S. 271–287. https://doi.org/10.1365/s40702-021-00705-3.

White, Jules; Fu, Quchen; Hays, Sam; Sandborn, Michael; Olea, Carlos; Gilbert, Henry et al. (2023): A Prompt Pattern Catalog to Enhance Prompt Engineering with ChatGPT.

Woerlein, Andreas H. (2023): ChatGPT – „Fortschritt“ durch Künstliche Intelligenz auf Kosten des Datenschutz- und Urheberrechts, ZD-Aktuell 2023, 01205.

Wolff, Heinrich Amadeus; Brink, Stefan; Ungern-Sternberg, Antje v. (2021): BeckOK Datenschutzrecht, DS-GVO, BDSG, Grundlagen, Bereichsspezifischer Datenschutz, 44. Edition, Stand: 01.11.2021, München: Beck.

Wolfram, Stephen (2023): What is ChatGPT doing … and why does it work? Champaign, Illinois: Wolfram Media Inc.

Xames, Md Doulotuzzaman; Shefa, Jannatul (2023): ChatGPT for Research and Publication: Opportunities and Challenges. In: SSRN Journal. DOI: 10.2139/ssrn.4381803.

Zandt, Florian (2023): Server sind Stromverbraucher Nummer eins in der IT, zuletzt geprüft am 10.08.2022.

ZD-Aktuell 2023, 01168: Aufsichtsbehörden zu ChatGPT

ZD-Aktuell 2023, 01327: BfDI fordert eindeutige Regelungen für das Trainieren von KI

Ziegler, A.; Antes, G.; König, I. (2011): Bevorzugte Report Items für systematische Übersichten und Meta-Analysen: Das PRISMA-Statement. In: Dtsch med Wochenschr 136 (08), e9-e15. DOI: 10.1055/s-0031-1272978.

Ziems, Caleb; Held, William; Shaikh, Omar; Chen, Jiaao; Zhang, Zhehao; Yang, Diyi (2023): Can Large Language Models Transform Computational Social Science?

Zohny, Hazem; McMillan, John; King, Mike (2023): Ethics of generative AI. In: Journal of Medical Ethics 49 (2), S. 79–80. DOI: 10.1136/jme-2023-108909.

Gerichtsentscheidungen:

Amtsgericht (AG) Frankfurt am Main, Urteil vom 17.03.2006, Az.: 31 C 2689/05-16, ZUM-RD 2006, 479 ff.

Bundesgerichtshof (BGH), Urteil vom 20.12.2007, Az.: I ZR 42/05, NJW 2008, 2346 ff. (TV-Total).

Bundesgerichtshof (BGH), Urteil vom 17.12.2015, Az.: I ZR 69/14 (Exklusivinterview).

Landgericht (LG) Berlin, Urteil vom 20.09.2011, Az.: 16 O 134/11, ZUM-RD 2012, 37 ff.

Landgericht (LG) Hamburg, Urteil vom 27.04.2011, Az.: 308 O 625/08, ZUM-RD 2011, 625 f.

Stichwortverzeichnis